Rhoddedig i Tonwen.
15/3/03

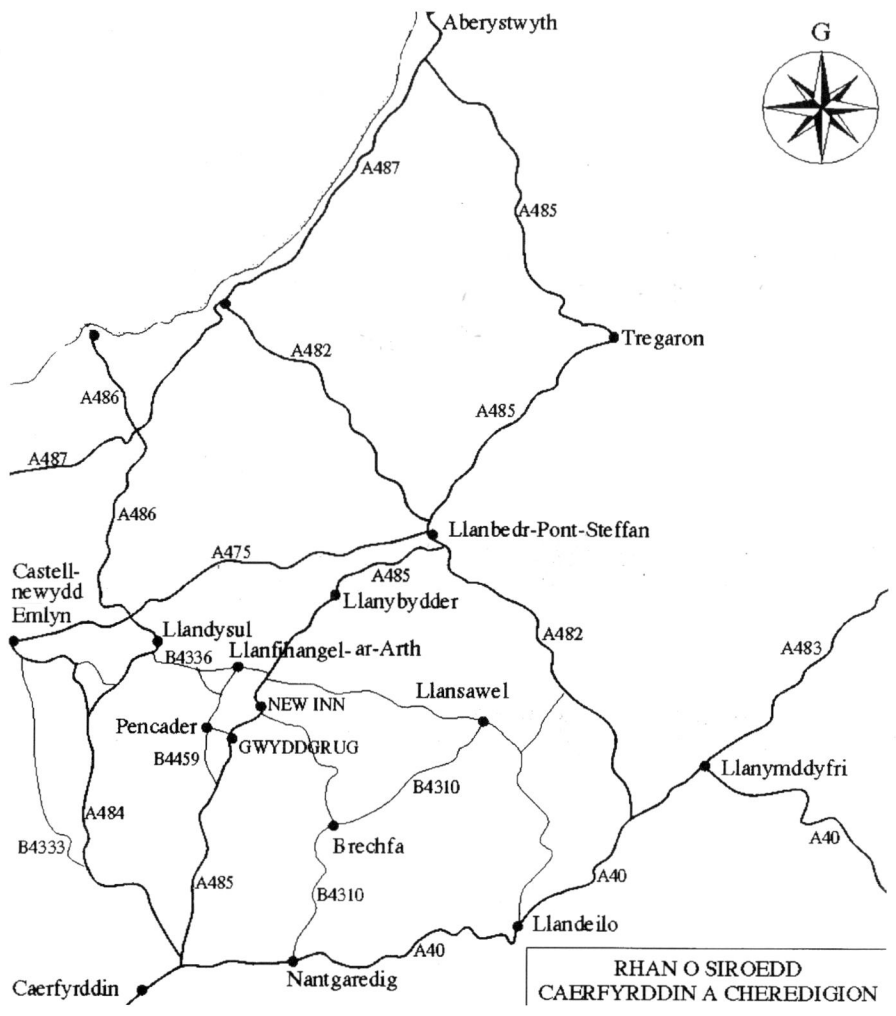

G

Aberystwyth

A487

A485

A482

Tregaron

A486

A487

A485

A486

A475

Llanbedr-Pont-Steffan

Castell-
newydd
Emlyn

A485

Llanybydder

A482

A483

Llandysul

B4336

Llanfihangel- ar-Arth

Pencader

NEW INN

Llansawel

Llanymddyfri

B4459

GWYDDGRUG

B4310

A40

A484

B4310

Brechfa

A40

B4333

A485

B4310

Llandeilo

Caerfyrddin

Nantgaredig

A40

RHAN O SIROEDD
CAERFYRDDIN A CHEREDIGION

TIR YR ABAD

Ysgrifau ar Hanes New Inn a Gwyddgrug
yn Shir Gâr

D. G. LLOYD HUGHES

1996

Argraffiad Cyntaf - Mai, 1996

ISBN 0 9519315 1 2

⊗ D.G.Lloyd Hughes, 1996

Argraffwyd gan
Wasg Gomer, Llandysul, Dyfed

I GWENDA

CYNNWYS

RHAGYMADRODD

Rhywbeth sydd wedi tyfu (hynny yw o ran ei maint) fel derwen o fesen yw'r gyfrol hon. Fe'i symbylwyd gan ddiddordeb y brodorion, yn enwedig rhai pentref New Inn, yn hanes yr ardal.

Ymgartrefais yn New Inn, dwy filltir o Bencader, un ar ddeg o flynyddoedd yn ôl. Trwy fod fy ngwraig yn enedigol o Lanfihangel-ar-Arth, sydd ychydig o dan dair milltir oddi yno, nid oedd yr ardal yn hollol ddieithr imi, ond ni wyddwn fawr ddim am hanes y lle.

Ambell dro gwelais ysgrifau ar hanes y plwyf, fel un Gwynionydd yn *Golud yr Oes*, 1864, ac un J.Bowen Jones, 'Plwyf Genedigol fy Mam', yn y *Geninen*, Ionawr, 1903, ond ni chrybwyllodd y naill awdur na'r llall air am New Inn. Edrychais ar gyfrol ddiddorol y diweddar Aneirin Talfan Davies, *Crwydro Sir Gâr* (Llandybïe, 1955), yn y gobaith y gwelwn rywbeth at fy nant ynddi hi am yr ardal ond, ar wahân i gyfeiriad byr, megis wrth basio, at Alltwalis, y mae'n glir mai ym Mhencader yr ymddiddorai'r awdur. Rhaid diolch i T.I.Ellis, yn 'Crwydro Ceredigion', am roi sylw i Lanfihangel-ar-Arth a'r pentref hwnnw yn Sir Gaerfyrddin.

Mae'n eithaf posib, wrth gwrs, na wyddai neb y bu Aneirin Talfan yn siarad â hwy ym Mhencader ddim am orffennol New Inn ond eto mae braidd yn od na welwyd achos i dynnu ei sylw at Sarah Jacob, y ferch a lwgwyd i farwolaeth yn 1869 gyda'r holl gyhoeddusrwydd a roddwyd i'r digwyddiad unigryw hwnnw. Er mai nid nepell o New Inn yr oedd honno'n byw Pencader gafodd y sylw i gyd yn y wasg gan mai yno yr oedd gorsaf y rheilffordd lle, fel y gwelir ym Mhennod 9 o'r gyfrol hon, yr heidiai'r ymwelwyr ar y ffordd i gartref merch a gyfrifid am gyfnod yn un o ryfeddodau ei gwlad.

Mae'n bosib, wrth gwrs, bod Aneirin Talfan Davies wedi canolbwyntio ar Bencader ar ôl darllen beth a oedd gan Samuel Lewis, awdur *Topographical Dictionary of Wales*, a gyhoeddwyd mewn dwy gyfrol yn 1833, i'w ddweud.

Pencader oedd y lle pwysig yn y plwyf iddo ef, a thrwy'r fan honno a Llanfihangel-ar-Arth, yn ôl Lewis, yr âi'r briffordd Rufeinig rhwng Caerfyrddin a Llanbedr- Pont-Steffan. Ni roddodd sylw i'r briffordd trwy Gwyddgrug a New Inn. Mae'n amlwg mai yn ei gerbyd ei hun y teithiai ef oblegid petai wedi gorfod dibynnu ar wasanaeth cyhoeddus mor gynnar â hynny ni welsai Bencader o gwbl.

Un a fu ar drywydd diddordeb gwahanol yn y plwyf oedd R.J.Colyer, awdur 'The Welsh Cattle Drovers' (Caerdydd, 1976). Bu yng nghyffiniau pentref Llanfihangel-ar-Arth yn holi a wyddai rhywun rywbeth am hen ffordd gan y porthmyn drwy'r ardal. Clywodd mai Pwll Dŵr yw'r enw lleol ar dafarn Cross Inn, Llanfihangel, am mai o flaen y lle hwnnw y ceid pwll lle y câi anifeiliaid gyfle i dorri syched. Yn nes at Llanllwni, wedyn, bu tyddyn Blaencwm am gyfnod yn dafarn gydag enw arwyddocaol iawn, Drovers Arms. Oherwydd hynny, a'r hyn a glywsai gan bobl yr ardal, daeth Colyer i gredu bod y porthmyn yn arfer defnyddio'r ffordd B4336, i roddi iddi ei henw cyfoes, sy'n rhedeg o Landysul i Lanllwni. Tua milltir ar draws gwlad sydd rhwng Blaencwm a phentref New Inn ond mae'n glir na wyddai'r rhai a holwyd ddim am y traddodiad yn y pentref nac am hen ffordd oddi yno dros y bryniau i Rydcymerau a Llansawel. Bodlonodd Colyer ar yr hyn a glywodd a gellir, wrth gwrs, ddeall hynny.

Heb ffydd y brodorion yng ngorffennol y pentref, yn enwedig y cysylltiad â'r porthmyn, byddwn wedi rhoi'r gorau iddi, a teimlais sawl tro mor wir oedd geiriau'r hen Ficer Prichard o Lanymddyfri—

> Ni cheir gweled mwy o'n hôl,
> Nag ôl y neidr ar y ddôl,
> Neu ôl llong aeth dros y tonnau,
> Neu ôl saeth mewn awyr denau.

gan mor anodd ydoedd, i ddechrau, i gasglu ffeithiau a gadarnhâ'r traddodiad. O dipyn i beth dechreuodd fy ngwybodaeth dyfu ac mi gefais nerth arbennig i ddal ymlaen pan sylweddolais bod safle fy nghartref, fel y rhan helaethaf o'r ardal yr oeddwn yn ymddiddori ynddi, ar dir a oedd ar un adeg yn eiddo i Abaty Talyllychau. Hynny, mewn gwirionedd, sy'n gyfrifol am yr enw a roddais i'r gyfrol hon, Tir yr Abad.

Darllenais bapurau newyddion, rhai Caerfyrddin yn arbennig, yn y gobaith y gwelwn gyfeiriadau at orffennol y lle ond llwm iawn oedd y cynhaeaf o'r mannau hynny. Mor drist yw hi na welodd neb yn dda i gofnodi peth o'r hanes ar bapur cyn i hwnnw fynd bron yn angof.

Yn 1885 bu David Phillips, Pantglas, New Inn, gŵr blaenllaw iawn yn ei ddydd, yn llywyddu cyfarfod llenyddol yn ysgoldy'r pentref, a dyma eiriau'r adroddiad a ymddangosodd yn rhifyn 11 Mawrth 1885 o *Baner ac Amserau Cymru*—

'Cafwyd araith ganddo yn cynnwys hanes manwl o sefyllfa pethau yn grefyddol a gwladol yn ystod y ganrif ddiwethaf yng nghymdogaeth henafol New Inn: ac o'i chymharu yn bresennol â'r hyn a fu ers ychydig flynyddoedd yn ôl y mae'n amlwg fod gwedd mwy gobeithiol a chysurus ar yr achos gorau nag a welwyd ers llawer dydd; ond am fasnach nis gellir ei chymharu yn bresennol â'r hyn a fu. Treuliwyd cyfarfod buddiol a difyrus dros ben'.

Petai'r araith wedi cael ei chyhoeddi'n llawn byddem yn fwy gwybodus ond, serch hynny, y mae angen diolch am yr ychydig friwsion oblegid maent yn bwysig iawn o safbwynt hanes y lle. 'Roedd David Philips yn ŵr trigain mlwydd oed yn 1885 ac yr oedd, felly, wedi gweld â'i lygaid ei hun rywfaint o hen brysurdeb New Inn. Yn ofer y ceisiwyd hanes y cyfarfod ym mhapurau de Cymru ac y mae diolch i bapur a gyhoeddwyd yn Ninbych am ei gynnwys.

Dim ond un cyfeiriad arall at hen olud y pentref a welwyd. 'Roedd hwnnw yn yr adroddiad yn *Y Goleuad*, 20 Hydref 1893, am y cyfarfod agoriadol ar ôl adnewyddu Capel Salem, New Inn. Ynddo, fe ddisgrifiwyd y pentref fel lle a fu'n enwog yn y dyddiau gynt am fasnach, ond dim arall. Sylwadau cyffelyb, heb gig ar asgwrn, sydd mewn traethawd yn y Llyfrgell Genedlaethol ar hanes y plwyf a gyfansoddwyd yn nechrau'r ganrif hon.

Ni cheir, felly, ar wahân i ambell gyfeiriad a grybwyllir wrth fynd drwy'r hanes, ond y nesaf peth i ddim gwybodaeth am y cyfnod pan oedd New Inn yn ei anterth i gadarnhau argyhoeddiadau'r brodorion ond, fel mae'r gyfrol hon yn ceisio dangos, mae modd casglu tystiolaeth sy'n profi nad siarad gwag ar eu rhan yw'r sôn am orffennol llewyrchus y pentref am ganrif neu ragor o ganol y ddeunawfed ganrif ymlaen.

Y cyfeiriad post swyddogol ers blynyddoedd, bellach, yw New Inn, Pencader, ond petai'r rheilffordd ddim wedi dod i weddnewid pethau yn yr ardal, fel arall fyddai trefn yr enwau hynny wedi bod. Yn y cyswllt hwn fe ymddangosodd hysbyseb yn rhifyn 1 Tachwedd 1866 o'r papur wythnosol, *Y Byd Cymreig*, a gyhoeddwyd yng Nghastellnewydd Emlyn—

LLECHI (SLATES)
Chwareli Llechi Penygraig a Cwmcrigiefawr
Ger y Tunnel, ar Reilffordd Caerfyrddin ac Aberteifi.
Y mae llech gorau locals a llwyd,
y rhai a gyrhaeddant dros o 27 i 30 llath y fil,
i'w cael yn awr yn y gweithiau uchod
gan y perchenogion—Knight & Mander.
Prisiau wrth y fil yn y chwarel am arian parod:
Locals, 21s: Llechi Llwydion, 18s 6c.
Bydd pob math o sizes yn barod yn fuan
Pob gohebiaeth i'w chyfeirio- KNIGHT & MANDER,
Pencader, New Inn, nr. Carmarthen.

Pencader, New Inn, oedd hi, felly, yn 1866, dwy flynedd ar ôl i'r rheilffordd gyrraedd, ond o fewn llai na deng mlynedd 'roedd y pentref wedi colli'i le yn llwyr. Dod â'r rheilffordd i Bencader yn 1864 sy'n cyfrif am y newid, a phan ddechreuodd pobl fanteisio ar ei chyfleustra i deithio i weld yr hynod Sarah Jacob yn 1869 cafodd y lle hwnnw gyhoeddusrwydd anghyffredin. Suddodd New Inn bron i ddinodedd llwyr.

Onid cystal a chydnabod hynny a wnaeth George Saunders, Perth-y- berllan, New Inn, wrth archebu papur ysgrifennu yn

1873 â chyfeiriad ei gartref wedi'i argraffu arno? Petai wedi'i archebu ychydig o flynyddoedd yn gynharach 'Perth-y-berllan, New Inn,' fyddai arno, ond beth drefnwyd yn 1873 oedd 'Perth-y-berllan, Pencader'! A oes angen dweud rhagor?

Erbyn hyn mae Pencader, ar ôl i'r rheilffordd gael ei chau ddeng mlwydd ar hugain yn ôl, wedi colli llawer o'r pwysigrwydd a enillwyd gan mlynedd ynghynt. Serch hynny, fe gaiff gyhoeddusrwydd helaeth o hyd gan fysiau cwmni'r Brodyr Davies, sy'n rhedeg i bob cwr o ynysoedd Prydain a chyfandir Ewrop. Ond, cofier hyn, enw poblogaidd y cwmni yw 'Blossom', ac nid ym Mhencader ond yn New Inn y gwelodd y fentr olau dydd am y tro cyntaf pan brynodd John Davies, Blossom Lodge, gerbyd 20 HP yn pwyso tunnell (BX1276) i ddarparu cludiant i bobl yn 1920. Ond nid hwnnw oedd y cerbyd modur cyntaf i wasanaethu New Inn a Gwyddgrug, oblegid fel y gwelir o'r llun ar t. 59 bu ei ragflaenydd ym meddiant James Thomas, Felin Gwyddgrug, mor gynnar ag 1913.

Dengys y gyfrol fel y mae llanw a thrai bywyd yn medru newid pethau mewn cymharol ychydig o amser. Mewn canrif a hanner fe aeth New Inn bron trwy gylch llawn ond mae peth bywyd yn parhau yn y lle diolch i nifer o fentrau masnachol, i'r ysgol, y capel a phresenoldeb dwy dafarn. Mae'n ddiddorol na ddefnyddir enw New Inn pan hysbysebir y mentrau masnachol, oblegid y mae'n well ganddynt gyhoeddi i'r byd mai ym Mhencader y maent yn cynnal y busnes. Gellir deall, wrth gwrs, pam y mae hynny'n bod, ond tybed a ddaeth yr amser i fathu enw newydd i bentref New Inn erbyn hyn? Peth go flin yw gorfod esbonio i ddieithriaid nad mewn tafarn ym Mhencader yr ydym yn byw!

Wrth derfynu'r geiriau agoriadol hyn ymddiheuraf i drigolion Gwyddgrug am ganolbwyntio cymaint ar hanes New Inn. Yn anffodus i Gwyddgrug, er yn fwy na thebyg mai fel estyniad o bentref Gwyddgrug y dechreuodd New Inn ei yrfa, fe ddatblygodd hwnnw'n bentref ar wahân a'r newid ddigwyddodd o gwmpas y fan honno yw rhan sylweddol o'r hanes a adroddir yn y gyfrol hon.

RHESTR o LUNIAU A MAPIAU

DIOLCHIADAU

I bawb, yn yr ardal â thu hwnt iddi, y bum yn eu holi am fod mor groesawus.

I staff y Llyfrgell Genedlaethol yn Aberystwyth yn arbennig iawn gan mai yno y casglwyd y rhan fwyaf o'r wybodaeth sydd yn y gyfrol. Er na threuliwyd cymaint o amser yn Archifdy a Llyfrgell Sir Dyfed fe sicrhawyd llawer o wybodaeth yno, hefyd, ac y mae'r diolch i staff y mannau hynny lawn mor ddiffuant.

Mae'n ddyletswydd, ond hefyd yn bleser, i restru'r diolchiadau canlynol—

a. am ganiatâd i ddefnyddio lluniau yn eu meddiant ar gyfer y gyfrol hon—

    Mr. a Mrs. T. Myrddin Evans, Nant Gwyn, New Inn—3, 13

    Miss Eira Jones, Cottage, New Inn—8, 11

    Mrs. S. Jones, Llain Gam, New Inn—18

    Mr. a Mrs. W.K.Jones, Perth-y-berllan, New Inn—21

    Mrs. K. Melvin, 2 North View, Highworth, Swindon—20

    Miss Eirlys Richards, Brynglas, New Inn—5, 9

    Mrs. A. Thomas, Felin Gwyddgrug, Gwyddgrug—15

    Mrs. Bessie Thomas, Tŷ Capel, New Inn—14, 16

    Mrs. Mattie Thomas, Yr Eagle, Llanfihangel-ar-Arth—19

    Mrs. G. Walters, Gwynfryn, Llanfihangel-ar-Arth—10

b. Am ganiatad i dynnu lluniau—

    Mr. H. Garnsworthy, Sŵn-y-nant, New Inn—4

    Mr.a Mrs. W.K.Jones, Perth-y-berllan, New Inn—22

c. Am dynnu lluniau ar gyfer y gyfrol hon—

    Miss Nia Bignell, Lluest-y-grug, New Inn—2

    Mrs. Carol Bignell, Lluest-y-grug, New Inn—4

    Mr. P. a Mrs. V. Kincaid, Bronallt, New Inn—22

ch. Am wneud lluniau—

    Mrs. Susan Edwards, Cartref, 11 Stryd y cei, Caerfyrddin—6-7

    Miss Heledd Griffiths, Felin Gwyddgrug, Gwyddgrug—1

d. Am wneud yr holl fapiau
    Mrs. Susan Edwards, Cartref, 11 Stryd-y-cei,
        Caerfyrddin—1-10
dd. Am ganiatau golwg ar weithredoedd yn eu meddiant—
    Mr.L.Beynon, Bwlch-y-coed, Gwyddgrug
    Mr. W.V.Davies, Gwastod Abbott, New Inn.
    Mr. W.K.Jones, Perth-y-berllan, New Inn.
e. Am drefnu cysylltiadau teuluol—
    Miss V.Knight, Teithiau Eden, Aelybryn, New Inn.
f. Am dywys yr awdur o gwmpas rhannau diarffordd o'r
plwyf i'w helpu i ymgydnabod â'r ardal, ei llwybrau, ei
nentydd, a'i ffermydd, yn drwyadl—
    Mr. T.Jones, Nant-y-gelli, New Inn
    Mr. E.B.Williams, Llain Gwndwn, New Inn.
ff. I Bwyllgor Lles New Inn a Gwyddgrug am gyfrannu swm
o arian, a roddwyd o'r neilltu wedi dathlu canmlwyddiant
yr ysgol yn 1981 ar gyfer olrhain hanes yr ardal, tuag at y
costau ymchwil.
g. I'r cyn-Athro Hywel Teifi Edwards am ei gyngor, ei
gymorth a'i frwdfrydedd, i Gyngor Sir Dyfed (yn enwedig
yr Adran Cysylltiadau Diwylliannol) am nawdd tuag at y
gost o argraffu'r gyfrol, ac i'r Cynghorwyr Sirol D.G.E.
Davies, Prengwyn, Llandysul a W.G. Hopkins, Llangennech,
Llanelli, am eu cefnogaeth ymarferol.

PENNOD 1

Yr Ardal hyd ddechrau'r Ddeunawfed Ganrif

Un o briffyrdd pwysicaf Dyfed yw'r un sy'n rhedeg o Gaerfyrddin i Lanbedr Pont Steffan, yr A.485. Dilyna rhannau ohoni lwybr yr hen Sarn Helen, y ffordd rhwng caer fawr y Rhufeiniaid yng Nghaerfyrddin a chaerau eraill, fel Llanio i'r gogledd o Lanbedr.

Olrheinir peth o gwrs yr hen ffordd yn *Adroddiad Comisiwn yr Henebion dros Sir Gaerfyrddin*, sy'n cyfeirio at rannau ohoni ger Rhiw Lan yng Ngwyddgrug ym mhlwyf Llanfihangel-ar-Arth ac ar dir Pensarnau ym mhlwyf Llanllwni. Gwelodd nifer o ffermwyr Llanllwni olion o'r ffordd wrth aredig caeau, ac y mae'r enw Cae Sarne ar un o gaeau fferm Blaenblodau, New Inn, a welir ar Fap y Degwm Plwyf Llanfihangel-ar-Arth, 1844, yn awgrymu cysylltiad arall.

Hanner ffordd rhwng Caerfyrddin a Llanbedr gwelir dau bentref gwledig Gwyddgrug a New Inn. Erbyn hyn, oherwydd adeiladu, prin hanner milltir sy'n gwahanu'r ddau le, ond hyd yn oed ddwy ganrif a hanner yn ôl nid oedd llawer mwy, a dim ond milltir o bellter oedd rhwng y ddau adeilad amlycaf ynddynt, y felin yng Ngwyddgrug a Travellers Rest, tafarn gyntaf New Inn. Oherwydd hynny, gellir deall sut y buasai dieithriaid wedi'u hystyried fel un pentref ac felly, y mae'n debyg, y gwelodd Thomas Kitchin hi wrth lunio'i fap o'r sir yn 1754, gan mai Gwyddgrug yn unig a enwyd ganddo. Mynnu tyfu'n bentref ar wahân, serch hynny, a wnaeth New Inn, ond mae'n werth pwysleisio mai lle newydd iawn yw hwnnw o'i gymharu â Gwyddgrug.

Un neges clir a ddaw o fodolaeth yr hen briffordd yw nad oedd yr ardal yn un ddieithr i bawb ond y brodorion, ganrifoedd lawer yn ôl, oblegid gwelsid y Rhufeiniaid yn ymdeithio drwyddi. Beth sydd yn absennol yw unrhyw gyfeiriad ysgrifenedig ati sy'n hŷn na'r ddeuddegfed ganrif.

Wedi ymadawiad y Rhufeiniaid, ac yn ystod oes tywysogion Cymru, fe ddisgwylid i'r trigolion amddiffyn eu hardal, a oedd yn rhan o Ystrad Tywi, rhag ymosodiadau gan wŷr Ceredigion. Y mae'n bosib mai gweddillion amddiffynfeydd o'r cyfnod hwnnw yw'r tomenni mawr o bridd a welir ym Mhencader ac ar fferm Castell, New Inn. Dysgwyd gan y Normaniaid yn ddiweddarach sut i'w cryfhau trwy godi cestyll coed arnynt.

Wedi i hynny ddigwydd y dechreuir gweld hanes yr ardal mewn dogfennau. Cipiwyd Castell Gwyddgrug gan Owain, brenin Gwynedd, wrth ymgyrchu yn y de yn ystod y ddeuddegfed ganrif, a thua'r flwyddyn 1158 derbyniodd brenin Lloegr, Henry II, ymostyngiad yr Arglwydd Rhys ap Gruffydd iddo ym Mhencader.

'Roedd yr Arglwydd Rhys, er iddo orfod ildio llawer o'i diroedd yn 1158, yn dirfeddiannwr pwerus ac yn meddu cryn awdurdod. Ei greadigaeth ef i raddau helaeth oedd Abaty Talyllychau, a phan sefydlwyd hwnnw fe roddwyd llawer o diroedd iddo ganddo ef a'i deulu. Ymhlith y tiroedd hynny 'roedd tros bedair mil a hanner o erwau, yn gorwedd rhwng Afon Talog yn y gorllewin a Nant Pib yn y dwyrain, a rhwng Nant-y-blodau (Afon Blodeuen)—yr afon sy'n llifo trwy bentref New Inn—yn y gogledd a fferm Caeau Gwynion yn y de, yn yr ardal a ddatblygodd yn ddiweddarach yn blwyf Llanfihangel-ar-Arth. Sefydlwyd is-faenor—y Grange of Gwyddgrug fel y'i gelwid—i ofalu am y tiroedd a roddwyd i'r abaty a rhoddir sylw manylach iddynt ym Mhennod 4.

Trwy rai o ddigwyddiadau'r ddeuddegfed ganrif, felly, y sonnir gynharaf am Gwyddgrug, ond nid yw hwyrach yn hollol glir beth yn union oedd gwir arwyddocâd yr enw wyth ganrif yn ôl. Yn ôl cyfrol yr Athro Ifor Williams *Enwau Lleoedd*, ystyr gwreiddiol yr enw oedd llawer o grugiau, neu garneddi o gerrig mawr a oedd ar un cyfnod yn gyffredin o gwmpas y lle fel beddrodau hen frodorion. Ar wasgar ar hyd bryniau'r ardal mae nifer o grugiau ac iddynt enwau swynol, megis Crug Rhos-wen; Crug Amlwg; Crug-y-Fedw; Crugiau Ieir a Chrugiau Edrud. Yn eu plith, hefyd, fe geir Crug-y-biswal, sy'n enw gydag awgrym o darddiad tra gwahanol i'r gweddill ac yn debyg o fod yn un mwy diweddar, yn enghraifft, hwyrach, o ail-enwi un o'r crugiau. I ba raddau, tybed, fu masnach y porthmyn (gweler Pennod 6) a rhan yn ffurfiad yr enw hwnnw?

Mae'n bosib bod llawer o grugiau eraill wedi cael eu chwalu mor drwyadl fel na welir dim olion ohonynt erbyn hyn. Un ohonynt oedd Crug Maescoch ym mhlwyf Llanllwni, tua milltir o New Inn. Cyfeirir ato yn *Adroddiad Comisiwn yr Henebion*, sy'n dweud mai ar gae a enwid yn Faes y Gwaed y safai hwnnw; dywedwyd fod y pridd oddi tan y crug yn dywyllach na'r pridd a oedd o'i amgylch, a'r awgrym, wrth gwrs, oedd mai staen gwaed oedd arno.

Rhwng popeth y mae'n bosib, felly, mai enw ar ardal oedd Gwyddgrug i ddechrau, ond gyda threigl amser, a sefydlu unedau gweinyddol newydd fel cwmwd Mabudrud yn yr unfed ganrif ar ddeg, a phlwyfi Llanfihangel-ar-Arth a Llanllwni yn ddiweddarach, bu mewn perygl, hwyrach, o gael ei anghofio, fel llawer hen enw arall a gollodd ei ystyr. Fe'i diogelwyd gan hanes y brwydro, y rhodd o dir i Abaty Talyllychau ac, wrth gwrs, gan enw'r felin. Mater arall, serch hynny, yw cael arbenigwyr i gydweld ar ystyron enwau lleol ac y mae angen cofnodi barn yr Athro Melville Richards, a oedd yn credu mai am dwmpath coffadwriaethol ddylid meddwl wrth drafod enw Gwyddgrug. Y posibilrwydd, felly, yw bod y twmpath hwnnw, ar fferm Castell, New Inn, yn ei le cyn i neb feddwl am ei ddefnyddio fel amddiffynfa a chodi castell arno wedyn.

Un o brif angenrheidiau bron pob ardal amaethyddol, a hynny mor ddiweddar â chanol y ganrif hon, oedd melin i falu'r llafur. Dibynnai ardaloedd lu ar y gwynt yn unig i weithio melin, ond ni wyddys am hanes cymaint ag un felin wynt yn y cyffiniau hyn. Y prif reswm, wrth gwrs, yw'r ffaith bod digon o ddŵr i droi rhod yn llifo drwy rai o'r nentydd, ac fe gafwyd llecyn delfrydol i adeiladu Melin Gwyddgrug, sydd a'i hanes yn sicr yn ymestyn yn ôl at y ddeuddegfed ganrif, ac y mae'n debyg am ganrifoedd cyn hynny hefyd, ar lan Nant Gwyddgrug. Benthyciad o'r iaith Ladin, a ddefnyddid gan y Rhufeiniaid, yw'r gair 'melin' yn y Gymraeg. A hithau'n felin ar dir yr abaty disgwylid i'r rhai a oedd yn dal y tir i ofalu amdani. Ceir prawf o hynny mewn cofnod o'r flwyddyn 1711 yng nghofrestrau Llys Arglwyddiaeth Talyllychau, y sefydliad a fu'n gweinyddu eiddo'r abaty ers yr unfed ganrif ar bymtheg ar ôl i'r brenin, Henry VIII, gael gafael arno.

Mae'r un ddogfen yn dangos, hefyd, fod gan yr arglwydd-iaeth ffald i gorlannu anifeiliaid, rhai a oedd naill ai'n destun achos mewn llys, neu rai eraill yn crwydro o gwmpas yn rhydd heb gael eu hawlio gan neb. Safai honno yn ystod ail hanner y ganrif ddiwethaf ar dir fferm Bwlch-y-coed, a James Beynon, un o hynafiaid y teulu sydd piau'r lle yn awr, oedd y swyddog yn gofalu amdani.

Llun 1—Rhod Ddŵr Melin Gwyddgrug

4

P'un a oedd y felin yno'n barod neu wedi cael ei hadeiladu yn arbennig ar orchymyn yr abad pan roddwyd y tiroedd i'r abaty y mae'n amhosib dweud. Y mae'n bosib, wrth gwrs, y cyfyngid ei gwasanaeth i ffermydd ar ystad yr abaty ond mae'n anodd credu, rhywsut, y buasai honno wedi bod yn drefn haearnaidd ar hyd yr amser gan fod ffermydd eraill y tu allan i'r ystad mor agos ati.

Pe dibynnid ar dystiolaeth Cyfrifiad y Boblogaeth, 1891, gellid credu bod y felin wedi rhoi'r gorau i falu erbyn hynny, gan mai saer coed (John Jones) a'i deulu oedd yn byw yno yr adeg honno, ond mae Mrs. Asneth Thomas, Felin Gwydd-grug, yn cofio ei thad yng nghyfraith yn malu am y tro olaf tuag 1920. Erbyn hyn dim ond y rhod ddŵr sy'n aros o'r hen felin ond mae'r teulu wedi gwrthod pob cais am ei brynu er mwyn ei gadw i gofio am yr amser â fu.

Nid Melin Gwyddgrug oedd yr unig felin i wasanaethu'r ardal. Bu melinau eraill, ychydig i'r gogledd o New Inn ac i'r gorllewin o Gwyddgrug, o fewn cyrraedd rhwydd i ffermydd tiroedd yr abaty. Un o'r rheiny oedd Felin Gelli, tua milltir o New Inn ar hyd y briffordd. Gweithid honno gan ddŵr o rannau uchaf Afon Talog, ond ni wyddys am unrhyw dystiolaeth a all ddangos ei bod yn hŷn na'r flwyddyn 1754. Mae cof yn fyw am Felin Gelli'n malu hyd tua chanol y ganrif bresennol, a hi, y mae'n debyg, oedd yr olaf o'r melinau a oedd yn gwasanaethu'r ardal i wneud hynny.

Un arall, yn ôl ei henw, oedd Melin Gwm, ar dir Perth-y-berllan, hanner milltir o New Inn. Ni cheir unrhyw dystiolaeth yng Nghyfrifiadau'r Boblogaeth, 1841-1891, fod melinydd yn byw yno yn ystod y cyfnod hir hwnnw. Mae'n bosib, wrth gwrs, mai yn achlysurol, ac at anghenion Ystad Perth-y-berllan yn unig, y gweithid y felin fechan honno gan ddŵr Nant Glwydeth.

Tua milltir i'r gorllewin o Gwyddgrug, gerllaw Pencader, 'roedd Melin Glan-nawmor Uchaf. Yn ôl Cyfrifiad y Boblog-aeth 'roedd melinydd yn byw ynddi yn 1891 ac yr oedd honno, wrth gwrs, yn ddigon agos i wasanaethu ffermydd o gwmpas Gwyddgrug.

Presenoldeb Melin Gwyddgrug, y mae'n debyg, a roes sylfaen a chychwyniad i bentref Gwyddgrug, a datblygodd rhwydwaith o lonydd cul o boptu'r briffordd i hwyluso'r gwaith o gludo'r llafur yno o'r ffermydd. Gan un yn unig o'r lonydd hynny, sef y ffordd rhwng Gwyddgrug a Phencader, yr oedd diben amgenach, ond y mae'n glir nad oedd hyd yn oed honno, er ei bod yn cysylltu dau bentref, yn debyg o fod yn un prysur iawn gan mai lle bach iawn oedd Pencader yn nechrau'r ganrif ddiwethaf. Yn ôl tystiolaeth Syr Richard Colt Hoare, teithiwr adnabyddus a fu drwy'r ardal yn 1803, bu raid iddo fynd i New Inn i gael llety dros nos gan nad oedd Pencader yn medru cynnig lle.

Nid yw'r rhwydwaith o lonydd sydd i'r dwyrain o Gwyddgrug yn cyfleu'r syniad fod Melin Gwyddgrug ar unrhyw gyfnod wedi gwasanaethu holl ffermydd yr abaty ym mhlwyf Llanfihangel-ar- Arth. I rywun sy'n gyfarwydd â'r ardal y mae'n glir nad oedd y lonydd hynny—ar wahân, hwyrach, i un sy'n dringo heibio i adfail Highgate a thros Crugiau Rhos-wen, ffordd arw iawn erbyn hyn—yn ymestyn dros y bryniau at y ffermydd ar yr ochr arall. I'r ffermydd anghysbell hynny 'roedd Melin Marlais, nid nepell o bentref Brechfa, a gerllaw ffin ddwyreiniol tiroedd yr abaty yn y plwyf, yn llawer mwy cyfleus.

Ychydig o alw am ehangu Melin Gwyddgrug a gafwyd, felly, ac adlewyrchwyd hynny yn natblygiad araf y pentref. Rhwng popeth y mae'n debyg mai ychydig iawn o newid a welodd Gwyddgrug ar hyd y canrifoedd, cyn i'r Annibynwyr ddechrau codi capel yno yn 1889. Go brin bod yno ragor na hanner dwsin o dai yn nechrau'r ganrif ddiwethaf a dim llawer mwy erbyn ei diwedd.

Bu hanes sefydlu a datblygiad pentref New Inn yn wahanol iawn i Gwyddgrug, a gellir awgrymu nad i ateb galwad o'r gymdogaeth ei hun y daeth y lle i fod ond yn hytrach i wasanaethu pobl ar daith trwy'r ardal. Digwyddodd rhywbeth tebyg gyda'r cyffyrdd pwysig a sefydlwyd yng nghanol cefn gwlad gan y rheilffyrdd yn ystod y ganrif ddiwethaf. Y mae'n werth rhoi amser, felly, i ystyried pwy allasai'r teithwyr hynny fod, o ba gyfeiriad y deuent ac i ba le yr aent?

Yn y lle cyntaf, byddai teithwyr yn defnyddio'r briffordd rhwng Llanbedr Pont Steffan a Chaerfyrddin. Byddai marchnadoedd wythnosol a ffeiriau rheolaidd yn y ddau le ac hefyd yn Llanybydder, chwe milltir o New Inn, yn sicrhau bod digon o fynd a dod ar hyd y briffordd ar ddyddiau arbennig. 'Roedd Caerfyrddin, hefyd, yn un o drefi mwyaf yr hen Gymru, ac yn borthladd pwysig. 'Roedd y lle yn tynnu pobol o gylch eang iawn cyn i neb feddwl am gerbydau i'w cludo yno. 'Roedd gan rai, wrth gwrs, geffylau i'w marchogaeth, ond ar droed y teithiai'r rhan fwyaf o bobl. Nid oedd taith ddeng milltir ar hugain neu ragor ar droed yn fawr o beth i'r hen bobl ar ddiwrnodau marchnad a ffair, fel y canfyddir ambell dro wrth ddarllen adroddiadau teithwyr o Loegr a fu'n mentro i Gymru o ddiwedd y ddeunawfed ganrif ymlaen. Er bod y dystiolaeth ysgrifenedig ganrif yn ddiweddarach na therfyn y cyfnod sydd o dan sylw yn y bennod hon nid oes le i amau y gallent fod wedi dweud rhywbeth tebyg fwy na chanrif neu ragor ynghynt.

Nid oedd pawb yn byw ger y briffordd, wrth gwrs. 'Roedd Pencarreg, Llanybydder, a rhannau o blwyf Llan-llwni, er enghraifft, yn fannau amlwg i bobl gyrraedd y briffordd, ac wrth nesáu at Gaerfyrddin fe welid hwy'n dod o gyfeiriadau eraill ac yn neilltuol, o safbwynt yr hanes hwn, o'r gorllewin, o Aberaeron a Cheinewydd yng Ngheredigion.

Y ffordd gyfoes, boblogaidd, o'r Cei i Gaerfyrddin yw'r un trwy Ffostrasol, Llandysul a Phencader, ond y mae'n siwr y synnai llawer glywed mai datblygiadau cymharol ddiweddar fu'n gyfrifol am wneud honno'n ffordd mor ddefnyddiol. Drwy Dalgarreg, Capel Dewi, Llanfihangel-ar-Arth a New Inn y rhedai'r hen ffordd.

Yn ôl papurau newydd o saith-degau'r ganrif ddiwethaf ffordd ddifrifol o wael oedd yr un rhwng Ceinewydd a Llandysul trwy Ffostrasol a Horeb. Cymerodd amser maith i wella'i chyflwr, ac y mae angen cofio mai dim ond tua deugain mlynedd sydd wedi mynd heibio, mewn gwirionedd, er pan roddodd cwmni bysiau'r Western Welsh y gorau i'w wasanaeth o Geinewydd i Landysul trwy Dalgarreg a Llanfihangel-ar-Arth. Glynwyd wrth yr hen ffordd, felly, gan y cwmni am gyfnod hir iawn.

Ac os oes angen rhagor o brawf y mae'r enw a roddwyd ar orsaf rheilffordd pentref Llanfihangel-ar-Arth yn niwedd yr 1860au gan gwmni rheilffordd y Manchester & Milford, sef 'New Quay Road', yn sicr o gyfleu digon o dystiolaeth ynddo'i hun.

Pwynt perthnasol, hefyd, oedd cyfeiriad y ffordd o Lanfihangel-ar-Arth trwy Bencader at y briffordd i Gaerfyrddin yn y dyddiau gynt. Dangosodd Michael C.S.Evans yn ei erthygl 'Forgotten Roads of Carmarthenshire' yn The *Carmarthenshire Antiquary*, Cyfrol XIX (1983) mai ffordd newydd a wnaed tuag 1816 yw'r B.4459 sy'n rhedeg o Lanfihangel trwy Bencader i Ben-Rhiw Alltwalis. Cyn hynny, lôn gul yn uno â'r briffordd gyferbyn â Bryn Meillion, sydd rhwng Pen-Rhiw Alltwalis a Gwyddgrug, oedd yr hen ffordd.

Nid pentref bychan di-nôd oedd Llanfihangel-ar-Arth yn ystod yr hen oes. Mewn hen almanaciau fe welir enwi'r lle fel un o'r mannau prin lle cynhelid ffeiriau. Yn *Almanac Thomas Jones*, Amwythig, 1691, er enghraifft, cofnodir dwy ffair flynyddol, ar 1 Mai (Gŵyl Fai) a 29 Medi (Gŵyl Fihangel), a gallasent gael eu cynnal am ganrifoedd cyn hynny. Er nad oedd almanaciau'r ail ganrif ar bymtheg yn nodi marchnadoedd gellir eu canfod yn rhai'r ganrif nesaf, y ddeunawfed, sy'n rhestru marchnad wythnosol ar ddydd Iau yn Llanfihangel. 'Roedd honno, hefyd, fel y ffeiriau, yn debyg o fod yn hen iawn, ac yn brawf bod gan y pentref sefydliadau o bwys i fasnach siroedd Caerfyrddin a Cheredigion.

Mae'r ffaith mai yno, ym mhen gogleddol y plwyf, y codwyd yr eglwys, a dwy dafarn hen iawn, Eagle ('Spread Eagle' oedd yr enw gwreiddiol) a Cross Inn (Pwll Dŵr ar lafar gwlad), yn arwydd arall o hynodrwydd arbennig.

'Roedd Llanfihangel-ar-Arth, felly, yn lle pwysig yn yr hen amser, yn lle i fasnachu a chymdeithasu ynddo; yn lle, hefyd, ar y ffordd o'r gorllewin i Gaerfyrddin, ond trwy New Inn, nid Pencader, yr âi pobl oddi yno i gyrraedd y briffordd. Yr hen ffordd honno o Lanfihangel-ar-Arth at y briffordd oedd y lôn wledig sy'n rhedeg heibio Penparc, Cwrt, Neuadd Deg a Blaenblodau i New Inn. Enw'r ffordd gan bentrefwyr New Inn yw Heol Talog.

Mae tuedd i ffyrdd pwysicaf Cymru erbyn hyn redeg ar draws y wlad, rhwng y gorllewin a'r dwyrain, yn hytrach na rhwng y de a'r gogledd, ond yn yr hen ddyddiau 'roedd anghenion masnachol yn dra gwahanol. Yn y de-orllewin, er enghraifft, fe sicrhaodd safleoedd trefi fel Caerfyrddin ac Abertawe fod canran uchel o'r prif ffyrdd yn rhedeg tuag atynt, o'r gogledd i'r de. Mae'n anodd meddwl y byddai llawer o alw am ffyrdd ar draws bryniau de Cymru cyn dechrau datblygu'r gweithfeydd haearn, y glofeydd a'r meysydd calch yn ystod ail hanner y ddeunawfed ganrif.

Serch hynny, 'roedd un math arbennig o fasnachu a olygai daith o'r gorllewin i'r dwyrain, wedi'i sefydlu yn y bymthegfed ganrif, os nad cyn hynny. Porthmona oedd y gwaith hwnnw, sef symud anifeiliaid, yn enwedig gwartheg, o Gymru i Loegr. Cesglid a gyrrid yr anifeiliaid gan y porthmyn, gwŷr arbennig iawn yn hanes y wlad. 'Roedd gan y porthmyn eu ffyrdd cydnabyddedig eu hunain. Lonydd neu lwybrau gwledig oedd y rheiny, rhai garw, anaddas i gerbydau, a thros dir agored, fel cominoedd; ffyrdd heb wrychoedd a roddai gyfle i'r anifeiliaid gael pori ychydig neu dorri syched wrth fynd heibio. Enillodd llawer o hen ffyrdd y porthmyn enwogrwydd a thueddir yn y dyddiau hyn i edrych yn ôl arnynt a hwyrach i or-ramantu yn eu cylch.

Rhoddwyd mwy o sylw gan haneswyr i ffyrdd y porthmyn yn y gogledd, ond 'roedd rhai yn y de yn enwog hefyd. Er enghraifft, 'roedd ffordd o Dregaron, heibio Abergwesyn, a thros Afon Gwy; un arall yn croesi Afon Teifi i'r gogledd o Lanbedr Pont Steffan gan ddirwyn trwy

Ddyffryn Cothi, i'r gogledd o Pumsaint, a thros Mynydd Epynt. Dim ond un o haneswyr y porthmyn sydd wedi cynnig ffordd i'r de o Lanbedr, a hwnnw yw R.J.Colyer yn ei gyfrol, 'The Welsh Drovers'. Ynddi hi fe awgrymir Castell-newydd Emlyn fel canolfan i gasglu anifeiliaid o dde Ceredigion a gogledd sir Benfro, a'u paratoi yno ar gyfer eu gyrru trwy Bentrecwrt, Pontweli, Llanfihangel-ar-Arth a Phen-Top Llanllwni i Rydcymerau a Llansawel.

Fe gynigiodd yr awdur y disgrifiad hwnnw ar ôl iddo holi ar hyd y ffordd B.4336 rhwng Llanfihangel a Phen-Top, a derbyn, oherwydd yr atebion a gaed, fod enwau dwy dafarn wrth ochr y ffordd, sef Pwll Dŵr (Cross Inn) a Drovers Arms (enw a roddwyd, cyn belled ag y gellir dweud, tua'r 1820au i ddyddyn Blaencwm), yn ddigon o brawf mai ar hyd y ffordd honno y gyrrwyd yr anifeiliaid gan y porthmyn.

Yn anffodus ni wyddai'r sawl a holwyd gan yr awdur am y traddodiad o bedoli anifeiliaid yn New Inn, a hynny, y mae'n debyg, sydd i gyfrif am na roddwyd amser i ystyried y posibilrwydd bod ffordd arall dros y bryniau yn cychwyn ychydig o dan ddwy filltir i'r de o Ben-Top Llanllwni.

Fe ddywedir rhagor am y sefyllfa ym Mhennod 6, ond cyn symud ymlaen y mae angen gwneud un pwynt yn glir. Gan mai ar hyd Heol Talog a thrwy 'New Inn' yr âi pobl o arfordir a chanol Ceredigion i Gaerfyrddin i ba ddiben y buasai'r porthmyn yn defnyddio ffordd wahanol, yn enwedig i hebrwng ychydig o anifeiliaid i'w casglu at ei gilydd mewn canolfan ar gyfer y daith i Loegr?

Erbyn dechrau'r ddeunawfed ganrif, cyn sefydlu pentref New Inn, go ysgafn fyddai'r teithio drwy'r lle am nifer o resymau, ond gellir dweud yn hyderus bod croesffordd o ryw fath yno, er mai un go igam ogam a fyddai honno o ran ei ffurf. Y porthmyn oedd y masnachwyr cyntaf o bwys i ddewis mynd yn eu blaenau am y bryniau yn hytrach na throi am Gaerfyrddin. Mae'n bwysig cydnabod hynny, oblegid hwy â gymerodd y camau cyntaf tuag at sicrhau bod pentref New Inn yn cael ei sefydlu.

Pennod 2

Codi Haul New Inn

Wrth derfynu'r bennod gyntaf pwysleisiwyd nad croesffordd ffurfiol, fel yr un gyfoes, a oedd yn New Inn i ddechrau ond un igam-ogam. Ffordd weddol wastad, heb lawer o waith dringo arni, yw Heol Talog, sy'n cysylltu Llanfihangel-ar-Arth a New Inn, ond i'r sawl a oedd yn dewis mynd yn ei flaen tros y bryniau 'roedd taith wahanol iawn yn ei aros. Golygai y byddai, wrth gyrraedd y briffordd, yn troi i'r chwith a'i dilyn am tua dau gant o lathenni, cyn bwrw i'r dde, gerllaw'r fan lle codwyd tafarn Travellers Rest, i groesi tir Pant Mawr a darn o dir comin a oedd yn gorwedd y tu draw iddo, at Flaen Nant-y-Pinshwrn (neu Dro Pen-Pinshwrn, fel y gelwir y lle gan lawer o'r brodorion).

Dyna'r ffordd draddodiadol yn ôl yr hanes, ond mae'r Map Ordnans cyntaf (1810-11) o'r ardal nid yn unig yn awgrymu bod y ffordd honno'n terfynu gerllaw ffermdy Pant Mawr ond yn dangos tair ffordd arall dros y bryniau o New Inn. Y bwysicaf ohonynt yw'r un s'yn rhedeg o groesffordd y pentref i Frechfa, ond mae'r ddwy ffordd arall yn gadael y briffordd ychydig i'r gogledd o New Inn, y naill tua hanner milltir i ffwrdd i ddringo trwy dir Perth-y-berllan, a'r llall hanner milltir ymhellach ymlaen, gerllaw Llain-Gwndwn, i ddringo heibio Bwlch-y-clawdd. Mae'r ddwy yn uno, ar dir sydd erbyn hyn yn ran o fferm Gwarglwydeth, i redeg heibio fferm Cluniau at Flaen Nant-y-Pinshwrn.

Unwaith y cyrhaeddid Blaen Nant-y-Pinshwrn 'roedd gan deithiwr ddewis o ddwy ffordd. Rhedai'r naill i'r dde tua Gwernogle a Brechfa, a'r llall i'r chwith a thros Mynydd Crugiau Ieir i gyfeiriad Rhydcymerau a Llansawel, ffordd y bu enw diddorol arni, sef Heol Lladron, fel y gwelir ar Fap y Degwm, Plwyf Llanfihangel Rhos-y-corn. Rhoddir mwy o sylw iddi ym Mhennod 6.

Llun 2 Travellers Rest, New Inn

Mae'r map, felly, yn awgrymu gwyriad rywdro o'r hen ffordd draddodiadol, ac y mae'n ymddangos mai'r newid mwyaf a ddigwyddodd fu agor ffordd newydd o New Inn i Frechfa. Mae'n werth ystyried i ba raddau y gellir darganfod pwy a fu'n gyfrifol am ei gwneud a pha bryd y daeth honno i fod.

Ond cyn mynd ymlaen â'r hanes y mae'n werth ymbwyllo er mwyn ystyried enw'r pentref, New Inn, sydd, wrth gwrs, yn enw Saesneg. Crewyd llawer o bentrefi newydd yng Nghymru, yn enwedig o'r ddeunawfed ganrif ymlaen, ar ôl adeiladu capel. Dyna sy'n gyfrifol am yr holl enwau Hebraeg, fel Saron, Horeb a Nebo sydd ar gymaint ohonynt; ffaith sy'n adlewyrchu dylanwad y Beibl ar ddiwylliant Cymru. Gan mai yn ystod rhan olaf yr unfed ganrif ar bymtheg y cyfieithiwyd hwnnw i'r Gymraeg, y mae'n anodd meddwl am le ag enw Beiblaidd iddo a oedd yn debygol o fod wedi'i sefydlu'n gynharach. Ar y llaw arall, y mae'r enw Cymraeg sydd ar Gwyddgrug bron cystal â chadarnhau mai cyn cyfieithu'r Beibl y sefydlwyd y lle hwnnw. Mae'r enw sydd ar bentref New Inn, ar y llaw arall, yn gofgolofn i ddylanwad y drefn weinyddol a orfodwyd ar Gymru wedi uno'r wlad â Lloegr yn y flwyddyn 1536.

Llun 3 Travellers Rest a'r ysgol o'r awyr
Ger talcen chwith y dafarn ceir hen ffordd y porthmyn

'Roedd angen bendith Llys Chwarter y sir cyn agor tafarn yn yr hen amser, ond nid oes digon o gofrestri llysoedd Sir Gaerfyrddin ar ôl i ddweud pa bryd y sefydlwyd tafarn New Inn. Y mae un peth yn sicr, sef mai yn Saesneg y cedwid y cofrestri hynny, ac mai fel 'new inn' y cofnodid pob tafarn newydd i ddechrau, os nad oedd eisoes wedi cael ei henwi. Diolch i'r drefn, fe gafodd y rhan fwyaf o hen dafarnau Cymru gadw eu henwau eu hunain, er mai rhai Saesneg a roddwyd i'r mwyafrif llethol ohonynt, a thynged ambell un oedd gweld y 'new inn' yn troi yn 'New Inn'. Dyna yn union, fe ymddengys, oedd tynged tafarn gyntaf y pentref.

Ers tros ganrif, bellach, bu gan y dafarn enw newydd, Travellers Rest, ond dylid nodi fod y drwydded gyfoes yn dal yn ffyddlon i'r hen enw hefyd. Serch hynny, buasai glynu wrth hwnnw wrth sôn am y dafarn yn sicr o gymhlethu'r hanes yn y gyfrol hon, ac y mae angen osgoi hynny ar bob cyfrif. Oherwydd hynny fe gyfeirir ati wrth ei henw cyfoes, Travellers Rest, ar bob achlysur o hyn ymlaen.

Mae lleoliad y dafarn yn awgrym clir mai ar ddarn o dir a oedd unwaith yn rhan o dir fferm Pant Mawr yr adeiladwyd hi. Enwir Pant Mawr mewn gweithredoedd sy'n dyddio o'r ail ganrif ar bymtheg ac yn 1679, pan fu farw David Lloyd, Alltyrodyn, plwyf Llandysul, yr oedd y fferm yn rhan o'i eiddo ef. Un o'i ddisgynyddion, David Lloyd arall o Alltyrodyn, oedd y perchennog yn 1773, ond rywbryd wedyn fe werthwyd Pant Mawr. Nid yw'r weithred eto wedi dod i'r golwg ond y mae'n debyg mai'r prynwr oedd un o feibion Rees Saunders, Perth-y-berllan, fferm sy'n ffinio â Phant Mawr.

Mae hanes diddorol i deulu Saunders. Yn ôl Francis Jones, yn ei *Historic Carmarthenshire Houses and their Families* (Caerfyrddin, 1987) bu'r teulu yn berchenogion Perth-y-berllan ers cyn diwedd yr ail ganrif ar bymtheg. Camgymeriad oedd dweud hynny gan mai yn y ganrif nesaf, yn 1735 i fod yn gywir, y prynwyd y lle gan Rees Saunders, un o feibion David Alexander, Llanllwni. Bu farw Alexander yn 1708, ond Saunders oedd cyfenw ei weddw ar ei marwolaeth hi yn 1740 ac y mae'n glir fod y plant wedi arddel yr un enw. Gellir olrhain cysylltiad canghennau o'r teulu â Bryn, Llanllwni; Undergrove, Llanybydder ac achos y Bedyddwyr yn Aberduar, Llanybydder.

Perchnogion Perth-y-berllan yn nechrau'r ddeunawfed ganrif oedd teulu Morgan, Upland, Llandyfaelog, Caerfyrddin, ond fe werthwyd y lle yn 1735 i Erasmus Lewis, swyddog pwysig a chyfoethog yn llywodraeth Prydain yn Llundain, a oedd yn hanu o Abercothi. Dim ond am ychydig o fisoedd y bu'r fferm ym meddiant Lewis cyn iddo'i gwerthu i Rees Saunders.

Yng nghanol un o furiau adeilad ym Mherth-y-berllan lle y cedwir anifeiliaid fe geir carreg gyda'r llythrennau RMS a'r dyddiad 1737 arni sydd, y mae'n bosib, yn cofnodi priodas Rees a Maria Saunders. (Gweler t.183) Os gwir hynny, y mae'n debyg mai ail wraig Saunders oedd Maria, oblegid 'roedd Thomas Saunders, a fu farw yn 1816, yn ôl ei oed yr adeg honno wedi'i eni tuag 1729. Nid yw'n hollol sicr, wrth gwrs, mai Rees Saunders oedd ei dad. Gwaith anodd iawn yw olrhain achau teulu Saunders yn y ddeunawfed ganrif ac y mae hynny i'w briodoli, gellir tybio, i'r ffaith mai Bedyddwyr oedd llawer ohonynt, ac yn anffodus y mae hen gofrestri'r enwad honno o blwyfi Llanfihangel-ar-Arth, Llanllwni a Llanybydder wedi mynd ar goll.

Rhaid dibynnu, felly, ar ba dystiolaeth bynnag sydd ar gael. 'Roedd gan Rees Saunders naw o blant yn fyw pan ysgrifennwyd ei ewyllys, ond dim ond dau, Stephen a Benjamin, yr ysgutoriaid, a enwir ynddi. Ond gan mai Thomas Saunders oedd y penteulu, yn ôl ei eiddo a oedd yn cynnwys Perth-y-berllan, Pant Mawr a Travellers Rest, adeg ei farwolaeth yn 1816, y mae'n ymddangos y gellir derbyn yn ddiogel ei fod ef yn un o'r naw.

Y cwestiwn mawr yr hoffai rhywun gael ateb iddo, wrth gwrs, yw pa bryd yr adeiladwyd Travellers Rest, oblegid trwy wybod hynny byddem yn medru meddwl yn gliriach am oed y pentref. Mae'n anffodus nad oes un cyfeiriad at y dafarn mewn gweithred gyfreithiol sy'n hŷn nag ewyllys Thomas Saunders. Nid yw map Thomas Kitchin o sir Gaerfyrddin yn 1754 yn gymorth. Mae'n enwi Gwyddgrug (ac, o ran hynny, fferm (Gelli) sydd tua milltir o New Inn) ond nid yw New Inn arno o gwbl. Go brin, y mae'n debyg, y buasai yn enwi tafarn ar ei phen ei hun ar ei fap.

Yn ôl un ffynhonnell, *The British Post Office. A History*, gan Howard Robinson (Connecticut, 1970) 'roedd gwasanaeth cludo llythyrau rhwng Caerfyrddin ac Aberystwyth wedi'i sefydlu yn y flwyddyn 1755 ac y mae'n anodd meddwl amdano'n rhedeg ar hyd ffordd wahanol i'r un trwy New Inn a Llanbedr-Pont-Steffan. Darperid y gwasanaeth cynnar hwnnw gan bostmon ar gefn ceffyl, ac fe gyfrifid taith o ddeuddeng milltir yn ddigon i farch. Gan fod pellter o 24 o filltiroedd rhwng Caerfyrddin a Llanbedr byddai angen lle i newid ceffylau ac ar gyfer hynny ni allai Travellers Rest, sydd union hanner ffordd rhwng y ddau le, fod mewn man mwy delfrydol. Peth arall yw dweud, ar dystiolaeth mor ansicr, fod y dafarn ar ei thraed yn 1755.

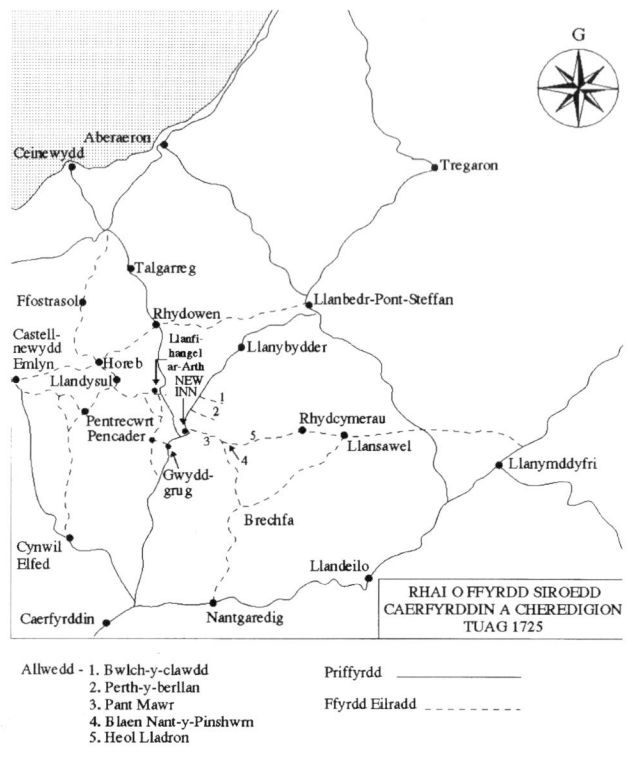

Map 2

Eithr fe welwyd tystiolaeth ychwanegol yn y dafarn ei hun cyn iddi gael ei hadnewyddu ychydig flynyddoedd yn ôl. Fe'i cafwyd ar drawst uwchlaw un o'r lleoedd tân, a bu Mr. Tom Jones, Nant-y- gelli, New Inn, ac awdur y gyfrol hon yn ei archwilio er mwyn asesu yr hyn a oedd yn debyg i bedwar rhif a naddwyd arno. Y mae angen pwysleisio mai gwaith tra anghelfydd oedd y naddiad hwnnw ond, wrth ei ystyried yn ofalus, bu'n glir mai'r flwyddyn 1711 a nodid ganddo. Rhydd hynny, wrth gwrs, awgrym mai yn y flwyddyn honno yr adeiladwyd y dafarn.

Os derbynnir hynny, fe godwyd y dafarn dros ugain mlynedd cyn i Rees Saunders symud i'r ardal i fyw, ond yr oedd y ffaith ei bod yno, a'r gwasanaeth cludo llythyrau ynghlwm wrthi, yn debygol o fod yn bwysig iddo oblegid

16

gwyddys fod y dyn yn ymddiddori mewn masnach. Fe geir hanes ei gysylltiad â gwaith haearn Cwmdwyfran yn 1741, ac yn yr un flwyddyn sicrhaodd brydles ar fferm Betws, Abergwili, sy'n sefyll ar yr ochr arall i'r afon o'r gwaith. Diben cymryd y tir, hwyrach, oedd cael gafael ar ddigon o olosg ar gyfer y gwaith haearn. Trosglwyddwyd y brydles i un arall yn 1744 a gellir derbyn hynny fel arwydd bod Saunders wedi torri ei gysylltiad â Chwmdwyfran. A wnaeth hynny, tybed, er mwyn canolbwyntio ar ddatblygu ei ddiddordeb yn yr ardal o gwmpas Perth-y-berllan?

'Roedd Perth-y-berllan yr amser honno yn cynnwys ffermydd Aberglwydeth a Gwarglwydeth, a galwai cymaint o dir o boptu'r briffordd i'r gogledd o New Inn am lawer o sylw. Mae'r rhan fwyaf o'r tir hwnnw, wrth gwrs, yn gorwedd rhwng y briffordd a'r bryniau sydd i'r dwyrain o New Inn ac y mae'n debyg y buasai llawer o deithwyr, yn cynnwys porthmyn a'u hanifeiliaid, yn ei ddefnyddio. Mae'n glir bod gan Saunders gysylltiadau yn Llundain oblegid yn y fan honno y cafodd arian i brynu Perth-y-berllan. 'Roedd ei fab, Thomas Saunders, mewn busnes fel teiliwr yn Llundain yn ddiweddarach, hefyd, ac mewn sefyllfa, felly, i gynrychioli ei dad yno.

Oherwydd y fath gysylltiadau y mae'n bosib fod rhai o'r porthmyn wedi benthyg arian gan Saunders i brynu anifeiliaid cyn cychwyn ar y daith hir i Loegr, yn hytrach na'u cymryd ar goel a thalu amdanynt ar ôl eu gwerthu, fel yr esbonnir ymhellach ym Mhennod 6.

Ond 'roedd Saunders yn uchelgeisiol, oblegid fe geir tystiolaeth sicr o'r flwyddyn 1755 am y modd yr ymestynnodd ei adenydd trwy brynu dwy fferm, sef Blodeuen a Castell, New Inn. Wrth wneud hynny cafodd afael ar ragor o dir rhwng y briffordd a'r bryniau, a dichon y buasai wedi prynu Pant Mawr yr amser honno, pe cawsai'r cyfle. Ond nid marchnata anifeiliaid oedd yr unig fasnach o ddiddordeb i Saunders. Datblygiad newydd yn ystod ail hanner y ddeunawfed ganrif oedd y cynnydd yn y defnydd o galch ar gyfer gwrteithio ac nid oedd cyflenwad o hwnnw i'w gael yn yr ardal.

Yn y flwyddyn 1794 fe gyhoeddwyd cyfres o adroddiadau ar gyflwr amaethyddiaeth ym mhob sir yng Nghymru, ac yn y rhai ar siroedd Ceredigion a Chaerfyrddin fe ganfyddir cryn feirniadaeth ar y modd yr ymdriniwyd â'r calch. Arferai'r ffermwyr fynd i'r meysydd calch yn nechrau'r haf am lwythi a'u gollwng yn domenni mawr o gwmpas y caeau. Arferent ei adael yn y cyflwr hwnnw am fisoedd cyn meddwl am ei wasgaru, yr hyn a wnaent wrth deilo ar ddiwedd y tymor. Barnwyd mai ffordd anwyddonol iawn o drin calch oedd honno, ond p'un a wrandawyd ar y cyngor ai peidio cynyddu a wnaeth y galw am galch.

Sicrhau digon ohono oedd un o broblemau mawr ffermwyr gorllewin sir Gaerfyrddin a dwyrain Ceredigion. Medrai ffermydd yn agos i draethau Ceredigion sicrhau calch o'r odynnau a oedd yn niferus ar hyd yr arfordir. Dibynnai'r odynnau ar allu llongau bach am eu cyflenwadau o galch i losgi, ond gan na allent gael digon o galch yn y ffordd honno yr oeddent yn methu ateb y galw gan bob ffermwr yn y sir.

Yr oedd canran uchel o'r ffermwyr, felly, yn gorfod wynebu dwy neu ragor o deithiau blin ar draws gwlad i nôl y calch eu hunain, naill ai o Landybie neu o gylch Crwbin a Mynyddcerrig ar gyrion Cwm Gwendraeth, yn dibynnu ar leoliad y fferm. I'r sawl a ddewisai fynd tua'r Gwendraeth y mae'n ymddangos yn glir mai'r ffordd i fynd o ganol Ceredigion oedd trwy New Inn, Brechfa, Nantgaredig a Phorth-y-rhyd, gan ei bod yn fyrrach o rai milltiroedd na'r daith i Landybie. Gallasent hefyd ddefnyddio'r ffordd trwy Gaerfyrddin at yr un lle, ond o'r flwyddyn 1763 ymlaen fe amgylchynwyd y dref gan nifer o dolldai'r ffyrdd tyrpeg — gweler Pennod 7—ac ni fyddai gorfod rhoi'r llaw yn y boced yn aml wrth fodd y ffermwyr.

'Roedd y penderfyniad i gael arolwg ar gyflwr amaethyddiaeth yn 1794, a'r feirniadaeth ar y defnydd o galch, yn cynnwys awgrym cryf fod hwnnw wedi bod yn cael ei

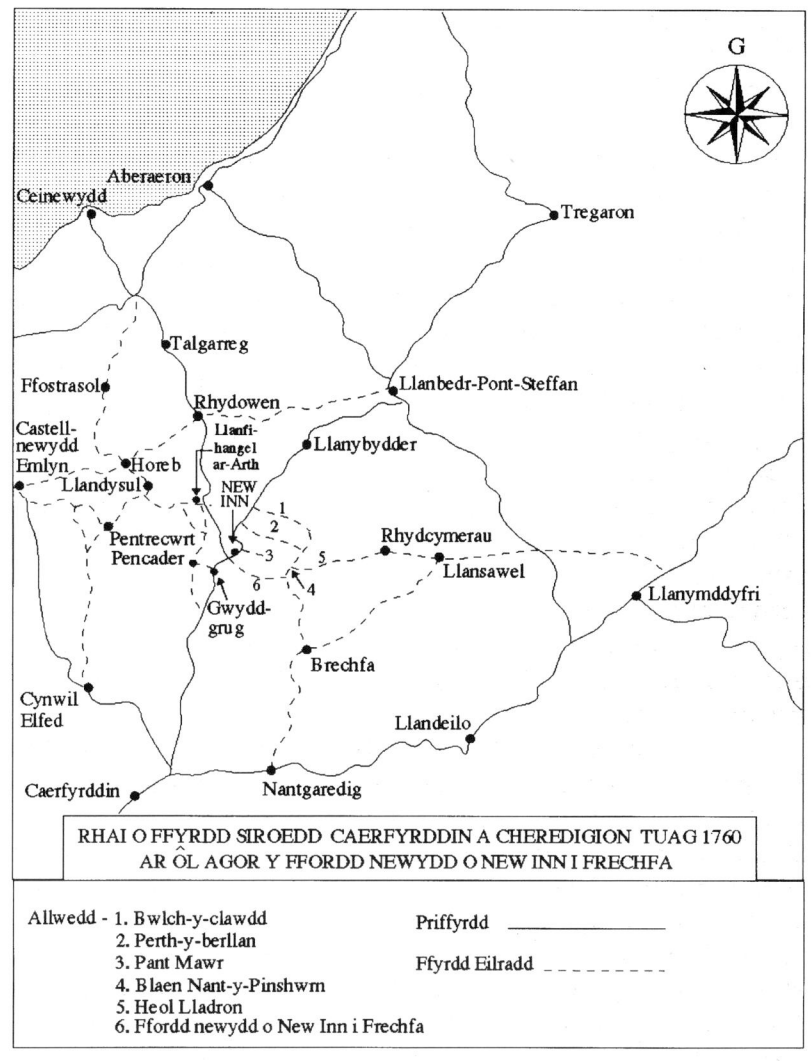

Map 3

ddefnyddio i wrteithio ers tro, a hwyrach ers canol y ganrif. Unwaith y cynyddodd y diddordeb mewn calch fe welodd New Inn gynnydd ym mhrysurdeb y lle. Cyfyngwyd y prysurdeb hwnnw, wrth gwrs, i fisoedd yr haf, yr union amser y gwelid y porthmyn yn trefnu'u teithiau, ac fe ddefnyddid yr un llwybrau ganddynt i adael neu gyrraedd New Inn. Ymddengys fod rhywun wedi dechrau sylweddoli mor braf fyddai cael ffordd newydd tros y bryniau a gadwai'r porthmyn a'r ffermwyr a oedd yn nôl calch ar wahân.

Petai'r galw hwnnw wedi dod o du'r defnyddwyr eu hunain y mae'n debyg mai'r cludwyr calch a fyddai debycaf o weiddi amdano. Ar wahân i'r anawsterau a'u hwynebent pe digwyddai'r porthmyn fod yn gyrru gwartheg, er enghraifft, tua'r bryniau ar yr un adeg ag y byddent hwy'n ceisio symud eu certi, nid oedd y ffyrdd trwy diroedd Pant Mawr a Pherth-y-berllan heb eu hanfanteision, yn enwedig i gerti yn cario llwyth o hanner tunnell neu ragor o galch.

Ond 'roedd perchenogion Pant Mawr a Pherth-y-berllan, ymhlith eraill, yn debygol o gwyno, hefyd, oherwydd y difrod a wnâi olwynion cul y certi i'w tiroedd. Yn hynny o beth 'roeddent mewn cwmni da oblegid bu'r math hwnnw o ddifrod yn elfen gref yn y galw cynyddol cyn diwedd y ddeunawfed ganrif am wella'r priffyrdd yn y rhannau hynny o Sir Gaeryrddin a oedd yn cynnwys y glofeydd a'r meysydd calch.

Yr ateb i'r broblem yn New Inn oedd agor ffordd newydd o'r pentref i Frechfa. Er mwyn i honno fod o wir fantais yr oedd angen ei gwneud yn bosib i'r ffermwyr a'u certi groesi'r briffordd wrth ei chyrraedd o Heol Talog, yn hytrach na throi i'r chwith i gyfeiriad Travellers Rest yn ôl eu harfer. Heb ganiatâd perchennog Blodeuen a Chastell ni buasai hynny'n beth ymarferol i'w wneud, ond gwelwyd eisoes fod Rees Saunders wedi prynu'r ddwy fferm yn 1755 ac yr oedd yr ateb, felly, yn ei ddwylo ef.

Gellir cynnig, mewn gwirionedd, mai i Rees Saunders y mae'r diolch bod y ffordd newydd wedi'i gwneud, a'i fod wedi prynu un o'r ffermydd, Castell, os nad Blodeuen hefyd hwyrach, gyda'r amcan o fynd â'r maen arbennig hwn i'r wal.

Croesi Cae Uchaf, a oedd y pryd hwnnw'n rhan o dir fferm Castell, oedd y cam cyntaf. Fe welir cyfeiriadau at High Park, fel y'i gelwid, gan stiward Llys Arglwyddiaeth

Talyllychau o'r flwyddyn 1760 ymlaen—er fod cofnod diweddarach yn dangos yn glir mai Cae Uchaf oedd yr enw gwreiddiol. Datguddir gan gofnod o'r flwyddyn 1810 sydd yng nghofrestrau'r llys, mai un cae oedd hwnnw ar un adeg, ac y mae'n glir mai'r hyn a achosodd ei rannu oedd agor y ffordd newydd ar ei draws.

Gellir deall, felly, mai cael ei ddwylo ar Cae Uchaf oedd prif fwriad Rees Saunders wrth brynu fferm Castell, oblegid yn 1760 fe werthodd y gweddill o'r fferm, gan uno Cae Uchaf â fferm Blodeuen. Er nad yw'n hollol glir, y mae'n bosib fod tyddyn Llain Gam, hefyd, yn rhan o'r fargen pan brynwyd Castell gan Saunders oblegid bu hwnnw am gyfnod hir yn rhan o Blodeuen. Wedi croesi Cae Uchaf medrai Saunders gyfeirio'r ffordd newydd ar hyd ffin ddeheuol Blodeuen, heibio fferm Foel-y-ddafad-ddu, at y tir comin, gan adael y gweddill o'r ffordd i Frechfa i'r defnyddwyr eu hunain a phlwyf Llanfihangel Rhos-y- corn.

Wrth agor y ffordd newydd fe wnaeth Rees Saunders gymwynas fawr â'r pentref ac â'i defnyddwyr, ond y mae'n debyg bod ganddo ddiddordebau ehangach. Wrth gofio am ei ran yng ngwaith haearn Cwmdwyfran mae'n deg tybio fod masnach wrth fodd ei galon a hwyrach fod gweld y cynnydd yn nifer y bobl a âi drwy bentref New Inn wedi'i demtio i agor siop.

Rhaid cydnabod mai ar sail tystiolaeth denau sy'n dibynnu ar gyfrol a gyhoeddwyd yng Nghaerfyrddin yn y flwyddyn 1759, yr awgrymir y posibilrwydd hwn. Yn y gyfrol, 'Traethiad ar y Wisg Wen Ddisglair' gan Timothy Thomas, fe restrir Rees Saunders fel tanysgrifiwr am bedwar copi. Nifer bychan, wrth gwrs, yw pedwar ond gallasai fod yn archeb agoriadol. Mwy na hynny ni ellir dweud. Archwiliwyd nifer helaeth o gyfrolau o'r un cyfnod heb ddarganfod enghraifft arall o enw Rees Saunders ymhlith y rhestrau tanysgrifwyr ond rhaid dweud nad oedd pob cyfrol o bell ffordd yn cynnwys gwybodaeth o'r fath.

Yn yr un flwyddyn ag y prynodd Saunders y ffermydd, os medrwn ddibynnu ar lythyr a ysgrifennwyd yn 1860 gan y

Parchg. Josiah Rees, rheithor Llangrannog, penderfynodd ei dad-cu, John Rees, ymsefydlu yn New Inn fel masnachwr. Un o Lanllawddog oedd ef ac fe'i ganed yno yn y flwyddyn 1731, yn fab i William ac Elizabeth Rees. Yn 1755 fe ymbriododd â Mary Price o Gynwyl Gaeo.

'Roedd y flwyddyn 1755, felly, yn un bwysig i'r ddeuddyn —Rees Saunders a John Rees- a tybed a ddenodd y naill y llall i New Inn, beth bynnag oedd y berthynas rhyngddynt yn debygol o fod. Ni wyddys, yn anffodus, ymhle yr ymgartrefodd Rees i ddechrau. Wrth asesu'r sefyllfa cyn bwrw ei angor i lawr hwyrach y buasai clywed am y gwasanaeth post yn cryfhau atyniadau'r lle i John Rees, oblegid medrai yntau gael llythyrau o law'r postmon yno heb fynd am filltiroedd i'w casglu o fan arall. Rhaid cofio nad oedd dosbarthu llythyrau o gwmpas tai yn un o fendithion y ddeunawfed ganrif.

Beth bynnag am hynny, bu farw Rees Saunders yn 1763. Byddai'n ddigwyddiad pwysig, gellir meddwl, yn hanes y pentref a hanes John Rees. Tybed ai hynny a symbylodd y datblygiad nesaf, oblegid yn 1764, blwyddyn yn ddiweddarach, ceir hanes John Rees yn sicrhau prydles ar Blaenblodau, hanner milltir o'r pentref. Y mae'n bosib bod dau dŷ ym Mlaenblodau mor gynnar â hynny, y naill yn blasdy bach a'r llall yn ffermdy. O'r ddau, y mae'n ymddangos yn fwy tebygol mai i'r plasdy yr âi Rees i fyw yn hytrach nag i'r ffermdy, oblegid mae'n amheus a lwyddai fel masnachwr petai'n gorfod gofalu hefyd am fferm o dros gan erw.

Yr oedd Blaenblodau, wrth gwrs, gerllaw Heol Talog, y ffordd o'r gorllewin at y briffordd, ond nid wrth sefyll yn ei unfan i aros am gwsmeriaid y datblygodd Rees ei fusnes yn yr oes honno ond trwy grwydro'r wlad i chwilio amdanynt. Nid yw'n anodd dychmygu'r dyn yn cychwyn allan ar gefn ei geffyl, i wynebu pob math o dywydd. Yng nghwrs amser fe ddatblygodd fusnes a fu'n ganolfan i'r fasnach fenyn yng ngogledd-orllewin y sir, ac ymestynnai ei ddiddordebau cyn belled â Thregaron yng ngogledd Ceredigion. Gan nad oedd ond deuddeg milltir i Gaerfyrddin buasai gormod o gystadleuaeth oddi yno iddo fedru datblygu llawer o fusnes tua'r de o New Inn, ond 'roedd y dref, serch hynny, yn lle hwylus iddo allforio menyn ohoni, ac yn gyfleus i sicrhau nwyddau ar gyfer ei siop. Yn y bennod nesaf fe gyfeirir at lyfr cyfrifon perthynol i'r siop o'r cyfnod 1812-1824 sydd nid yn unig yn rhoi darlun diddorol o fasnach y lle yr adeg honno ond s'yn cynnwys digon o brofion nad busnes newydd mohono.

Soniwyd eisoes am ddiddordeb Rees Saunders yn y fasnach lyfrau Cymraeg. Daeth enw John Rees fel olynydd iddo i'r golwg am y tro cyntaf cwta dair blynedd ar ôl ei farwolaeth, oblegid yn 1766 fe restrwyd ef yn danysgrifiwr am ugain copi o'r ail argraffiad o gyfieithiad y cynborthmon, Dafydd Jones o Gaeo, o *Salmau Dafydd*, a gyhoeddwyd yn Llanymddyfri yn ystod y flwyddyn honno. Yn y gyfrol honno, mewn gwirionedd, yr enwir New Inn am y tro cyntaf ar ddu a gwyn.

Ai John Rees, New Inn, tybed, oedd y John Rees a archebodd hanner cant o gopiau o *Agoriad i Athrawiaeth y Ddau Gyfamod* gan John Bunyan (Caerfyrddin, 1767)? Nid yw'n dweud yn y llyfr o ble yr hanai'r John Rees hwnnw ond gelwid ef yn 'itinerant bookseller', disgrifiad a allasai fod yn un cywir am John Rees, New Inn, ei hun y pryd hwnnw. Wrth fynd o gwmpas siroedd Caerfyrddin a Cheredigion i ehangu ei fasnach fe gawsai Rees gyfle i werthu llyfrau a gellir deall cyhoeddwr yn ei alw'n werthwr llyfrau crwydrol yn y cyfnod hwnnw yn ei hanes.

Ar wahân i *Salmau Dafydd*, mae wyth o lyfrau eraill, pob un yn grefyddol ei naws, yn cynnwys enw John Rees fel tanysgrifiwr—

Ochneidiau o Uffern, gan John Bunyan (Caerfyrddin, 1766)
Hymnau Cymmwys i Addoliad Duw, o waith y diweddar Barchedig Jenkin Jones (Caerfyrddin, 1768)
Tair Pregeth ... gan Daniel Rowland (Caerfyrddin, 1772)
Duwiol Goffadwriaethau, Thomas Jones (Caerfyrddin, 1774)

Ymadroddion Bucheddol ynghylch Marwolaeth gan William Sherlock (Aberhonddu, 1777)

Traethiadau ar Gatecism Eglwys Lloegr, Thomas Secker (Mwythig, 1778)

Esponiad ar Genesis, J. Bunyan (Caerfyrddin, 1788)

Na feier y llyfrwerthwr am ddiffyg amrywiaeth, am ddarparu catalog mor undonnog ei olwg o lyfrau. Ni fedrai wneud yn amgenach na darparu'r hyn a gynhyrchid, a gan mai'r math yna o lenyddiaeth a oedd mewn bri prin y gellid disgwyl i fasnachwr wneud mwy nag adlewyrchu hynny yn yr hyn a werthai. Cadarnhawyd diddordeb teulu Perth-y-berllan mewn llenyddiaeth Gymraeg a Chymreig gan danysgrifiadau Stephen Saunders, am bedwar copi o'r *'Welshman's Candle'*, Rhys Prichard (Caerfyrddin, 1771), ac Elizabeth Saunders, am un copi o *Duwiol Goffadwriaethau*, Thomas Jones (Caerfyrddin, 1774).

Wrth i'r ffordd newydd i Frechfa agor bu Travellers Rest mewn perygl o golli cwsmeriaid oherwydd brysiai'r ffermwyr ar draws y groesffordd newydd tua Brechfa yn hytrach na throi ati. Tybed a welodd Ystad Maesycrugiau, ym mhlwyf Llanllwni, gyfle i droi dŵr i'w melin ei hun trwy roi prydles yn 1774 ar lecyn o dir ger y groesffordd newydd, er mwyn codi tafarn newydd—Bumper Inn?

Enw go anghyffredin ar dafarn ym Mhrydain yn gyffredinol, heb sôn am Gymru'n unig, oedd Bumper Inn. Hen ystyr 'bumper' oedd cwpan yn llawn o win hyd yr ymylon, peth cyfarwydd iawn i bobl uchel-ael a oedd yn arfer cynnig llwncdestunau wrth gymdeithasu. Yr oedd y sawl, fel teulu Maesycrugiau eu hunain hwyrach, a fedyddiodd y dafarn â'r fath enw yn debyg o fod yn gyfarwydd â'r arferiad. Beth, tybed, a wnâi'r werin uniaith Gymraeg o'r fath enw? A thybed a oedd ganddynt enw Cymraeg arno? Nid oes angen mynd ymhell i glywed enwau Cymraeg ar ddwy dafarn yn yr ardal, megis Pwll Dŵr ar Cross Inn, Llanfihangel-ar-Arth, a Llwyn Ann ar Railway Inn, Maesycrugiau. 'Roedd cael dwy dafarn mor agos at ei gilydd yng nghanol y wlad yn arwydd clir fod rhyw brysurdeb neilltuol yn digwydd yno, ac ni bu John Rees yn hir cyn sylweddoli y medrai fod ar ei ennill trwy symud o Flaenblodau i agor siop yng nghanol y pentref, a dyna a wnaeth.

Eiddo Ystad Maesycrugiau oedd darn mawr o dir yn gorwedd rhwng y briffordd ac Afon Talog. Rhan o'r eiddo hwnnw, wrth gwrs, oedd Blaenblodau, lle cafodd John Rees droedle yn 1764, ac at yr un bobl y trodd ddeuddeng mlynedd yn ddiweddarach, yn 1776, i gael prydles 99 mlynedd ar lecyn o dir gerllaw'r nant sy'n llifo drwy'r pentref, ac o fewn tafliad carreg i Travellers Rest.

Ger Nant-y-blodau, felly, adeiladwyd tŷ sylweddol ei faint, Sioraidd ei bensaerniaeth—tŷ sy'n dal ar ei draed. Er yr ymddengys bod nifer o atodiadau a oedd gynt wrth gefn yr adeilad wedi eu dymchwel, a chryn newid wedi digwydd yn y ffenestri, ac yn nrysau'r tŷ, mae'r lle'n dal yn gofgolofn i fasnach John Rees a'r mab, Thomas Rees, a fu'n olynydd iddo am dros chwarter canrif.

Ers cenedlaethau, bellach, tŷ preifat yw'r hen siop, a'i enw yw Sŵn-y-nant, ond ei enw gwreiddiol oedd 'Spring Garden'. Ai John Rees ei hun, tybed, a oedd yn gyfrifol am yr enw hwnnw? Byddai'n ddiddorol petai modd cael golwg ar y brydles er mwyn darganfod â ddylanwadwyd arno rywfodd gan yr ystad, oblegid 'roedd tuedd glir yn yr ardal hon o Gymry uniaith Gymraeg, cryn amser cyn bod addysg ffurfiol yn gyffredin, i roddi enwau Saesneg ar adeiladau newydd yn y pentref. Gwelwyd hynny yn achos Bumper Inn, Spring Garden, a bythynnod Milestone; tŷ moethus New Inn Cottage (Gwastod Abbot erbyn hyn) a adeiladwyd yn ystod yr 1820au a thafarn Blossom Lodge, a gymerodd le Bumper Inn tuag 1841—pob un ar dir yr ystad. Ond rhaid bod yn ofalus rhag gosod y cyfrifoldeb i gyd ar ei hysgwyddau oblegid, fel y gwelwyd eisoes, bu stiward Llys yr Arglwyddiaeth yn chwarae ei ran yn y Seisnigo, gan ddangos, hefyd, nad oedd yn rhy saff o'r ffordd gywir i sillafu enwau'r ffermydd. Yn y ganrif ddiwethaf fe welwyd

Llun 4 Sŵn-y-nant. Safle hen siop New Inn

parhad yr un duedd ar dir Perth-y-berllan pan enwyd tai newydd tua diwedd yr 1870au yn Rose Cottage ac Ivy Cottage. I ddilyn y ffasiwn aeth Tŷ'r Gof yn Smith Hall a Gegin Newydd yn Ivy Tower!

Fodd bynnag, nid yw amlygu'r tueddiadau hynny yn awgrymu bod dim unigryw ym mhrofiad y pentref oblegid adlewyrchant dueddiadau cyffelyb mewn gwahanol rannau eraill o Gymru, yn union fel petai'r mewnlifiad o Loegr yn ystod yr 1970au a'r 1980au wedi cael ei ragweld ganrif neu ddwy yn ôl, a'r awydd wedi ei eni i wneud popeth a oedd yn bosib ymlaen llaw i helpu'r mewnlifwyr i 'deimlo'n gartrefol'.

Ond i ddychwelyd at dwf y pentref. Erbyn yr 1770au 'roedd yno siop, dwy dafarn, ychydig o dai, efail a gwasanaeth post. 'Roedd y sefyllfa wedi datblygu'n weddol sydyn ac yn ffynnu fwyfwy fel yr âi'r blynyddoedd heibio. Er na cheir cadarnhad ffeithiol tan ddechrau'r bedwaredd ganrif ar bymtheg y mae'n bosib bod ffair neu ddwy eisoes wedi'u sefydlu, yn enwedig yn ystod yr haf, i ddod a ffermwyr a'r porthmyn i gysylltiad â'u gilydd, ac i greu marchnad i anifeiliaid.

Ni cheir fawr o sôn am ysgolion yn unman ar wahân i ambell gyfeiriad mewn cofiannau, ond y mae'n glir oddi wrth y rhestr o lyfrau a werthid yn y siop bod llawer o bobl llythrennog yn byw yn yr ardal a rhaid fod y rheiny wedi dysgu darllen yn rhywle. 'Roedd y cyfnod hwn cyn sefydlu ysgolion Sul ond, serch hynny, crefyddol iawn oedd y chwaeth lenyddol. Yr oedd hynny, hwyrach, yn adlewyrchiad o'r ffaith mai'r Beibl oedd prif drysor llenyddol y wlad ar y naill law a'r tebygolrwydd mai offeiriaid eglwysig oedd llawer o'r hyfforddwyr gan mai hwy oedd debycaf o fod wedi cael addysg dda.

Diwellid anghenion ysbrydol yr eglwyswyr yn y boblogaeth gan eglwys y plwyf yn Llanfihangel-ar-Arth, tra gofalai capel yr Annibynwyr ym Mhencader a hen gapel y Bedyddwyr ar dir Bwlchog, Llanfihangel-ar-Arth, am anghenion yr Anghydffurfwyr erbyn diwedd yr ail ganrif ar bymtheg. Ond gan fod New Inn yn agos iawn at ffin plwyf Llanllwni y mae'n bosib fod ambell un wedi dilyn seiat gynnar y Methodistiaid Calfinaidd ym Maes Nonni yn y plwyf hwnnw tua thair milltir oddi yno.

Gellir olrhain hanes seiadau ym Maes Nonni mor gynnar ag 1741, a saith mlynedd yn ddiweddarach bu'r enwog Howel Harris ei hun yn ymwelydd. Rhaid peidio anwybyddu, hefyd, hen achos y Bedyddwyr ar dir Felindre, Maesycrugiau, yn yr un plwyf a da fyddai cofio y dywedir mewn hanes am Fedyddwyr Plwyf Llanllwni mai ym Mherth-y- berllan y trigiai James James, un o golofnau cyntaf yr enwad, tua diwedd yr ail ganrif ar bymtheg neu ddechrau'r ddeunawfed ganrif.

Ond yn ôl Cofrestr Bedyddiadau Capel Salem y Methodistiaid yn New Inn a gychwynwyd yn 1817 'roedd achos yn y pentref mor gynnar ag 1757. Yn anffodus, dyna'r unig dystiolaeth, ond y mae'n hollol gredadwy oblegid pan agorwyd y gofrestr, drigain mlynedd yn ddiweddarach, y mae'n bosib y medrai rhywun sôn am y digwyddiad fel llygad-dyst neu, os nad oedd hynny o fewn ei allu, y medrai oherwydd ei oed fod yn sicr o'r ffaith.

Ffaith drist a digalon a ddaw i'r golwg yn llawer rhy aml yw anallu aelodau capeli i gyd-fyw'n gytûn. Enghraifft nodedig o beth felly oedd y cynnwrf yn ystod yr 1770au ymhlith yr Annibynwyr ym Mhencader, un a ddatblygodd yn anghytundeb digon chwerw i rannu'r aelodaeth. Mewn canlyniad, penderfynodd carfan a gefnogai'r gweinidog, William Perkins, na allent aros o dan yr un to a'r gweddill, ac i New Inn yr aethant o dan ei arweiniad tua'r flwyddyn 1777-78 i godi capel newydd mewn cae ar dir fferm Pantglas. Gerllaw'r ffordd newydd o New Inn i Frechfa yr adeiladwyd y Salem hwnnw, ac erys Heol Salem yn enw byw arni ar dafod leferydd. Ceir mwy o hanes yr achos arbennig hwnnw ym Mhennod 8.

Erbyn dechrau'r 1780au 'roedd John Rees yn ŵr ariannog. Yn 1780 prynodd fferm Pantglas, a thair blynedd yn ddiweddarach prynodd fferm Gellifelen, Gwyddgrug, hefyd. Yn 1782 rhoddodd £360 o fenthyciad i Howell Williams, Henfaes, Llanllwni, ac yn 1784 benthyciodd arian ar forgais ar fferm Coedlannau. Gellir meddwl, hefyd, y byddai wedi cymryd lle Rees Saunders fel ariannwr y porthmyn. Bu hefyd yn prynu a gwerthu elltydd o goed mewn partneriaeth a Morgan Lewis, masnachwr o Gaerfyrddin, yn ystod yr un ddegawd. Bu Lewis yn berchennog llong, a dichon y manteisiwyd ar y berthynas i helpu Rees i allforio menyn. Dengys gweithred gyfreithiol o'r 1790au fel y bu mewn partneriaeth hefyd â Henry Lewis, Alltygog, Caerfyrddin, yn benthyca arian. Er mai cymharol ychydig o dystiolaeth sydd wedi goroesi, y mae'n ymddangos fod diddordebau masnachol John Rees yn rhai amrywiol ac eang. 'Roedd adeilad y siop yn New Inn yn ymddangos yn lle diogel i gadw arian, yn gymwys fel yr edrychai banciau yn gyffredinol, ac y mae'n bosib fod John Rees wedi dechrau gweithredu fel bancwr yn gynnar.

Fel y gwelir yn y bennod nesaf fe syfrdanwyd teithiwr o Sais yn 1823 pan ganfu ariandy yn New Inn, ac ymha le arall, ar wahân i'r siop, y gallasai fod? Er mai ychydig iawn o dystiolaeth sydd wedi dod i'r golwg y mae'n ymddangos yn ddigon cryf, ochr yn ochr a goroesiad y traddodiad cryf o'i blaid, i gyfiawnhau dweud fod pentref New Inn wedi gweld sefydlu un o ariandai cynharaf Cymru yn ystod y ddeunawfed ganrif. Y mae'n bosib, wrth gwrs, mai yng nghysgod, neu trwy ddealltwriaeth ag ariandai eraill y gweithredai hwnnw, ond ni wyddys am ddim mor belled, o'r ychydig o hanesion sefydliadau eraill sydd wedi cael eu diogelu, sy'n dystiolaeth o blaid dweud hynny. Nid yw'n amhosib, wrth gwrs, fod teulu Rees wedi gweithredu ar eu pennau'u hunain a hynny, wrth feddwl mai un yn unig o lyfrau cyfrifon y fasnach yn siop y pentref y gwyddys amdano, sy'n esbonio paham na ddiogelwyd yr hanes. Pa ffordd bynnag yr edrychir ar bethau y mae rheswm digonol tros gydnabod cyfraniad John Rees a'i fab, Thomas, i ddatblygiad masnach yn y sir.

Pobl ar droed oedd y mwyafrif llethol o'r rhai yn mynd drwy'r pentref yn y cyfnod hwn. Yn ôl un Sais a fu ar daith trwy Gaerfyrddin yn 1825, 'roedd gweld minteioedd yn nesáu at y dref yn olygfa liwgar, oblegid gwisgai pawb ddillad o liw glas golau, a hwnnw, y mae'n debyg, oedd lliw y brethyn cartref. Mae'n anodd meddwl y buasai pethau lawer yn wahanol hanner can mlynedd ynghynt oblegid ni byddai newid mawr yn safonau crefftau gwledig dros gyfnodau hir.

Nid oedd tywydd garw yn debygol o gadw pobl rhag mentro ar siwrneiau hir ar droed ar eu pennau'u hunain. Ceir llythyr a ysgrifennwyd gan Evan Evans (Ieuan Fardd, 1731-88) yn rhoi hanes taith trwy New Inn yn 1780 trwy wynt a glaw ac yntau ar ei ffordd o Gaerfyrddin i'w gartref yn Lledrod, yn adrodd fel yr oedd ei draed yn suddo o'r golwg yn y llaid. Cariai ddwy hances, y naill yn cynnwys ei ddillad a'r llall becyn o lyfrau. Ac yntau'n ddyn a arferai fod oddi cartref am amser hir ar y tro byddai angen hancesi go fawr i gario dillad a llyfrau'r bardd, heb sôn am y drafferth a gâi i'w cadw'n sych. Cofier mai ysgolhaig disglair o'r ddeunawfed ganrif oedd Ieuan Fardd, un a ymhyfrydai mewn copïo hen lawysgrifau gwerthfawr. Ffrwyth ei ymchwil oedd y gyfrol *'Some Specimens of the Poetry of the Ancient Welsh Bards'* a gyhoeddwyd yn 1764, y detholiad helaeth cyntaf o farddoniaeth Gymraeg gynnar. Ac yntau yn gorfod cerdded i bob man i gasglu ei wybodaeth beth, tybed, a ddywedai ef pe cawsai fyw i lanw esgidiau ysgolheigion cyfoes?

'Roedd rhai, wrth gwrs, yn ffodus fod ganddynt geffyl i'w farchogaeth ond mae'n ymddangos yn glir fod cerbydau i gario pobl i'w gweld erbyn yr 1780au, er na welid hwynt fel arfer yn mentro allan yn ystod misoedd y gaeaf. Dim ond pobl ariannog a oedd yn medru fforddio cadw eu cerbydau eu hunain, ond cyn diwedd y ganrif dechreuodd rhai o dafarnau Caerfyrddin redeg cerbydau ar lôg i bobl a oedd yn barod i dalu'r pris drud am gael arbed eu traed.

Elfen gynyddol yn y drafnidiaeth gyson ar y ffyrdd, yn enwedig ar y briffordd, oedd y cariwyr lleol. Arferent wneud taith wagen unwaith neu ddwywaith yr wythnos rhwng mannau fel Llanbedr, Llanybydder, Llandysul, Ceinewydd â Chaerfyrddin, gan wneud un dafarn yn fath o bencadlys yn y lle hwnnw. Trwy gadw at yr un dafarn bob wythnos fe wyddai'r bobl ymha le y gellid cael gafael ar gariwr y lle a'r lle ac i aml i deithiwr blinedig lwyddo i gael lle ymhlith y nwyddau ar wagen yn gwau ei ffordd yn ôl tua'i gartref.

Os oedd un math o fasnach yn debyg o wneud mwy o ddefnydd o'r briffordd na'r cariwyr lleol, siop pentref New Inn oedd honno. Oherwydd cadernid y fasnach fenyn a'r siwrneiau aml i Gaerfyrddin i nôl nwyddau o'r llongau a'r wagenni mawr a oedd yn cyrraedd y lle hwnnw bob wythnos o Lundain ac ambell ganolfan boblog arall, siawns na welid sawl wagen yn ei chynrychioli rhwng y ddau le bob wythnos.

'Roedd y cynnydd yn y drafnidiaeth yn gwaethygu cyflwr y ffyrdd ac, fel y gwelir yn fwy manwl ym Mhennod 7, sefydlwyd ymddiriedolaethau i ofalu am y rhai a ystyrid yn ffyrdd allweddol, gan roi'r hawl i'r rheiny godi tollau ar y defnyddwyr. Gelwid hwynt yn Ffyrdd Tyrpeg, a'r cyntaf ohonynt yng ngogledd sir Gaerfyrddin, yn y flwyddyn 1763,

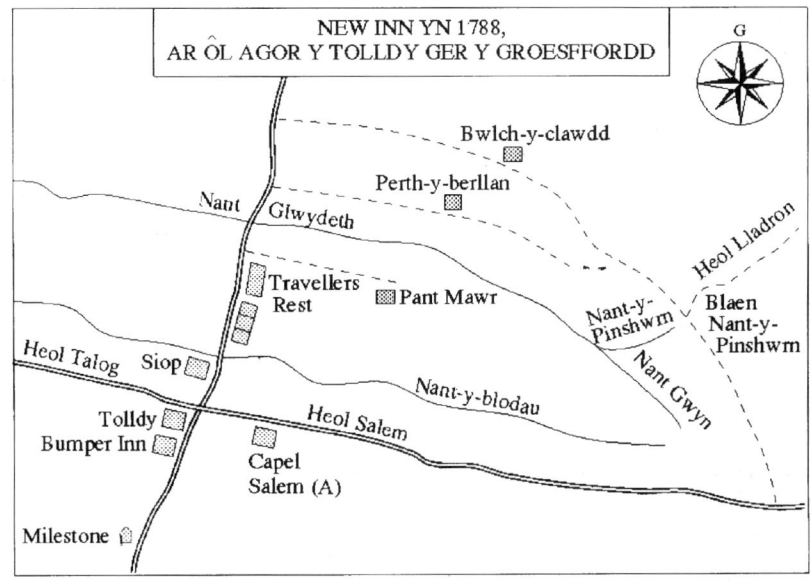

Map 4 New Inn ar ôl codi'r tolldy yn 1788.

oedd y ffordd o Gaerfyrddin trwy Nantgaredig i Landeilo a Llanymddyfri. I'r diben o hyrwyddo'r defnydd o galch ar gyfer gwrteithio darparwyd mai hanner y doll a fyddai'n daladwy gan ffermwr ar ei ffordd i'w nôl neu wrth ddychwelyd â llwyth ohono.

Chwarter canrif yn ddiweddarach, yn 1788, fe drowyd y briffordd trwy New Inn yn ffordd dyrpeg, ac ymhlith yr ymddiriedolwyr yr oedd y gwŷr lleol Thomas Bowen, Maesycrugiau; Thomas Saunders, Perth-y-berllan, a John Rees, New Inn. Codwyd tri tholldy ar gyfer casglu'r tollau, un ym mhob pen i'r ffordd, ym Mheniel a Chwmann, ac un yn y canol, yn New Inn. 'Roedd gosod tolldy yn y pentref yn brawf pendant o safle allweddol y groesffordd ym marn yr ymddiriedolwyr. Disgwylient gael mwy o arian yn y fan honno nag yn unman arall, fel Pen-Top Llanllwni neu Lanybydder.

Yn anffodus o safbwynt ffyniant y pentref, gwelwyd gosod gât ar draws y groesffordd yn New Inn fel her gan lawer o'r rhai a oedd yn arfer defnyddio'r lle. 'Roedd yn well ganddynt ei hosgoi trwy ddargyfeirio, hyd yn oed os olygai hynny byddent yn gorfod gwneud siwrna feithach, na thalu toll. Bu hynny, wrth gwrs, yn golled i'r ymddiriedolwyr, ond dioddefwyd y sefyllfa am flynyddoedd cyn penderfynu symud i Ben-Top Llanllwni. Ceir ymdriniaeth lawnach ar y mater ym Mhennod 7.

'Roedd safle'r tolldy ar y groesffordd hefyd yn fygythiad i fasnach y porthmyn. Iddynt hwy, 'roedd New Inn yn lle pwysig ond ni buasent yn barod i dalu'r un ddimai goch am gael mynd â phob bustach neu fuwch drwy'r gât. Oherwydd hynny, o 1788 ymlaen, byddent hwythau hefyd yn sicr o fod wedi darganfod ffordd arall i yrru eu hanifeiliaid, ond mae'n amheus a fyddai'r porthmyn wedi dewis osgoi New Inn yn llwyr wrth wneud hynny oherwydd y cyfleusterau a oedd wrth law yno. Mewn cymhariaeth â New Inn nid oedd gan Ben-Top Llanllwni ddim i'w gynnig.

'Roedd sawl ffordd o gyrraedd New Inn heb fynd heibio'r tolldy. Un ffordd oedd defnyddio Heol Talog am tua hanner y ffordd cyn troi at lôn wledig yn mynd heibio ffermydd Llethr-neuadd a Gwndwn i gyrraedd y briffordd rhwng Llain Gwndwn a phen Lôn Perth-y-berllan, tua hanner milltir o New Inn. Hwyrach, mewn gwirionedd, mai ar ôl iddynt ddechrau defnyddio'r ffordd honno y gwelwyd y porthmyn yn gwneud mwy o ddefnydd o'r ffordd trwy glos Perth-y-berllan na mynd heibio Pant Mawr i yrru'u hanifeiliaid tua'r bryniau.

Ffordd arall nad oes, oherwydd coedwigaeth, olwg arni o gwbl erbyn hyn oedd un yn rhedeg o Flaencwm i gyfeiriad Llethr-neuadd. Gellir ei gweld yn glir ar y map Ordnans cynharaf o ddechrau'r ganrif ddiwethaf. Rhaid cadw mewn cof, hefyd, y gellid defnyddio Heol Penbwlch, er yn nes at Pen-Top, i'r un diben.

Mae'n glir, oherwydd rhai o'r datblygiadau y gellir eu priodoli i'w dylanwad, fod Ystadau Maesycrugiau a Pherth-y-berllan wedi dangos rhywfaint o ddiddordeb yn ffyniant y pentref ers cryn amser, er nad oes arwydd o gwbl o gydweithrediad rhyngddynt er lles y gymuned yn gyffredinol.

Tua diwedd yr 1770au gellir meddwl fod Thomas Saunders, a oedd y mae'n bosib erbyn hynny'n benteulu Perth-y-berllan, wedi dychwelyd i'w hen gartref am seibiant o'i waith fel teiliwr yn Westminster, Lundain. Nid teiliwr cyffredin, bid siwr, oedd ef ond un â wasanaethai'r crach oblegid y mae'n ymddangos ei fod yn ŵr go gyfoethog. Yn ôl sylwadau y teithiwr adnabyddus, Richard Fenton, defnyddiodd Saunders beth o'i gyfoeth i ddiwygio'i gartref â'i droi'n blasdy. Fe geir tystiolaeth ar yr adeilad sy'n dangos fod peth o'r gwaith wedi cael ei wneud tua diwedd yr 1770au ond dychwelodd Saunders i Lundain, lle y ganed ei fab, George, tuag 1785, cyn ymddeol yn ystod y ddegawd nesaf. Erbyn hyn, mae'r tŷ heb neb yn byw ynddo ac mewn perygl o droi'n adfail, ond mae ei gynllun pensaerniol yn brin iawn yn y sir gan nad oes ond dau le arall yn debyg iddo, y naill ger Brechfa a'r llall ger Talacharn. Mae'r ddau wedi'u rhestru fel adeiladau o werth hanesyddol ac y mae'n anodd deall paham na roddir yr un statws i Berth-y-berllan.

Ar wahân i'r gwaith ar y plasdy fe gododd Saunders stablau newydd gyferbyn â Travellers Rest. Chwalwyd rheiny pan adeiladwyd ysgol y pentref yn 1881 ond diogelwyd carreg sydd efallai yn dangos pa bryd, 1795, yr adeiladwyd y stablau fel rhan o furiau'r iard.

Yn 1796 adeiladwyd capel gerllaw'r groesffordd, ac ar dir Maesycrugiau, gan y Methodistiaid Calfinaidd. Cafodd y capel newydd yr un enw, sef Salem, a'r capel a adeiladwyd gan yr Annibynwyr ychydig llai nag ugain mlynedd yn gynharach,—gan awgrymu, hwyrach, fod rhannau o'r hen gapel wedi eu cynnwys yn yr un newydd. Mae'n debyg bod yr Annibynwyr wedi dychwelyd i Bencader cyn hynny.

Blwyddyn yn ddiweddarach, yn 1797, bu farw John Rees yn ŵr tra chyfoethog a oedd wedi ymddeol rai blynyddoedd ynghynt i fyw yng Nghaerfyrddin. Gadawodd weddw, mab, Thomas Rees, yng ngofal y siop, a dwy ferch i alaru ar ei ôl. Claddwyd John Rees ym mynwent yr eglwys yn Llan-fihangel-ar-Arth, ond mae carreg ei fedd bron a bod yn annarllenadwy erbyn hyn.

'Roedd marwolaeth John Rees yn ddiweddglo ar gyfnod pwysig iawn yn hanes pentref New Inn. Trwy ei weithgareddau, ac ehangder ei fasnach, 'roedd Rees wedi cyfrannu'n sylweddol at enwogrwydd y lle, ond heb gofrestrau Llys Arglwyddiaeth Talyllychau tenau iawn fuasai hanes twf y pentref, a theneuach fyth wybodaeth am y trigolion. Ond, yn ffodus iawn, er braidd yn ddiweddar, daw cymorth o gofrestri'r plwyf ac er nad oes dim ynddynt cyn 1790 sy'n enwi New Inn, o hynny ymlaen fe geir gwybodaeth am fedyddiadau a chladdedigaethau'r trigolion sy'n rhoi ychydig o gyfle i asesu'r sefyllfa yn ddyfnach.

Yn negawd olaf y ddeunawfed ganrif bedyddiwyd un ar ddeg o blant i wyth o wahanol deuluoedd o'r pentref yn yr eglwys, a phedwar o ffermydd cyfagos, megis Pant Mawr a Phantglas. Yn yr un cyfnod cofrestrwyd deg o gladdedigaethau o'r pentref a phedwar o ffermydd Pant Mawr a Blodeuen a thyddyn Picin Sych. Er na chofnodwyd galwedigaethau pob un mewn oed fe enwir tri gof, cowper a chrydd, a gwyddys mai siopwr oedd un (Thomas Rees) a thafarnwyr Bumper Inn oedd dau arall. Rhag ofn i rywun feddwl fod bywyd y pentref yn fêl i gyd cofnodir claddu dau dlotyn hefyd, canran go uchel mewn pentref bach, ond yn y gaeaf neu'r gwanwyn y buont farw, digon i ddangos, hwyrach, mai gwaith tymhorol fu gan nifer o'r pentrefwyr at eu cynhaliaeth.

Nid eglwys y plwyf oedd yr unig le i fedyddio plant, wrth gwrs. 'Roedd rhai o bentrefwyr a ffermwyr yr ardal yn sicr o fod yn ffyddlon i'r Annibynwyr ym Mhencader, a buasent wedi bedyddio eu plant yn y capel. Yn anffodus, ni wyddys eu henwau gan nad oes gofrestr cynnar ohonynt. Dylid nodi yn y cyswllt arbennig hwn nad oedd y Methodistiaid Calfinaidd wedi dechrau bedyddio plant yn eu capeli mor gynnar â'r 1790au.

Er nad oes modd casglu yn bendant, o'r ystadegau, sawl tŷ a oedd yn New Inn, y mae'n werth nodi'r dystiolaeth oherwydd ynddi ceir awgrym clir fod mwy o dai yno na'r ychydig a welwyd gan ddau deithiwr adnabyddus a fu yn y lle yn nechrau'r ganrif ddiwethaf. Syr Richard Colt Hoare a Richard Fenton oedd y rheiny, dau gyfaill agos er nad oeddent yn digwydd bod gyda'i gilydd ar yr un daith yn New Inn.

Cadwai'r ddau ddyddlyfrau'n cynnwys gwybodaeth ddiddorol am yr hyn a welsant ar eu teithiau ond siomedig iawn yw eu sylwadau am New Inn. 'Roedd gan Colt Hoare fwy o olwg ar hanes na masnach, ac nid oedd gan New Inn ddim i'w gynnig iddo yn y cyfeiriad hwnnw. Nododd, serch hynny, nad oedd ond ychydig o dai ym Mhencader, ond gwyddai am y castell ac, heb nodi'r flwyddyn, am ymweliad y brenin, Henry II. 'A miserable little ale house, the only place of refreshment for man and horse' oedd ei farn ef am y dafarn y bu'n treulio noson ynddi yn New Inn. P'un ai Travellers Rest neu Bumper Inn oedd honno nid yw'n dweud. Heb le ar ei gyfer ym Mhencader nid oedd ganddo ddewis ond aros yn New Inn am noson.

Dyna unig argraff Colt Hoare o'i ymweliad yn 1803. Blwyddyn yn ddiweddarach gwelodd Richard Fenton ddigon i wneud iddo gofnodi gyda rhywfaint o ryfeddod bod siop mor fawr mewn pentref mor fach, ond ni wyddys yn bendant a aeth i mewn i'r adeilad. Y mae'n amheus a fu, mewn gwirionedd, lawer ymhellach na'r drws oblegid y cwbl a welodd, ar wahân i Travellers Rest a'r siop, oedd tri neu bedwar o dai gerllaw. Petai wedi edrych ymhellach fe welsai'r capel, y tolldy, Bumper Inn a rhagor o dai. A gyrhaeddodd Fenton New Inn ar ôl iddi nosi y diwrnod cynt, tybed, a mynd ymlaen heb feddwl edrych a welai ragor? Ar y llaw arall, derbyniodd y dyn, hwyrach, groeso braidd yn wresog yn Travellers Rest!

Ar droad y ganrif, felly, nid oedd llawer mwy na deuddeg o adeiladau yn New Inn, yn cynnwys capel, dwy dafarn— Travellers Rest a Bumper Inn -, siop Rees, efail gof, tolldy, tri thŷ gerllaw Travellers Rest, hwyrach dau dŷ ger y groesffordd a dau neu dri ar ochr Gwyddgrug iddi. Lle tawel iawn ydoedd yn y gaeaf ond yn llawn prysurdeb yn y gwanwyn, yr haf a'r hydref.

Pennod 3

MACHLUD YR HAUL

O safbwynt yr hanes hwn, wrth gwrs, y mae'n biti na ddigwyddodd Colt Hoare a Fenton fod yn New Inn ar ddiwrnod yn yr haf pan oedd y pentref yn llawn prysurdeb, anifeiliaid o gwmpas y lle yn aros am gael eu pedoli wrth i'r porthmyn baratoi ar gyfer y daith hir at ffeiriau LLoegr, ffermwyr yn cael hoe cyn mynd ymlaen ar siwrnai i nôl calch, a wagenni yn cario menyn a nwyddau Rees y siop yn gwau eu ffyrdd trwy'r cwbl. Buasai'n olygfa hynod o gyfnod pwysig yn hanes New Inn, golygfa yn anffodus na phrofodd neb yr awydd i'w hanfarwoli.

Yn ffodus, hyd yn oed os na welodd y ddau deithiwr fawr ddim a oedd yn werth ei gyfnodi ganddynt yn New Inn, ceir tystiolaeth gadarn am bwysigrwydd y pentref i amaethyddiaeth yn y cyfnod hwnnw yn *Almanac Cymraeg Mathew Wiliam* am y flwyddyn 1807, sy'n rhestru dim llai na phedair ffair yno, ar Ionawr 10, Mehefin 2, Gorffennaf 21 ac Awst 19. Mae'r cyhoeddiad hwn yn gonglbost yn hanes y lle.

Soniwyd eisoes ym Mhennod 1 am hen ffeiriau yn Llanfihangel-ar- Arth a mannau eraill. Nid at ddibenion masnachol yn unig y cynhelid hwynt: fe gysylltwyd rhai ffeiriau, hefyd, â gwyliau arbennig, megis Gŵyl Fai a Gwylmabsant y plwyf, pan ddychwelai pobl i'w broydd genedigol ar gyfer cymaint ag wythnos o ddathlu.

Pan ddiwygiwyd yr hen galendr yn 1752 fe newidiwyd dyddiadau'r ffeiriau ac o hynny ymlaen fe gynhelid ffeiriau Llanfihangel ar Mai 12 a Hydref 10, yn lle Mai 1 a Medi 29. Achoswyd cynnwrf mawr mewn rhannau o'r wlad yn sgil y newidiadau oblegid ofnai llawer o bobol eu bod wedi colli un diwrnod ar ddeg o'u bywydau. Mae'n werth ystyried y posibilrwydd, hefyd, fod newid dyddiad Ffair Fihangel Llanfihangel-ar-Arth o Fedi 29 i Hydref 10 wedi bod yn ddigon i ladd hen wylmabsant y plwyf.

Y mae'n ymddangos yn glir nad ffeiriau ar gyfer hen wyliau arbennig oedd tair o ffeiriau New Inn, ond rhai a sefydlwyd at ddibenion masnachol. At ofynion y porthmyn, bid siwr, y trefnwyd rhai Mehefin a Gorffennaf, a mwy na thebyg mai ffair ar gyfer cynnyrch amaethyddol arbennig oedd Ffair Awst. Honno, gyda llaw, a barodd hiraf. Nid yw diben ffair Ionawr 10 yn glir.

Mae angen gwneud un pwynt yn glir. Nid yw'r ffaith mai yn *Almanac* 1807 y daw'r ffeiriau i sylw am y tro cyntaf yn golygu mai yn ystod y flwyddyn honno y sefydlwyd hwynt. I'r gwrthwyneb, byddai New Inn wedi cael un ffair i ddechrau, yna'r ail, ac yn y blaen, a byddent wedi cael eu cynnal am nifer o flynyddoedd cyn dod i sylw'r almanacwyr. Mae hynny'n gadael y sefyllfa yn benagored o safbwynt pa bryd y cychwynnwyd hwynt.

Trwy dystiolaeth yr almanaciau gellir rhoddi llinyn mesur ar statws New Inn trwy gymharu'r nifer o ffeiriau a gynhelid yno a'r nifer mewn mannau eraill mwy eu maint a thraddodiad hen iawn o gynnal ffeiriau. Trwy wneud hynny gellir gweld mai pedair ffair oedd yn Llanybydder, chwe milltir i'r gogledd o New Inn, tair yn Llanbedr-Pont-Steffa, ymhellach eto i'r gogledd, a thair yn Llandysul, chwe milltir i'r gorllewin. Nid oedd unrhyw newid yn y nifer o ffeiriau yn y lleoedd hynny rhwng 1752 ac 1807, ond yr oedd New Inn—heb yr un ffair yn 1752 yn ôl yr Almanaciau—gyda chymaint a phedair erbyn 1807, yn gyfartal â Llanybydder ac wedi achub y blaen ar Llanbedr a Llandysul. Yr oedd ffeiriau Llanfihangel-ar-Arth yn dal mewn bri, wrth gwrs.

Soniwyd yn y bennod flaenorol am y golled a ddiodd-efodd y pentref pan adeiladwyd y tolldy yno yn 1788. Yn ôl tystiolaeth yn *The Cambrian*, papur wythnosol a argreffid yn Abertawe, fe symudwyd hwnnw o New Inn i Gwarallt Fach, Pen-Top, Llanllwni, yn 1806. Fe welir ym Mhennod 7 paham y digwyddodd hynny, ac fe rydd yr un bennod hanes y ffyrdd tyrpeg newydd a sefydlwyd yn 1809. Trwy symud y tolldy bu New Inn ei hun yn gwbl rydd o bob atalfa o'r fath ac yr oedd hynny'n sicr o fod yn hwb i fasnach y lle.

Llun 5 Siop Carriers, New Inn (Carriers Arms gynt)

Nid oes fawr amheuaeth, ychwaith, na bu codi tolldy ym Mhencader yn 1816 o fantais fawr i'r pentref oblegid bu'n hawdd iawn i'w osgoi trwy gadw at yr hen ffordd at y briffordd ar hyd Heol Talog. Os rhywbeth fe welodd New Inn gynnydd sylweddol yn y drafnidiaeth trwy'r lle yn y cyfnod hwnnw a hynny, fe all, a symbylodd agor tafarn arall, Carriers Arms, ond hwyrach y gellir gweld ffactor arall a fu'n rhannol gyfrifol hefyd.

Mae'n ymddangos na ellir dweud yn bendant pa bryd yr agorwyd y dafarn honno. Yng Nghyfrifiad y Boblogaeth, 1841, y daw hi i'r golwg am y tro cyntaf, a'i safle lle mae'r tŷ a adwaenir fel Henfryn ers blynyddoedd bellach. Codwyd hwnnw ar dir a oedd unwaith naill ai'n ran o fferm Blodeuen neu o Gae Uchaf. Prynwyd hwynt yn 1810 gan Thomas Rees, siop New Inn. Wrth wneud hynny fe ddaeth ef yn un o dri (lle nad oedd ond dau cyn hynny— Maesycrugiau a Pherth-y-berllan) o berchenogion y tiroedd o boptu'r briffordd yn y pentref. 'Roedd gan ystadau Maesycrugiau a Pherth-y-berllan dafarnau yn barod, Bumper Inn a Travellers Rest, a thrwy'r pryniant bu'n bosib i Rees eu hefelychu. Fe roddasai cael ei dafarn ei hun gyfle iddo werthu diodydd cryfion yno, fel y porter a brynasai fel cyfanwerthwr yng Nghaerfyrddin, a gellir gwerthfawrogi gymaint o fantais masnachol fuasai hynny iddo ef.

Fe geir darlun da o fasnach siop Thomas Rees yn rhai o'r cyfrifon am y cyfnod 1812-1824 er, o safbwynt asesu'r sefyllfa'n drwyadl, y mae'n anffodus nad ydynt yn gyflawn. Mae'n glir fod gan y siopwr gyfrifon ar wahân ar gyfer dwy sir Caerfyrddin a Cheredigion, a dim ond rhai Caerfyrddin sydd wedi goroesi. Serch hynny, mae'r rheiny'n rhoddi darlun tra llewyrchus i ddechrau, a gellir bod yn sicr fod y cyfrifon sydd ar gael yn cofnodi'n gywir y nifer o gasgenni o fenyn a anfonwyd i Gaerfyrddin ar gyfer eu hallforio.

Yn 1812 anfonwyd 175 o lwythi o fenyn o New Inn i Gaerfyrddin yn cynnwys 1606 o gasgenni. Ni chyflogai Thomas Rees ei gariwyr ei hun ond yn hytrach rhoddai waith i dyddynwyr a ffermwyr bach yr ardal i wneud hynny drosto. Defnyddiai'r rheiny, hefyd, i ymofyn llwythi o nwyddau o Gaerfyrddin ar gyfer y siop ac ar gyfer cyflenwi anghenion siopau eraill, ac yn yr un flwyddyn, 1812, fe wnaed 194 o siwrneiau o'r math yna drosto. Talai 6 cheiniog y gasgen am gludo'r menyn a 7 geiniog y cant am gario nwyddau. Cyflogai amryw o weithwyr, yn cynnwys cowper i wneud casgenni a menygwr i wneud menyg a rhwng 1808 ac 1813 'roedd gan Thomas Rees brentis, David Davies o Lanegwad, yn derbyn hyfforddiant trwy gytundeb am bum mlynedd yn y grefft o drin brethynnau

'Roedd y wagenni a logwyd gan Rees i'w gweld yn aml ar hyd y briffordd, ac fe ddichon bod angen ceffyl ychwanegol i gynorthwyo i gael llwyth dros ben Rhiw Alltwalis. 'Roedd wagenni a cherti eraill, hefyd, ar gynnydd a gwelwyd cerbydau'n cario dau neu dri o bobol yn dechrau dod yn boblogaidd. Soniwyd eisoes am dafarnau yng Nghaerfyrddin yn darparu math arbennig o goets ar lôg i'r ychydig a oedd yn medru fforddio talu am un. Yr enw ar honno oedd 'post-chaise'. Coets nid annhebyg i goets gyffredin oedd y 'post-chaise' ond heb y pen blaen arferol a oedd yn cynnwys bocs i'r gyrrwr eistedd arno. Tynnid y cerbyd gan ddau geffyl, weithiau dri, a'r gyrrwr ar gefn un. Gwisgai hwnnw esgid o wneuthuriad arbennig ar ei droed dde, un wedi'i chryfhau â haearn i arbed ei goes rhag cael ei gwasgu rhwng dau geffyl.

Yn 1814 gwelwyd Simon Davies, tafarnwr Travellers Rest, yn hysbysebu bod ganddo 'post-chaise' ar lôg. Dengys cyfrifon y siop mai 15 swllt a dalwyd gan Thomas Rees yn 1814, a 18 swllt yn 1819, am logi'r cerbyd i fynd o New Inn i Gaerfyrddin, pris uchel iawn am daith o ddeuddeg milltir, hyd yn oed pe buasai'r pris yn cynnwys y siwrnai yn ôl. Dylid ystyried y buasai gweithiwr cyffredin angen pob ceiniog o gyflog pump neu chwech wythnos i logi'r cerbyd hwnnw yn 1819.

Rhaid aros tan 1821 cyn gweld sôn am y gwasanaeth coets cyntaf drwy'r pentref. Coets fechan oedd honno i gario pedwar o bobl (a gyrrwr) rhwng Caerfyrddin ac Aberystwyth ddeuddydd yr wythnos, yn ystod yr haf. Cychwynnai am 6 o'r gloch yn y bore ar siwrnai a gymerai rhwng naw a deg awr. Ni wyddys beth oedd y pris ond y mae'n debyg y buasai tua 25 swllt, cyflog saith neu wyth wythnos i lafurwr.

Gwelodd yr 1820au, hefyd, godi tŷ sylweddol ym mhentref New Inn gan deulu Maesycrugiau. New Inn Cottage oedd hwnnw, tŷ sydd ar ei draed o hyd ac wedi ei ddiwygio o dan ei enw newydd, Gwastod Abbott. Fe welir esboniad ar yr enw hwnnw ar ddiwedd Pennod 4. Bwriadwyd y tŷ i ddechrau ar gyfer aelodau o'r teulu ond o dro i dro fe'i gosodwyd weithiau i ddieithriaid am gyfnodau hir.

Rhwng popeth 'roedd y sefyllfa'n ymddangos fel petai'n iach ar gyfer y dyfodol ond ynghudd yr oedd arwyddion caledi. 'Roedd y rhyfel yn erbyn Ffrainc wedi cadw prisiau'n uchel i ddechrau ond ar ôl iddo derfynu yn 1815 bu dirwasgiad difrifol, yn enwedig ym myd amaeth ac fe danseiliwyd masnach y siop a oedd, wrth gwrs, yng nghanol ardal amaethyddol ac yn dibynnu'n drwm ar ei llewyrch.

Mae'r cyfrifon sydd ar gael yn adlewyrchu'r cefndir economaidd. Yn 1815 fe dalwyd 11 ceiniog y pwys am fenyn i'r ffermwyr ond erbyn 1823 'roedd y pris i lawr o dan 8

Llun 6. Post-chaise
Darparwyd cerbyd tebyg gan Travellers Rest yn 1814.

Llun 7. Coets i ddal pedwar a gyrrwr. Un fel hyn oedd yn gwasanaethu
rhwng Aberystwyth a Chaerfyrddin yn 1821.

geiniog. Talwyd 6 cheiniog y gasgen am fynd â menyn i
Gaerfyrddin yn 1812 a 5 ceiniog yn 1817. Ar ôl diwedd y
rhyfel bu gostyngiad sylweddol iawn yn y nifer o gasgenni a
gludwyd i Gaerfyrddin, ynghyd â'r nifer o lwythi o
nwyddau a sicrhawyd.

Nid oedd y siop, felly, mor lewyrchus yn 1823 ag y bu, ond
eto 'roedd ei gweld, a sylweddoli ei bod hefyd yn
gweithredu fel ariandy, yn ddigon i syfrdanu y Canon
Robert Ellison, Wolverhampton, un a adwaenid fel 'the
Flying Parson'. Meddai, yn hanes ei daith,—

41

. . . (I) found to my great astonishment a banking house at New Inn in a country and neighbourhood where, in my opinion, £1000 principal money would be rare.

Mae'n glir bod Ellison wedi gadael ei gerbyd er mwyn holi yn y siop a rhaid bod y tu hwnt o ddiolchgar iddo am wneud, oblegid heb ei sylw ef dim ond traddodiad noeth fyddai un agwedd hollol bwysig o hanes New Inn. Llwyddodd Robert Ellison, mewn ychydig o eiriau, i roddi cig a gwaed ar beth nad oedd, mewn gwirionedd, yn ddim mwy nag asgwrn mewn sgerbwd. Dyna biti na chymerodd Richard Fenton ddiddordeb dyfnach pan welodd y siop yn 1804.

Petai gennym holl gyfrifon y siop fe ellid asesu'r sefyllfa'n drylwyrach, ond mae'r hyn sydd gennym yn dangos yn glir bod dirywiad wedi digwydd. Bu'r dirwasgiad ar ôl y rhyfel yn erbyn Ffrainc yn sicr yn ddylanwad mawr ar y sefylla, ond hwyrach, hefyd, nad oedd iechyd Thomas Rees ei hun yn rhy dda erbyn dechrau'r 1820au. Bu farw yn 1825.

'Roedd ganddo bedwar mab—

John (33), Thomas (30), William (24) a Josiah (11)—ond ymddengys fod yr hynaf ohonynt eisoes wedi ymgartrefu yng Nghaerfyrddin, gan adael dau a oedd yn ddigon hen o ran oedran i ymgymryd â'r busnes. Thomas, hwyrach, fel yr hynaf o'r ddau a ddilynodd ei dad ond bu yntau farw'n 34 mlwydd oed ac yn ddibriod yn 1829.

Yn 1829 'roedd 37 mlynedd o'r brydles a sicrhawyd gan John Rees yn 1776 yn dal ym meddiant y teulu ond mae'n debyg nad oedd dim awydd gan y rhai a oedd ar ôl i gadw'r busnes ymlaen. 'Roedd gweddw Thomas Rees mewn gwth o oedran a'r ddau fab a oedd yn dal yn yr ardal, William a Josiah, heb fawr o ddiddordeb. Rhaid derbyn, hefyd, y posibilrwydd bod masnachwyr eraill wedi cael eu dwylo ar gyfran o fasnach y siop, a bod y gystadleuaeth wedi bod yn ddigon i dorri calonnau'r brodyr.

Gellir credu mai ildio'r brydles a wnaeth y teulu rywbryd yn nechrau'r 1830au, hwyrach wedi marwolaeth Elizabeth Rees, gweddw Thomas Rees, yn 1833, ac wrth wneud hynny daeth pennod bwysig yn hanes pentref New Inn i ben. 'Roedd tair tafarn yn y lle, pedair ffair, y drafnidiaeth ar hyd y briffordd drwy'r lle yn gryf, y porthmyn yn cynnull eu hanifeiliaid yno a'r ffermwyr yn parhau i nôl y calch. Parhâi'r prysurdeb, ond heb un o'r Reesiaid yn y siop, collwyd dolen gydiol â'r gorffennol ac yr oedd y banc, wrth gwrs ynghau.

Ymddengys fod Ystad Maesycrugiau wedi penderfynu ceisio denu siopwr arall i New Inn. Cafwyd un William Dickins i'w chymryd ac fe welir ym Mhennod 8 bod merch iddo ef a'i wraig wedi'i bedyddio yng nghapel Salem yn 1836. Yn yr un bennod ceir hanes y rhan a chwaraewyd gan Dickins yn y gwrthwynebiad o du'r Anghydffurfwyr yn y plwyf i Dreth yr Eglwys, a hwyrach nad oedd hynny wedi bod wrth fodd perchenogion y siop.

Ni wyddys ai hynny neu benderfyniad Dickins ei hun i roi'r gorau iddi a oedd yn gyfrifol, ond yn rhifyn 21 Awst 1840 o'r *Carmarthen Journal* fe hysbysebwyd fod y lle ar osod. Mae'n glir bod yr ystad wedi methu cael ymateb boddhaol i'r hysbyseb oblegid 'roedd Dickins yn parhau yn y siop ddwy flynedd yn ddiweddarach a chyflwr busnes wedi dirywio'n ddrwg. Cyfnod gwael iawn i amaethyddiaeth oedd hwnnw a bu gostyngiad mawr ym mhrisiau gwenith, barlys a cheirch yng Nghaerfyrddin yn 1840. Tair blynedd yn ddiweddarach, 'roedd pethau wedi gwaethygu, oblegid bu cwymp mawr ym mhris menyn, caws a chig, ac ymgadwai'r porthmyn o'r marchnadoedd gan orfodi'r ffermwyr i fynd a'u hanifeiliaid yn ôl adref.

Pa bryd yr ymadawodd Dickins ni wyddys. Collwyd llyfrau trethi'r plwyf am y rhan fwyaf o'r 1840au, ac nid oes modd dweud, felly, a lwyddwyd i gael olynydd iddo cyn 1849. Yn y flwyddyn honno 'roedd un, William Charles, yn cadw'r siop ond fe aeth y lle'n wag eto yn 1850, ac ym mhen ychydig o flynyddoedd fe rannwyd yr adeilad yn nifer o gartrefi. Pan brisiwyd holl adeiladau'r plwyf yn 1885 ar gyfer y dreth nodwyd bod naw o wahanol deuluoedd yn

Llun 8. Golwg ar New Inn o Blossom Lodge c. 1890

Llun 9. Golwg ar New Inn o Blossom Lodge c. 1934,
wedi adeiladu Bronallt (Swyddfa'r Post)

byw yn yr hen siop, gan gynnwys y Parchg. John Griffiths, gweinidog capel Salem.

Petai Ystad Maesycrugiau wedi medru rhag-weld y dyfodol, tybed a fyddent yn 1840 wedi dechrau adeiladu tafarn newydd i gymryd lle y Bumper Inn? 'Roedd yr un newydd yn sicr o fod yn fwy o le na'r hen un ac yr oedd yr

Llun 10. Gwyddgrug. Golygfa gyffredinol, 1930au.

Llun 11. Gwyuddgrug. Canol yr 1930au.

ystad yn hybysebu am denant yn yr un rhifyn o'r *Carmarthen Journal* lle hysbysebwyd am olynydd i William Dickins yn y siop. Mae'n glir iddynt gael trafferth i gael ymateb boddhaol oherwydd pan gynhaliwyd Cyfrifiad y Boblogaeth, 1841, misoedd yn ddiweddarach, 'roedd Bumper Inn yn dal ar

45

agor, ond 'roedd y dafarn newydd wedi cael ei hagor erbyn 1843 oblegid fe geir hanes cinio yno ar derfyn ymryson aredig yn ystod y flwyddyn honno. Rhoddwyd enw newydd iddi, sef Blossom Lodge, sy'n enghraifft clir o'r duedd i roi enwau Saesneg ar adeiladau. Aeth y 'blodau', ym Mlaenblodau er enghraifft, yn 'blossom'.

Ni ddywedwyd beth fu ffawd adeiladau Bumper Inn, ond mae'n ymddangos y gallent fod wedi cael eu cadw ar gyfer y fferm a oedd ynghlwm â'r dafarn am gyfnod hir. Ers blynyddoedd bellach, bu Blossom Farm yn fenter ar wahân i dafarn Blossom Lodge.

Dechreuodd pethau newid o safbwynt tolldai'r ffyrdd tyrpeg yn 1843, oherwydd yr helynt a elwid yn Derfysg Rebeca. Un o ganlyniadau'r terfysg oedd gweld sefydlu Bwrdd Sirol yn 1845 i ofalu am yr hen ffyrdd tyrpeg, gwneud bant â llawer o'r tolldai, megis Gwarallt Fach (Pen-Top), Pencader, ac eraill a chodi ambell dolldy newydd, fel yr un yn Alltwalis. Gwelir rhagor o hanes y terfysg ym Mhennod 7.

Fel canlyniad bu'n rhatach i'r ffermwyr ddefnyddio'r ffyrdd tyrpeg i gyrraedd y meysydd calch, a gellir casglu mai oherwydd y newid hwnnw y dechreuodd y siwrnai trwy Bencader gymryd lle yr un trwy New Inn, fel y ffordd fwyaf cyfleus o gyrraedd Pen Rhiw Alltwalis o Landysul a Llanfihangel-ar-Arth.

Yn y tymor hir buasai hynny wedi tanseilio safle New Inn, a honno, gellir meddwl, oedd yr hoelen gyntaf yn arch y pentref. Ni fyddai'r ail hoelen yn hir cyn ei dilyn, oblegid ar y gorwel yr oedd datblygiad chwyldroadol (i'r ardal, yn sicr) a weddnewidiai'r sefyllfa. Dyfodiad y rheilffordd oedd hwnnw, ac fel y nesaodd fe welodd y trigolion y ddwy ochr i'r geiniog.

Pan gyrhaeddodd y trên Abertawe yn 1850 cafodd New Inn well gwasanaeth coets drwy'r pentref. Er pan ddechreuasai hwnnw yn 1821, ni welid y goets yn amlach nag unwaith mewn diwrnod, a hynny yn ystod misoedd yr haf yn unig, gan mai dim ond ar dridiau ym mhob wythnos y rhedai o Aberystwyth i Gaerfyrddin, gan ddychwelyd bob yn eilddydd. Nid coets fawr oedd honno p'un bynnag, ond yn 1850 fe estynnwyd y gwasanaeth i Abertawe, ac er na wyddys i sicrwydd y mae'n debygol y defnyddid coets gryfach, yn medru cario mwy o bobl, ar gyfer y siwrnai.

Dwy flynedd yn ddiweddarach, yn 1852, fe gyrhaeddodd y trên Gaerfyrddin a sefydlwyd gwasanaeth coets fawr dyddiol i Aberystwyth am y tro cyntaf. Gwasanaeth yn ystod yr haf oedd hwnnw, siwr o fod, i ddechrau ond mewn llai na blwyddyn cafodd y goets y gwaith o gario'r post, hefyd, ac fe all fod hynny wedi golygu cynnal y gwasanaeth trwy'r gaeaf hefyd. Fe gododd gweld rhagor o bobl ar y goets obeithion yn New Inn ac agorwyd tafarn arall, Smiths Arms, yn Gegin Newydd (Ivy Tower) sy'n sefyll wrth ochr, er ychydig y tu cefn, i'r hen siop (ac s'yn debygol o fod bron mor hen â'r adeilad hwnnw).

Dyna'r adeg pan ddechreuwyd gweld yr ochr arall i'r geiniog. Sylweddolodd y porthmyn, wrth weld y trên yng Nghaerfyrddin, nad oedd angen iddynt drafferthu i yrru anifeiliaid ar draws gwlad, gan y gwnâi'r trên y gwaith iddynt mor rhwydd, heb sôn am sicrhau y byddai'r llwyth mewn llawer gwell cyflwr ar ben y daith na phetaent wedi gorfod bod ar yr heol am dair wythnos neu ragor. Ni fuasai gyrru'r anifeiliaid i Gaerfyrddin yn fawr o broblem i wŷr a oedd wedi arfer mynd â hwynt ar siwrnai dair wythnos. Wrth i hynny ddigwydd 'roedd pen yr ail hoelen bron o'r golwg yn yr arch.

Wrth i'r trên gyrraedd Caerfyrddin dechreuwyd ar y gwaith o gynllunio estyniad i'r rheilffordd tua'r gogledd, ac er i hynny gymryd rhai blynyddoedd i ddwyn ffrwyth teimlodd New Inn frathiad yr oerwynt yn gynnar iawn. Bu dyheu mawr am weld y trên yn ymddolennu trwy gefn gwlad, ac yn gynnar yn ystod yr 1860au fe glywodd ardal Llanpumsaint sgrech y peiriant am y tro cyntaf; yn 1864 'roedd Pencader wedi'i gyrraedd. Pan ddigwyddodd hynny 'roedd y drydedd, a rhagor, o heolion ar y ffordd i arch New Inn.

CARMARTHEN, FRIDAY, AUGUST 16, 1850.

TIME TABLE
OF THE ROYAL MAILS AND POST COACHES,
FROM THE
Ivy Bush Hotel Coach Office, Carmarthen.

ROYAL MAILS.

Where to.	Conveyance.	Route.	Time of departure.	Arriving at	Returning to Carmarthen from	Arriving at Carmarthen.	Out-side Fare.	Inside Fare.
Glo'ster & the North *....	North Mail	Brecon, Monmouth, and Ross.	4h. 0m. a. m.	5h. 30m. p. m.	5h. 15m. a.m.	6h. 0m. p.m.	18s.	36s.
Swansea †....	Auxiliary Mail	Llanelly, Swansea, and South Wales Railway.	5h. 30m. a. m.	Swansea Station 9h. 30m. a. m.	Swansea Station 3h. 30m. p. m.	7h. 33m. p. m.	6s.	10s.
Glo'ster ‡	Royal Mail	Brecon, Monmouth, and Ross.	10h. 48m. a.m	10h. 40m. p. m.	1h. 45m. a. m.	1h. 35m. p. m.	21s.	42s.
Swansea ‖....	Royal Mail	Llanelly, Swansea, and South Wales Railway.	12h. 52m. p.m.	4h. 35m. p. m	8h. 5m. a. m.	12 noon.	6s.	10s.
Pembroke....	Royal Mail	Saint Clears and Begelly.	2h. 0m. p.m.	6h. 0m. p. m.	6h. 15m. a.m.	10h. 15m. a. m.	8s.	12s.
Pater	Royal Mail		2h. 0m. p.m.	6h. 30m. p. m.	5h. 55m. a. m.	10h. 15m. a. m.	4s. 6d.	13s.
If. West......	Royal Mail	Saint Clears and Narberth.	2h. 0m. p.m.	6h. 0m. p. m.	5h. 45m. a. m.	10h. 15m. a.m.	8s.	12s.
Tenby	Royal Mail	Saint Clears and Begelly.	2h. 0m. p.m.	5h. 45m. p. m.	6h. 0m. a. m.	10h. 15m.a.m.	6s.	10s.
Cardigan	Royal Mail	Newcastle Emlyn.	1h. 0m. p.m.	5h. 30m. p. m.	6h. 45m. a. m.	11h. 45m. a. m.	9s.	14s.

* Fares reduced from 22s. and 42s.
† This Mail arrives in Swansea in time for the 10 a.m. Up-train, arriving in London the same day at 8h. 15m. p.m. except Sundays.
‡ Fares reduced from 28s. and 48s.
‖ This Mail carries the London letters, and meets the Up 5h. 15m. Mail Train, and takes from the Down Mail Train.

POST COACHES.

Where to.	Conveyance.	Route.	Time of departure.	Arriving at	Returning to Carmarthen from	Arriving at Carmarthen.	Out-side Fare.	Inside Fare.
Swansea *....	Railway coach	Pontardulais	9h. 40m. a.m.	1h. 50m. p. m.	12 noon.	3h. 40m. p.m.	6s.	10s.
Aberystwyth†	Railway coach	New Inn, Lampeter, and Aberayron.	12h. 50m. p.m.	8h. 30m. p. m.	7h. 0m. a. m.	3h. 30m. p.m.	14s.	21s.
Swansea ‡....	Railway coach	Pontardulais.	3h. 40m. p.m.	7h. 0m. p. m.	9h. 0m. a. m.	12h. 40m. p.m.	6s.	10s.
H West‖......	Railway coach	Saint Clears and Narberth.	3h. 55m. p.m.	8h. 0m. p. m.	5h. 30m. a. m.	9h. 30m. a.m.	8s.	12s.
Tenby‖	Railway coach	Saint Clears and Begelly	3h. 55m. p.m.	7h. 50m. p. m.	5h. 50m. a. m.	9h. 30m. a.m.	6s.	10s.

* Every Tuesday, Thursday, and Saturday, returning alternate days.
† Every Tuesday, Thursday, and Saturday, returning alternate days.
‡ Every Monday, Wednesday, and Friday, returning alternate days.
‖ Every Monday, Wednesday, and Friday, returning alternate days.

Carmarthen, August 2nd, 1850.

VALENTINE REES & CO., Proprietors.

Llun 12. Amserlen Cerbydau Cyhoeddus o Gaerfyrddin, 1850, ar ôl i'r trên gyrraedd Abertawe.

Fel yr ymddolennai'r rheilffordd i gyfeiriad y gogledd-orllewin cafodd y porthmyn fwy o gyfle i roddi'r gorau i'r hen ddull o symud anifeiliaid. At hynny, fe ddaeth llwythi o galch a glo yn hwylus i gyrraedd pawb, ac yn sgil hynny fe laddwyd llawer iawn o'r drafnidiaeth trwy New Inn. 'Roedd cael arbed y siwrnai i nôl calch yn fendith fawr i'r ffermwyr, ond 'roedd cael glo megis wrth stepen y drws yn ennyn croeso am resymau gwahanol oblegid y pryder mawr yn yr ardal am brinder tanwydd i wresogi cartrefi.

Mae'n glir, felly, bod dyfodiad y rheilffordd yn ergyd farwol i New Inn. Y cwbl a oedd yn aros erbyn canol yr 1860au oedd gwasanaeth dyddiol y goets fawr rhwng

Caerfyrddin ac Aberystwyth, ond 'roedd dyddiau honno wedi'u rhifo hefyd. Wrth i'r trên weithio'i ffordd draw am Lanbedr, ac oddi yno i gysylltu â'r lein a oedd yn cael ei gosod o Aberystwyth, cynnyddodd y galw am drosglwyddo cludiad y post brenhinol iddo o'r goets fawr.

Yn y cyswllt hwn fe all fod cryn gamwybodaeth yn lleol am wasanaeth y post erbyn canol y ganrif ddiwethaf. Cyfeiriwyd eisoes at y gwasanaeth cludo llythyrau rhwng Caerfyrddin a Llanbedr Pont Steffan trwy New Inn fel un hen, ond yn ôl llith golygyddol yn *The Welshman*, 25 Tachwedd 1864, yr unig ffordd swyddogol o hyd o fynd â'r post rhwng Caerfyrddin a Llanbedr oedd ar goets fawr y Post Brenhinol trwy Lanymddyfri. Fe olygai hynny y byddai llythyrwr yn gorfod aros am o leiaf 48 awr am ateb i lythyr a anfonasai o'r naill le i'r llall. Trefniant lleol o ryw natur arbennig, felly, oedd y gwasanaeth a sefydlasid yn 1852 gyda'r goets rhwng Caerfyrddin ac Aberystwyth, estyniad o'r trefniadau a fu eisoes mewn bodolaeth am dros ganrif.

Ymddengys fod taith ddyddiol y goets trwy New Inn wedi cael ei therfynu yn fuan wedi i'r tren gyrraedd Pencader. Mae adroddiad *The Welshman*, 28 Medi 1866, i'r perwyl bod y post rhwng Caerfyrddin a Llanbedr yn cael ei gludo gan gert ac un ceffyl cystal â dweud hynny, ac yn 1868 rhoddwyd terfyn ar honno pan ddechreuodd y trên gludo'r post o Gaerfyrddin i Bencader. Hwnnw, wrth gwrs, oedd y cam cyntaf yn nyrchafiad Pencader fel canolfan gwaith y Swyddfa Bost yn y plwyf, ac ar draul New Inn y digwyddodd hynny. Er y parhawyd am gyfnod i gludo'r gweddill o'r post rhwng Caerfyrddin ac Aberystwyth trwy New Inn gyda'r ceffyl a'r gert fe roddwyd y gorau iddi ar 1 Gorffennaf 1871 pan drosglwyddwyd yr holl waith o gario'r post i'r rheilffordd.

'Roedd y datblygiadau hyn yn ergydion mawr i bentref New Inn. Yn ystod yr 1860au fe roddodd Carriers Arms y gorau i werthu diodydd a throwyd y lle yn siop fwyd, ac yn ystod yr 1870au fe gaewyd drws y Smiths Arms.

Gwelodd hanner olaf y ganrif ddiwethaf, felly, ddirywiad

mawr yn sefyllfa a ffyniant y pentref. Ychydig iawn o dai a adeiladwyd yno. Un, hwyrach ddau, yr ochr draw i Travellers Rest, yn ystod yr 1840au, un (Tŷ Newydd i ddechrau, ond newidiwyd yr enw i Bryn Awel) yr ochr draw i Blossom Lodge ugain mlynedd yn ddiweddarach a dau gerllaw Travellers Rest, sef Rose Cottage ac Ivy Cottage, tua diwedd yr 1870au. Mae'n glir bod Ystad Maesycrugiau wedi rhoi heibio unrhyw fwriad i godi rhagor o dai yn y pentref ei hun, a chyfyngu eu hunain i'r gwaith o ailadeiladu Plas Blaenblodau tua diwedd yr 1850au. Yn 1891 dim ond ugain o dai oedd yn New Inn (a deunaw yng Ngwyddgrug, ond rhai bach iawn oedd rhai o'r rheiny).

Os bu dyfodiad y rheilffordd yn ergyd farwol i bentref New Inn bu hefyd yn ddylanwad pwysig ar rai o arferion y wlad. Yn ôl hunangofiant y Parchg Evan Jones, ficer Llanfihangel-ar-Arth yn ystod y cyfnod hwnnw, peidiodd y merched ieuainc, a rhai o'r gwragedd hŷn hefyd, a gwisgo yr het Gymreig, y bais a'r gŵn bach. Daeth y te p'nawn yn boblogaidd.

Dangoswyd yn gynharach fod pedair o ffeiriau yn y pentref yn nechrau'r ganrif ddiwethaf yn ôl yr almanaciau. Bu colli'r gwahanol fathau o drafnidiaeth yn ddigon i drawsnewid statws y lle, ac fe adlewyrchir hynny gan y calendr ffeiriau a gyhoeddid yn y newyddiaduron. Yn 1861, cyn i'r rheilffordd gyrraedd yr ardal, cyhoeddwyd fod pedair ffair i'w cynnal; ond dim ond dwy ffair, ar 1af o Ionawr a'r 19 Awst, a gyhoeddwyd ar gyfer 1862. Mae hynny'n brawf, gan mai ffeiriau Mehefin a Gorffennaf a ddiddymwyd, bod y porthmyn eisoes wedi ffarwelio â New Inn. Blwyddyn yn ddiweddarach, 'roedd ffair Ionawr wedi diflannu hefyd.

Fe barodd ffair 19 Awst hyd ddechrau'r Rhyfel Byd Cyntaf (1914-1918). Cofia Miss Eirlys Richards, Bryn Glas, New Inn, berthynas iddi, Miss Pollie Davies, a fu'n cadw siop Carriers y pentref cyn huno'n ei nawdegau yn ystod yr 1970au, yn sôn am ddynion yn dod o gyn belled â sir Benfro yng nghanol mis Awst i werthu grawn ar Clos Isaf (sydd bellach

Llun 13. Pen gogleddol New Inn c. 1930au Fe welir talcen yr hen siop yn y cefndir.

yn rhan o ardd Sŵn-y-nant). Yno, y mae'n rhaid, y canwyd cnul ffair 19 Awst, ond ni buasai Clos Isaf yn ddigon eang i ddangos anifeiliaid a rhaid meddwl, felly, am le arall ar gyfer hynny.

Yn y cyswllt hwn, clywodd Mrs. Bessie Thomas, Tŷ Capel Salem, New Inn, ei mam yn dweud mai ar Cae Calch, gyferbyn â Bryn Awel, y cynhelid yr hen ffeiriau. Er mai yn ofer yr edrychir am Cae Calch ar Fap y Degwm, ac nad oedd yn bosib bod y diweddar Mrs. Rachel Phillips, a aned yn 1876, erioed wedi gweld ffair ei hun ar y cae hwnnw gan nad oedd wedi cael ei geni pan roddwyd terfyn ar yr hen ffeiriau, rhaid derbyn y posibilrwydd i enw'r cae gael ei newid ar ôl cyhoeddi Map y Degwm yn ystod yr 1840au, bod hithau wedi clywed pobl yn sôn am yr hen ddyddiau, fod hynny wedi glynu yn ei chof.

Ni bu Gwyddgrug na New Inn fawr ar eu helw o'r diwydiant gwlân a fu'n un o brif nodweddion y plwyf yn ystod y ganrif ddiwethaf a hanner cyntaf y ganrif hon, yn

51

enwedig yng nghyffiniau Pencader. Yr unig ffatri wlân i gael ei hagor ar dir yr hen abaty oedd un Sunny Hill, rhwng Tanfforddgoi ac Abernawmor. Agorwyd honno yn 1866/7 gan Lewis Lewis ac, yn ôl un adroddiad, prin bod digon o le yn yr adeilad i'r peiriannau, gan adael ond un ystafell at wasanaeth y teulu. Cyn bo hir ehangwyd hi ac erbyn 1891 'roedd naw o'r gweithwyr, ar wahân i'r perchennog a'i fab, yn ymgartrefu o dan do'r ffatri. Yn 1878, wedyn, agorwyd pandy Pont Talog ond lle bach iawn oedd hwnnw. Petai llif yr afonydd wedi bod yn gryfach gellid fod wedi gweld rhagor o ffatrioedd yn yr ardal.

Ychydig iawn o hanes addysg yn New Inn a Gwyddgrug sydd wedi ei gofnodi. Ceir traddodiad bod ysgol yn Llofft Fach am gyfnod tuag 1839 ond rhaid cofio mai tŷ capel Salem oedd hwnnw ac ni fyddai'n syndod pe cynhelid ysgol Sul yno. Mae cofnod clir am ysgol yn yr un lle yn 1859 o dan law Evan Evans, a symudodd i Bencader am gyfnod cyn cymryd gofal o Ysgol Genedlaethol Llanfihangel-ar-Arth pan agorwyd hi.

Yn 1861 'roedd ysgolfeistr yn lletywr yn Blossom Lodge ac y mae'n bosib bod ysgol breifat yn cael ei chynnal yno i dri o blant y dafarn a rhai o blant yr ardal, ynghyd â dau o'r tu allan a oedd yn lletya yn y pentref. Yn ystod y chwedegau, hefyd, bu ysgol yn Bryn Awel, lle cafodd merch o fferm Llethr-neuadd, Sarah Jacob, ran o'i haddysg cyn symud i Ysgol Genedlethol Llanfihangel-ar-Arth.

Cyn diwedd yr un ddegawd 'roedd y ferch honno wedi ennill enwogrwydd anghyffredin a'i gwnaeth yn rhyfeddod gwyrthiol i rai ac yn destun gwawd i rai eraill. Honnid fod Sarah Jacob yn medru byw heb ymborth o fath yn y byd ond cafwyd pedair nyrs o Lundain i gadw golwg arni am bythefnos ym mis Rhagfyr, 1869, i sicrhau nad oedd neb yn ei bwydo'n llechwraidd. Ar ôl ychydig dros wythnos o wyliadwraeth mor drwyadl bu farw'r ferch yn naw mlwydd oed. Carcharwyd ei rhieni am ddyn-laddiad ond y mae'n amheus iawn a ddylid fod wedi dwyn cyhuddiad mor

Llun 14. Athrawon a phlant Ysgol New Inn, 1914

ddifrifol yn eu herbyn hwy. Gwelir yr hanes yn llawn ym Mhennod 9.

Dangosodd helynt Sarah Jacob yn glir fel y llwyddodd Pencader mewn ychydig iawn o amser i gymryd lle New Inn fel pentref enwocaf y plwyf ar drothwy'r oes fodern. Petai'r rheilffordd heb gyrraedd Pencader mewn pryd, i New Inn yr aethai'r mwyafrif o'r ymwelwyr â'i chartref, yn enwedig y rhai o'r de, y gogledd a'r dwyrain. Enw New Inn, nid Pencader, a ddaethai i sylw'r byd yn sgil hynodrwydd yr achos.

Ychydig iawn o blant a oedd yn cael addysg ffurfiol, ond tueddir i anghofio, weithiau, mor effeithiol fu'r ysgolion Sul yn dysgu pobl a phlant sut i ddarllen. Yn 1846, wrth gwrs, yr unig ysgol Sul yn yr ardal oedd yr un yn Salem, New Inn, un a fynychid gan 65 o wrywod ac 85 o fenywod o bob oed. Hyfforddid hwynt gan ddeunaw o athrawon ac yr oedd cant a deg o'r cant a hanner o ddisgyblion yn medru darllen. Yn 1861 dechreuodd yr Annibynwyr gynnal ysgol Sul mewn dau ffermdy yn ardal Gwyddgrug, sef Lan a Berllan, er mwyn arbed y daith i'r capel ym Mhencader i'r plant.

Cymraeg yn unig a ddysgid yn yr ysgolion Sul, wrth gwrs,

ond fe gynyddodd yr awydd i ddysgu Saesneg fel 'iaith dod ymlaen yn y byd'. Pan ddaeth contractwyr y rheilffordd a'u gweithwyr i mewn i'r ardal yn ystod yr 1860au mynegodd llawer o deuluoedd awydd i groesawu Saeson a Gwyddelod, yn hytrach na Chymry, i aros yn eu tai er mwyn iddynt fedru ymarfer eu Saesneg yn eu cwmni. Cwynid gan rai fod gan gwmni'r rheilffordd ragfarn yn erbyn y Cymry oherwydd gwrthodent waith i Gymro hyd yn oed pe medrai Saesneg, ond pa mor wir oedd hynny y mae'n anodd dweud. Mae canlyniadau Cyfrifiad y Boblogaeth, 1871, yn cadarnhau bod nifer o Saeson yn gweithio ar y rheilffordd ond mae'n glir bod Cymry yn eu plith hefyd.

Agorwyd ysgol o dan nawdd y Gymdeithas Addysg Brydeinig a Thramor ym Mhencader yn 1846 ac Ysgol Genedlaethol Llanfihangel-ar-Arth yn 1864, ond nid oeddent yn ysgolion mawr ac yr oedd cryn bellter rhyngddynt a Gwyddgrug a New Inn.

Yn ôl adroddiad yn y papur newydd *Baner ac Amserau Cymru*, 21 Gorffennaf 1869, fe roddwyd swm mawr o arian ar gyfer codi ysgol yn New Inn gan Thomas Rhys Saunders, mab ac etifedd Perth-y-berllan, ond dichon mai addo'r arian a wnaeth ef yn hytrach na'i roi. Bu pwy bynnag a fu'n ymwneud â'r cynnig hael hwnnw'n rhy araf yn mynd o gwmpas ei bethau a diflannodd y gobeithion pan ymadawodd Saunders yn 1873. Gwelir cyfeiriad at yr amgylchiadau ym Mhennod 8.

Yn 1875 sefydlwyd Bwrdd Ysgol i hyrwyddo addysg yn y plwyf ac agorwyd ysgol ganddynt ym Mhencader yn 1878, a'i dilyn dair blynedd yn ddiweddarach gan ddwy arall, y naill yn Alltwalis a'r llall yn New Inn. Agorwyd y ddwy ar 13 Mehefin 1881.

Adeiladwyd rhan o'r ysgol ar safle llyn bach lle yr oerid traed ceffylau'r goets fawr yn ôl traddodiad. Tynnwyd stablau Travellers Rest i lawr i wneud lle iddi a defnyddiwyd y meini i godi'r ysgol. Yn wal yr ysgol gwelir carreg a'r dyddiad 1795 arni, awgrym go glir mai yn y flwyddyn honno y codwyd y stablau.

Agorwyd ysgol New Inn i 36 o blant, ond fe all fod rhai plant o'r ardal a oedd wedi dechrau mynd i ysgolion Pencader a Llanfihangel cyn hynny wedi aros yn y rheiny yn hytrach na symud i'r ysgol newydd. Athro'r ysgol oedd Michael Edwards, £55 y flwyddyn oedd ei gyflog a'i unig gynorthwy oedd athrawes wnïo a dderbyniai gyflog o £3 y flwyddyn. Glanheid yr ysgol gan fenyw o'r pentref yn derbyn cyflog o £2 y flwyddyn. Erbyn 1886 'roedd 46 o blant yn yr ysgol ond 33.1 oedd y cyfartaledd presenoldeb.

Hyfforddid y plant uniaith Gymraeg yn gyfangwbl yn Saesneg o'r cychwyn cyntaf. Wrth wneud hynny y mae'n glir mai ufuddhau i orchmynion y Bwrdd Ysgol a wnâi'r athro, oblegid 'roedd Edwards yn medru arddangos ei ddoniau fel athro trwy gyfrwng y Gymraeg yn ei waith yn yr ysgol Sul yn Salem a chyda'r Dosbarth Beiblaidd a gynhelid yno ganddo, dosbarth a ysbrydolodd nifer o ddynion ieuainc i fynd i'r Weinidogaeth.

Mynegodd Edwards ei ddigalondid yn llyfr Log yr ysgol. Ni feiddiai ddweud yn blwmp ac yn blaen mai'r gyfundrefn addysg, trwy ei orfodi i ddysgu'r plant yn llwyr trwy gyfrwng iaith na ddeallent, oedd ar fai; ond gwnaeth ei orau i bwysleisio mai eu hunieithrwydd oedd y maen tramgwydd ac oherwydd hynny ni allasent ddeall y llyfrau darllen Saesneg. Mae rhywbeth hynod o drist yn y modd y cyflwynodd yr athro ei neges i'r Bwrdd Ysgol yn 1884—

'The children are so 'Welshy'. It's almost impossible to secure any means to move the progress of the class' meddai, yn union fel petai ef ei hun, a fagwyd yn Llanfihangel-y-Creuddyn a Chwmystwyth, wedi cael ei ddwyn i fyny yng nghysgod Palas Buckingham. 'Roedd y geiriau hynny'n debygol o blesio'r arolygwr ysgolion a oedd yn cadw llygad barcut ar ymdrechion Michael Edwards, Sais rhonc yn ôl ei gyfenw—Bancroft.

Y cam nesaf oedd beirniadu deallusrwydd y plant yn gyffredinol. Trueni na fyddid wedi meddwl am eu henwi, i weld a fyddai William Williams, Llawrcwrt, Gwyddgrug, er enghraifft, yn eu plith. Ganed ef ar y dydd olaf o'r flwyddyn

1874, ac o dan ei enw barddol, Nantlais, fe ddaeth yn enwog iawn, fel gweinidog gyda'r Methodistiaid yng nghapel Gellimanwydd, Rhydaman, am gyfnod maith a golygydd amryw o gylchgronau, gan gynnwys *Trysorfa'r Plant*.

Er mor ddeifiol oedd beirniadaeth yr athro ni welir unrhyw arwydd yn y llyfr log fod Edwards wedi bod yn cosbi'r plant am siarad Cymraeg yng nghyffiniau'r ysgol. Bu'n arferiad, fel sy'n hysbys, yn y ganrif ddiwethaf i grogi darn o bren gyda'r llythrennau 'W.N.' (yn golygu 'Welsh Not') o gwmpas gwddf plentyn a ddaliwyd yn siarad Cymraeg, ac ar ddiwedd y dydd fe gosbid yr olaf a oedd yn ei wisgo. Yn anffodus ni lwyddwyd i gadw 'Punishment Book' yr ysgol; petai hwnnw heb ei golli tybed a ddywedai stori arall?

Er gwaethaf yr ymdrech i weddnewid diwylliant brodorol yr ardal yn yr ysgol ddyddiol fe ddaliodd yr ysgolion Sul yn New Inn a Gwyddgrug i ddysgu'r Gymraeg i'r plant. Penderfynodd Annibynwyr yr ardal fynd gam ymhellach trwy adeiladu capel yn Gwyddgrug ac yn 1889 gosodwyd y garreg sylfaen. Agorwyd ef yn 1890. Yn 1893 fe adnewyddwyd Salem, New Inn, a phan ailagorwyd y capel ar 29 Medi cafodd plant yr ysgol ddyddiol ddiwrnod o wyliau i ymuno yn y dathliadau.

Yng nghapel New Inn, wrth gwrs, 'roedd Michael Edwards yn chwarae rhan flaenllaw ac yn mwynhau'r rhyddid i ddysgu plant trwy gyfrwng y Gymraeg. Y mae'n bosib y gwyddai ef yn dda am y syniadau newydd a oedd ar waith ynglŷn ag addysg ddwyieithog yn yr ysgolion dyddiol y rhoddwyd bendith arnynt gan adroddiad y Ddirprwyaeth Frenhinol ar Addysg Elfennol yng Nghymru yn 1888, ond fe gymerodd chwe blynedd arall cyn i bethau ddechrau newid yn ysgol New Inn, a phrin bod llawer o ddiolch i'r Bwrdd Ysgol fod hynny wedi digwydd.

Gellir darllen geiriau Michael Edwards yn y llyfr log ar 16 Tachwedd 1894—

'I find it impossible to secure good results with these pure

Welsh children. I intend to take Welsh translation next year
as I believe that better results can be secured thereby'.

—fel datganiad athro a oedd bellach wedi penderfynu
herio'i Fwrdd Ysgol ei hun, doed â ddelo, oherwydd ei
anallu trwy unrhyw ffordd arall i newid ei syniadau
haearnaidd ynglŷn â'r ffordd orau i ddysgu plant New Inn.
Bu'n hollol agored ei fwriad, ac y mae'n glir o'i nodiadau yn
y llyfr log o 26 Ebrill 1895 ymlaen sy'n cofnodi ymateb
calonogol iawn o du'r plant, bod Edwards wedi mynnu cael
ei ffordd. Ond tybed a lwyddodd yr athro mewn difri i
newid agwedd y Bwrdd oblegid gellir synhwyro mai
oherwydd y galw yn adroddiad yr Arolygwr Ysgolion am y
flwyddyn 1894 am athro arall i'r ysgol i'w gynorthwyo y
caniatawyd y newid fel ffordd o arbed arian!

Rhan o'r maes llafur oedd dysgu caneuon ac arferai'r athro
nodi eu henwau, pump ohonynt i ddechrau, bob blwyddyn
yn y llyfr log. 'Roedd 'God save the Queen' a 'Rule Britannia'
ymhlith casgliad y ddegawd gyntaf. Eithr ar ôl gweld
ymateb y plant i'r ffordd newydd o gyflwyno'r addysg trwy
ddefnyddio'r Gymraeg yn 1895 fe roddwyd cynnig ar
gynnwys pedair o ganeuon Cymraeg a Chymreig allan o
Cerddi Cymru sef, 'Cwymp Llywelyn', 'Cwynfan Prydain',
'Captain Morgan's March' a 'New Year's Eve'. I ddangos pa
mor ofalus yr oedd Michael Edwards yn gorfod bod rhag
sathru gormod o gyrn mewn oes cyn i'r haul ddechrau
machlud ar yr Ymerodraeth Brydeinig, 'roedd pedair cân
Seisnig, yn cynnwys 'Hurrah for England's Queen', yn y
maes llafur hefyd.

Gorfodwyd Edwards i lafurio ar ei ben ei hun tan 1899,
pan benodwyd athrawes, Jane Davies, i'w gynorthwyo; ac
yn 1912 fe ganiatawyd defnydd helaeth o'r Gymraeg fel
cyfrwng i ddysgu'r plant. Cafodd y prifathro wyth mlynedd
o ddysgu yn ôl y dull newydd y bu ef ei hun yn ymladd
drosto ugain mlynedd yn gynharach, cyn ymddeol yn 1920.

Peth da i ddyfodol New Inn oedd codi'r ysgol oblegid fe
achubwyd y lle rhag suddo i ddinodedd llwyr ar ôl bod am
gyfnod hir yn lle canolog a phwysig iawn. Ond, fel y

gwelwyd, unig gyfrwng yr addysg yno i ddechrau oedd Saesneg a gellir, ar un olwg, fcsur cffcithiolrwydd y polisi hwnnw trwy ystyried yr atebion ar gyfer Cyfrifiad y Boblogaeth, 1891, sef y tro cyntaf y ceisiwyd sefydlu pa ganran o'r boblogaeth a oedd yn siarad Cymraeg.

Preswyliai 89 o bobl yn New Inn yn y flwyddyn honno ond dim ond dau ohonynt a ddywedodd eu bod yn ddwyieithog: dau, hefyd, a oedd yn ddwyieithog allan o 54 yn Gwyddgrug. Nid oedd un plentyn nac arddegyn ymhlith y rhai dwyieithog, ond ni ddylid o angenrheidrwydd dderbyn hynny fel barn ar safon eu haddysg yn ysgol y pentref oblegid ymhlith y canran uchel iawn o drigolion uniaith Gymraeg yr oedd Michael Edwards, eu hathro, a oedd wedi rhoi digon o brawf o'i ddwyieithrwydd yn llyfr log yr ysgol, a sawl un arall a allasai fod yn ddwyieithog.

Y cwestiwn y disgwylid ateb iddo oedd—'Language spoken?' ond gan mai dim ond pedwar ymhlith 143 a atebodd 'Both' y mae'n ymddangos fod canran o rai dwyieithog wedi cymryd arnynt mai'r amcan oedd cael gwybod pa iaith a siaredid fel arfer, a Chymraeg oedd yr ateb i'r cwestiwn hwnnw, wrth gwrs. Tybed a oedd ymdrech fwriadol i'w gwyrdroi ynghudd yn yr ystadegau? Gellir olrhain tueddiadau cyffelyb mewn rhannau eraill o'r plwyf ac y mae'n ymddangos yn glir nad oedd y canran o siaradwyr uniaith Gymraeg mor luosog â'r canlyniadau a gyhoeddwyd.

Petai holl diroedd y pentref wedi bod ym meddiant un teulu pwy a ŵyr na fyddid, o safbwynt cynllunio datblygiad y lle, wedi elwa ar weledigaeth rhyw unben mwy goleuedig na'i gilydd, fel a ddigwyddodd mewn rhai mannau? Ond tynged New Inn oedd bod yn rhanedig rhwng tair o ystadau a dim ond un ohonynt, Maesycrugiau, a wnaeth ymdrech i godi adeiladau o safon uwch na'r cyffredin.

Fel megis i gau y bennod a dod â'r hanes i'w derfyn, gwelodd diwedd y ganrif ddiwethaf a dechrau'r ganrif bresennol gau pen y mwdwl ar y cysylltiad rhwng pentref New Inn a'r teuluoedd a fu mor bwysig yn ei orffennol. Yn

1889 fe werthwyd y rhan helaethaf o diroedd Perth-y-berllan, ac yn 1891 bu farw Elizabeth Saunders, yr olaf o'r teulu i fyw yno. Yna, yn 1902, ar ôl tân mawr a ddinistriodd yr hen blas ym Maesycrugiau, symudodd Syr Courtney Mansel i'r Cottage (Gwastod Abbot), New Inn, i fyw tra buwyd wrthi'n ailadeiladu. Gwnaed ymgais aflwyddiannus i werthu'r ystad yn ystod yr un flwyddyn, ond fe roddwyd cynnig arall arni yn 1906 ac wrth lwyddo fe dorrwyd cysylltiad y teulu â'r ardal a oedd wedi parhau am ganrifoedd.

Dim ond epil teulu Rees, a fu'n berchenogion ar dir y pentref o ddechrau'r ganrif ddiwethaf ymlaen, a oedd yn dal eu gafael ar eu heiddo. Ond yn raddol, gwerthu a wnaeth y rheiny hefyd, ac wrth i hynny ddigwydd diflannodd yr olaf o'r hen gysylltiadau teuluol.

Fel ym mhob man erbyn hyn, bugeiliaid newydd sydd, bellach, ar y mynyddoedd hyn.

Llun 15. Bws cynharaf yr ardal. BX 253. Straker Squire 18 H.P.Waggonette Cofrestrwyd 18 Ionawr 1913. Eiddo James Thomas, Melin Gwyddgrug.

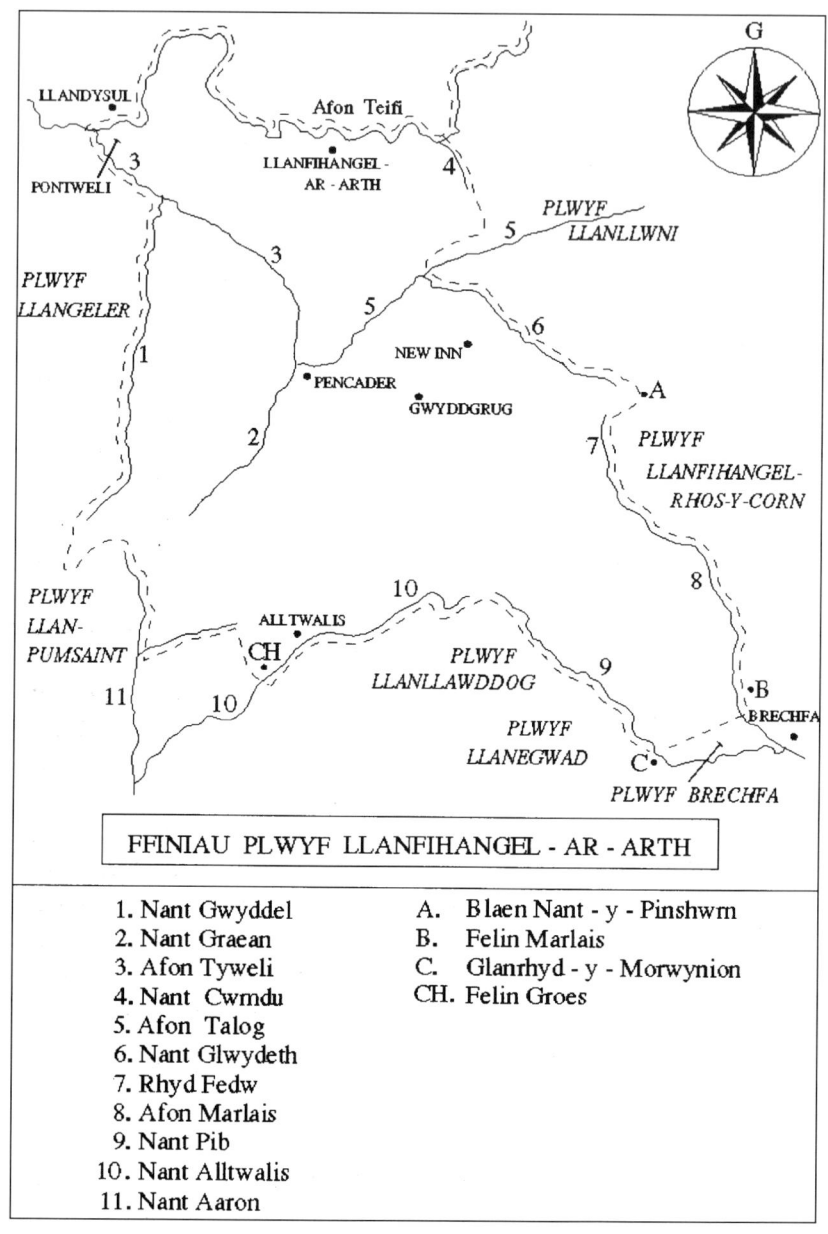

LLANDYSUL

Afon Teifi

G

LLANFIHANGEL -
AR - ARTH

4

PONTWELI

3

PLWYF
LLANLLWNI

5

PLWYF
LLANGELER

3

5

1

6

NEW INN

PENCADER

GWYDDGRUG

A

2

7

PLWYF
LLANFIHANGEL -
RHOS-Y-CORN

8

PLWYF
LLAN-
PUMSAINT

10

ALLTWALIS

CH

PLWYF
LLANLLAWDDOG

9

11

10

B

BRECHFA

PLWYF
LLANEGWAD

C

PLWYF BRECHFA

FFINIAU PLWYF LLANFIHANGEL - AR - ARTH

1. Nant Gwyddel
2. Nant Graean
3. Afon Tyweli
4. Nant Cwmdu
5. Afon Talog
6. Nant Glwydeth
7. Rhyd Fedw
8. Afon Marlais
9. Nant Pib
10. Nant Alltwalis
11. Nant Aaron

A.   B laen Nant - y - Pinshwrn
B.   Felin Marlais
C.   Glanrhyd - y - Morwynion
CH. Felin Groes

Map 5.

PENNOD 4

Tiroedd Abaty Talyllychau

Mae plwyf Talyllychau yn cynnwys adfeilion hen abaty ac fe gyfeiriwyd ym Mhennod 1 at diroedd a roddwyd iddo tua'r ddeuddegfed ganrif, yn cynnwys tros bedair mil pum cant o erwau yn y rhan o blwyf Llanfihangel-ar-Arth sy'n cynnwys Gwyddgrug a New Inn.

Yn y flwyddyn 1324 gofynnwyd i'r brenin, Edward II, gadarnhau hawl yr abaty i'r tiroedd hynny trwy osod rhestr hir ohonynt o'i flaen. Yn y rhestr honno ceir enwau'r rhoddwyr yn cynnwys, o safbwynt plwyf Llanfihangel-ar-Arth yn neilltuol, yr Arglwydd Rhys, meibion a wyrion Moreiddig, a Gwion, Maredudd a Llywelyn ap Heilin, ynghyd â disgrifiad byr o'u rhoddion.

Yn y flwyddyn 1537, meddiannwyd tiroedd yr abaty gan y brenin, Henry VIII, pan ddymchwelwyd y mynachlogydd ac fe ddaethant, felly, yn eiddo i'r goron. Rhoddwyd rhannau ohonynt, yn cynnwys safle'r abaty, ar brydles am 21 o flynyddoedd i Richard Dauncey, un o weision y brenin; ac yn 1563 gwerthwyd y rhan fwyaf o'r un tiroedd i ŵr o'r enw Richard Revet. Hynny a ddigwyddai fel arfer gyda'r rhan fwyaf o hen diroedd y mynachlogydd, ond mewn rhai ardaloedd fe ddaliodd y goron ei gafael arnynt a dyna hanes y gweddill o eiddo abaty Talyllychau. 'Roedd y gweddill hwnnw wedi'i wasgaru ar draws pump o wahanol blwyfi, sef Talyllychau, Cynwyl Gaeo, Llanycrwys, Llanfihangel-ar-Arth a Brechfa.

Wrth gadw rhai o'r tiroedd 'roedd angen cael ffordd i'w gweinyddu, a'r hyn a wnaeth y brenin oedd sefydlu maenor, neu arglwyddiaeth, i'w huno. Felly y daeth y 'Lordship of Talley' i fodolaeth gyda'r brenin yn arglwydd y faenor. Er tegwch i'r defnydd a wnaeth y brenin o'r enw 'Talley' fe fathwyd y llygriad erchyll hwnnw o'r hen enw hyfryd, Talyllychau, dros ddwy ganrif yn gynharach gan ysgrifenyddion llywodraethol y canol oesoedd, dynion heb fymryn o ddiddordeb mewn cofnodi enwau a oedd yn ddieithr iddynt hwy mewn Cymraeg graenus.

Yn hytrach na phenodi ei swyddogion ei hun i reoli'r arglwyddiaeth arferai'r brenin ddirprwyo'r cyfrifoldeb i ryw benteulu o dras bonheddig yn Lloegr, fel y gwnaeth yng nghwrs amser i'r Iarll Essex yn yr unfed a'r ail ganrif ar bymtheg. Yn y ddeunawfed ganrif bu'r Iarll Carbery a Duc Bolton ymhlith y dethol rai.

Fe enwid y penteulu hwnnw yn Stiward yr Arglwyddiaeth ond ni ddisgwylid iddo wneud y gwaith gweinyddol ei hun. Yn hytrach, fe benodai aelod o deulu bonheddig lleol yn Ddirprwy Stiward i drefnu'r cyfan yn ei le. Dros gyfnod o dair canrif bu aelodau o deuluoedd Edwinsford, Taliaris a Dolaucothi, er enghraifft, yn gwneud y gwaith hwnnw.

Ymarferai'r Dirprwy Stiward ei awdurdod trwy lywyddu llys (Court Leet) o dri-ar-ddeg o wŷr yn gweithredu fel rheithgor. Fe gadwai'r cofiadur, neu glerc y llys, y cofnodion ac i gadw trefn byddai'r heddwas (y 'Beadle'), yn dal ffon wen, yn bresennol. Byddai Criwr yno hefyd i gyhoeddi enwau'r sawl a oedd yn dymuno ymddangos o flaen y llys.

Prif swyddogaeth y llys oedd gofalu fod pob newid ym mherchenogaeth tiroedd yr arglwyddiaeth yn digwydd yn ôl rheolau arbennig, oblegid 'roedd trefn gyfreithiol tra unigryw yn bodoli, fel yr esbonnir yn nes ymlaen. Disgwylid i'r stiward alw am daliadau arbennig am wasanaeth y llys, a sicrhau bod rhenti blynyddol, yn werth ychydig o dan ugain punt, a oedd yn ddyledus i'r brenin yn cael eu casglu. Telid rhent blynyddol o 16s 10d gan ddeiliad Melin Gwyddgrug; trethi blynyddol, a elwid yn 'dafad dafita' (ar famogiaid blwydd oed ac ŵyn) ac 'ŷd carr' (ar geirch); a rhent arbennig o £6-10-0 bob tair blynedd a elwid yn 'cymortha'; yn uniongyrchol i dderbynnydd y brenin yng Nghaerfyrddin.

Y symiau'n daladwy yn ystod yr ail ganrif ar bymtheg oedd y rhai hynny, a rhai bychain iawn o safbwynt gwerth presennol y bunt. Ond rhaid eu hystyried yng nghyd-destun gwerthoedd yr hen oes ac y mae'n werth nodi, yn y cyswllt hwn, fel y bu llawer o wŷr yn yr un cyfnod yn meddwl bod cyfraniad o chwe cheiniog tuag at gynnal eglwys gadeiriol yn un digon hael ac yn falm i'r enaid i'w gofnodi mewn ewyllys.

Fe drefnwyd tiroedd yr arglwyddiaeth yn saith o is-faenorau (neu 'granges', fel y'u gelwid). Eu henwau oedd Gwastod, Cefnblaidd a Traeth Nelgan ym mhlwyf Talyllych-au; Cilmaren yn Cynwyl Gaeo; Llanycrwys yn y plwyf o'r un enw; Brechfa Gothi ym mhlwyf Brechfa; a Gwyddgrug ym mhlwyf Llanihangel-ar-Arth.*

(* Ym marn y diweddar Athro Melville Richards ffurfiau gwreiddiol y tri enw ym mhlwyf Talyllychau oedd— Gwastadau, Cefn-blaidd a Trallwng Elgan).

Yn ddelfrydol byddai'r rhestr o diroedd a roddwyd i'r abaty wedi cynnwys mapiau o'r gwahanol ardaloedd ond, yn anffodus, 'roedd y Canol Oesoedd ymhell cyn i neb yn y pen yma o'r byd ddechrau meddwl am wneud peth mor ymarferol. Oherwydd hynny, gan fod llawer o'r hen enwau lleol ynddynt erbyn hyn yn rhai tra dieithr, rhaid chwilio am ffordd arall o ddehongli'r hen ddogfennau.

Mae'r disgrifiadau gwreiddiol yn aneglur gan nad ydynt yn esbonio ffiniau'r tiroedd a roddwyd. Yn ffodus, fe wnaed arolwg yn y flwyddyn 1628 sy'n gymorth mawr, oblegid o safbwynt tiroedd is-faenor Gwyddgrug gellir dilyn y disgrifiad o tuag 80% o'r ffin a amlinellir ganddo. Un broblem i'w gorchfygu yw dod i ddeall at ba afonydd y cyfeirir.

Y Wenffrwd, er enghraifft, yw enw Afon Talog yn yr arolwg. Ni wyddys pam na pha bryd y newidiwyd yr enw ond enw cyfoes un o ragnentydd Afon Talog yw Nant Gwenffrwd, ac y mae honno'n tarddu gerllaw Mountain Gate, ar y ffordd sy'n rhedeg rhwng Llanllwni a Rhydcymerau. Mae'r newid mewn enw afon sy'n digwydd o dro i dro yn medru cymhlethu ymchwil. Tyfodd yn arferiad yn ddiweddar, er enghraifft, i alw'r nant sy'n llifo trwy bentref New Inn yn Nant Gwyn, ond y mae'n glir o fapiau'r ganrif ddiwethaf mai Nant-y- blodau yw'r enw cywir. Yn arolwg 1628 yr enw oedd Afon Blodeuen, yn cadarnhau'r un enw a oedd yn nogfen 1324. Mae Nant-y-blodau yn tarddu ar y bryn sydd i'r dwyrain o ffermdy Blodeuen. Nid nepell oddi yno mae ffermdy Blaen-Nant-Gwyn a gerllaw y fan honno mae nant arall yn tarddu ac yn llifo trwy Allt Nant Gwyn. Honno yw Nant Gwyn ac o'i haber hi â Nant-y-Pinshwrn y mae Nant Glwydeth yn cychwyn.

Enw'r afon sy'n uno â'r Talog ger fferm Abernawmor yn 1628 oedd Afon Nawmor, nid yr enw cyfoes, Nant Gwydd-grug. Mae enw'r fferm cystal a chadarnhau hynny, wrth gwrs, a'r tebygolrwydd yw mai'r rhan o'r afon rhwng aber Nant Gwyddgrug a Nant Gorwydd ac Afon Talog a elwid yn Afon Nawmor. Yr enw yn y ddogfen o'r flwyddyn 1324 y cyfeiriwyd ati'n gynharach, serch hynny, yw Nantmawr ac y mae felly'n ymddangos yn debygol mai llygriad o'r enw hwnnw yw Nawmor. Esboniad arall fyddai credu mai Nantmawr oedd hen enw Nant Gorwydd.

Ymhellach ymlaen yn y bennod hon fe geir sylw at afon arall, Nant Gwen,—ond nid yw adnabod yr afonydd yn ddigon bob tro; mae angen rhagor o wybodaeth, gan gynnwys beth sydd i'w gael mewn arolwg arall a wnaed yn 1668.

O feddwl bod cymaint o wybodaeth am ffiniau tiroedd yr arglwyddiaeth yn 1628 y mae'n syndod, mewn ffordd, nad oedd swyddogion y llys yn ddigon cyfarwydd ag ef ddeugain mlynedd yn ddiweddarach. Wedi dienyddiad y brenin Charles I fe werthwyd yr arglwyddiaeth gan lywodraeth Oliver Cromwell yn 1650 a bu mewn dwylo preifat am tua deng mlynedd hyd nes yr adfeddiannwyd y tiroedd (ac ailsefydlu'r arglwyddiaeth) pan adferwyd y frenhiniaeth yn 1660. Y mae'n bosib bod y newid ym mherchenogaeth yr arglwyddiaeth wedi arwain at rywfaint o annhrefn, mai oherwydd hynny y cynhaliodd y dirprwy stiward ar y pryd, Rowland Gwynne o Daliaris, arolwg 1668 i sefydlu ymha le yr oedd terfynnau'r awdurdod. Nid yw'n amhosib, ar y llaw arall, y lluniwyd adroddiad yr arolwg mewn ffordd arbennig i gymryd mantais o'r annhrefn hwnnw.

Mae dau wahaniaeth sylfaenol rhwng canlyniadau'r ddau arolwg. Yn y lle cyntaf, yn wahanol iawn i arolwg 1668, y mae arolwg 1628 yn disgrifio tiroedd comin yr arglwyddiaeth. Yn yr ail le fe welir o arolwg 1668 mai rhan o is-faenor Brechfa Gothi oedd y rhan ddwyreiniol o blwyf Llanfihangel-ar-Arth, sy'n gorwedd rhwng Afon Marlais a Nant Pib, yn hytrach nag is-faenor Gwyddgrug. Yn arolwg 1628 yr oedd y rhan hwnnw'n dir comin ac y mae angen ystyried arwyddocâd y newid hwnnw.

Fe daflwyd, goleuni newydd ar y sefyllfa yn ystod y blynyddoedd diwethaf pan sicrhaodd y Llyfrgell Genedlaethol bedair cyfrol o gofrestrau Llys Arglwyddiaeth Talyllychau a fuont am gyfnod mewn perygl o gael eu dinistrio. Bydd pawb sy'n ymddiddori yn hanes yr abaty a'r arglwyddiaeth yn ddwfn yn nyled y sawl a'u hachubodd.

Mae'r cofrestrau'n cynnwys cofnodion am benderfyniadau llys yr arglwyddiaeth o ddechrau'r ddeunawfed ganrif hyd at ddechrau'r ganrif bresennol, er bod y safon i ddechrau braidd yn siomedig. Un pwynt trawiadol yw'r ffaith na cheir cyfeiriad yn un o'r cyfrolau at diroedd yn mesur ychydig dros 1700 o erwau a oedd yn rhan o eiddo ystad fawr Taliaris, ac wedi hynny Tregib.

Nid yw hynny, yn ffodus, yn achosi cymaint a hynny o anawsterau. Gellir archwilio'r cofrestrau a thrwy hynny sefydlu pa ffermydd oedd yn yr arglwyddiaeth ar wahân, wrth gwrs, i'r rhai rhwng Afon Marlais a Nant Pib, a defnyddio'r wybodaeth yn Map y Degwm plwyf LLanfihangel-ar-Arth, 1844, i weld pa rai yn yr un ardal a oedd yn eiddo i Gwynne Hughes (ystad Tregib). Fe welir bod eiddo Tregib yn gorwedd rhwng y ddwy afon, sef y rhan o diroedd yr arglwydiaeth a oedd yn dir comin yn ôl arolwg 1628. Rhywdro yn ystod ail hanner yr ail ganrif ar bymtheg, felly, fe syrthiodd 1700 erw a rhagor o dir comin yr arglwyddiaeth i ddwylo ystad Taliaris, rhagflaenwyr Tregib.

Os na ddaw gwybodaeth newydd i'r golwg y mae'n amhosib bod yn sicr sut ddigwyddodd hynny ond, fel y gwyddys eisoes, un o deulu Taliaris oedd dirprwy stiward Arglwyddiaeth Talyllychau pan gynhaliwyd arolwg 1668 ac y mae'n anodd peidio meddwl, oherwydd hynny, bod a wnelo hynny rywbeth â'r newid ym mherchenogaeth y tir. Manteisiol iawn i'r ystad oedd y geiriau canlynol yn yr arolwg—

'Likewise they say and present that the rent roll of the said Lordshipp is very darke, and ought to be made anew ...'

Ynddynt fe geir awgrym clir na wyddai neb yn iawn beth oedd y wir sefyllfa ac yr oedd yn hawdd cymryd mantais o'r fath annhrefn. O hynny ymlaen, yn sicr, am nad oes sôn am y tir o dan ystyriaeth yn y cofrestrau, y mae'n ymddangos bod yr ystad wedi cael llonydd i drefnu'r olyniaeth, er enghraifft pan ddigwyddai marwolaeth y penteulu, heb fod o dan unrhyw bwysau i gydymffurfio â threfn yr arglwyddiaeth. Gallent felly osgoi talu'r dirwyon arferol a fyddai'n ddyledus i'r arglwyddiaeth wrth i dir newid dwylo ar farwolaeth y perchennog!

O safbwynt sefydlu ymha le yr oedd ffiniau'r arglwydd-iaeth yn y plwyf y mae arolwg 1628 yn llawer mwy gwerthfawr nag un 1668, ond ni lwyddodd y naill na'r llall i esbonio'r ffin ar yr ochr dde-orllewinol, rhwng Abernawmor a Blaen Gwen, yn glir heb orfodi rhywun i droi at y cofrestrau am gymorth. Nid yw hyd yn oed y cofrestrau o help yn y byd i ddehongli'r ffin rhwng Blaen Gwen a'r fan lle mae Nant Pib yn tarddu ym Mlaen Pib wrth i dri o hen enwau, Pant-y-Sais, Nant Croes Fechan a Nant Croes Fawr, fynd yn anarferedig, ond gan mai ar draws rhan o dir comin y plwyf yr oedd y ffin yn rhedeg yn y fan honno y mae modd ei dilyn o'r mapiau a baratowyd ar gyfer amgau'r comin.

Ar ôl dweud hynny gellir yn awr esbonio ffiniau tiroedd yr arglwyddiaeth ym mhlwyf Llanfihangel-ar-Arth yn fanylach.

Gan mai afonydd sy'n llifo ar hyd y rhannau helaethaf

ohonynt mae'r ffiniau yn y mannau hynny yn hawdd i'w dilyn. Mae ffiniau'r plwyf, y gellir eu dilyn yn rhwydd ar fapiau da, hefyd yn gymorth mawr. Esboniwyd eisoes lle mae'r anawsterau'n codi.

Y ffordd orau i geisio esbonio ffin yr arglwyddiaeth yw trwy ddechrau lle mae Nant Gwyddgrug yn uno ag Afon Talog, gerllaw fferm Abernawmor, a gweithio'n ôl i fyny Afon Talog at yr aber nesaf, lle mae Nant Glwydeth yn uno â hi; dilyn Nant Glwydeth o'r fan honno at y fan lle unir Nant-y-blodau â hi; a dilyn Nant-y- blodau i fyny at ei tharddiad ar y bryn sydd uwchlaw fferm Blodeuen, nid nepell o Blaen-nant-gwyn, milltir go dda o New Inn. Enwau rhai o'r ffermydd y tu fewn i ffin tiroedd yr abaty yw Abernawmor, Clawddgwyn, Dolwen Fach, Blaenblodau a Blodeuen ac y mae'n dilyn fod Dolwen Fawr, Llethr Neuadd, Frongelli, Aberglwydeth a Phant Mawr y tu hwnt iddi. O'r fan lle mae Nant-y-blodau yn tarddu mae llinell y ffin yn rhedeg yn syth heibio Blaen-nant-gwyn at Rhyd-Fedw, mangre ar y ffordd rhwng New Inn a Brechfa lle gwelir grid gwartheg cyfoes.

Oddi yno mae ffin tiroedd yr arglwyddiaeth yn dilyn ffin y plwyf am gryn bellter, wrth fynd i lawr Nant-y-fedw at ei haber gydag Afon Marlais; yna dilyn Afon Marlais at Felin Marlais, a chroesi'r tir oddi yno (gan ddal i ddilyn ffin y plwyf) at Glanrhyd-y-morwynion (nid nepell o'r Glanrhyd presennol), lle mae aber Nant Cwm-marydd a Nant Pib; dilyn Nant Pib at ei tharddiad ym Mlaen Pib a chroesi oddi yno (gan adael ffin y plwyf) at Flaen Gwen, lle mae Nant Gwen yn tarddu, ac oddiyno at Abernawmor. Y rhan o'r ffin honno, rhwng Blaen Pib ac Abernawmor, s'yn galw am sylw arbennig.

Yn ôl y disgrifiad yn arolwg 1628 yr oedd y ffin yn rhedeg o Flaen Pib i le a elwid Pant-y-Sais, ac yna ar hyd Nant Croes Fechan at ei haber gyda Nant Croes Fawr, ac oddi yno i Flaen Gwen. Esboniwyd eisoes mai rhan o dir comin y plwyf oedd y rhan o Flaen Pib at Blaen Gwen ond y mae'n glir fod enwau'r pant a'r nentydd wedi cael eu anghofio erbyn

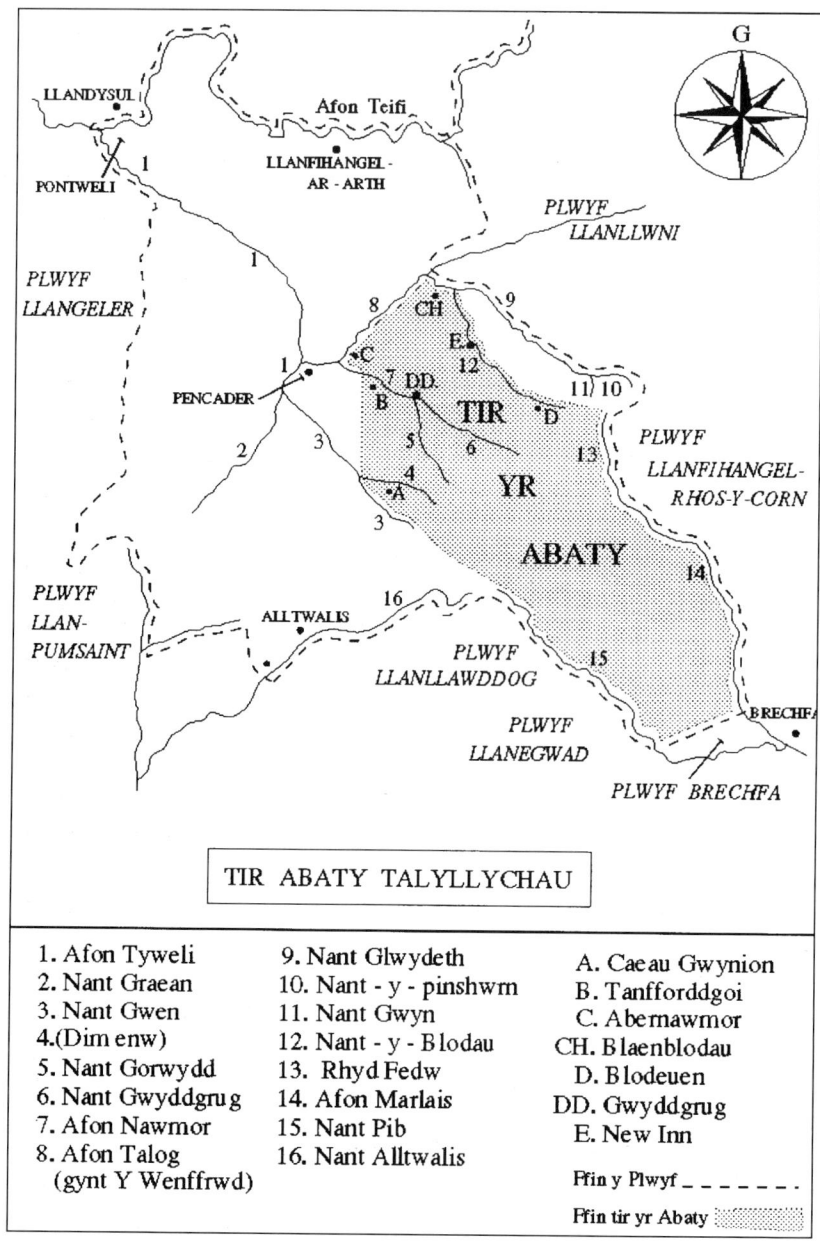

G

LLANDYSUL

Afon Teifi

LLANFIHANGEL - AR - ARTH

PONTWELI

1

PLWYF LLANLLWNI

PLWYF LLANGELER

1

8 CH 9

PLWYF LLANFIHANGEL- RHOS-Y-CORN

C

E

12

7 DD

11 10

1

PENCADER

B

TIR

D

2

3

5

6

13

4

A

3

YR

ABATY

14

PLWYF LLAN- PUMSAINT

ALLTWALIS

16

PLWYF LLANLLAWDDOG

15

BRECHFA

PLWYF LLANEGWAD

PLWYF BRECHFA

TIR ABATY TALYLLYCHAU

1. Afon Tyweli
2. Nant Graean
3. Nant Gwen
4. (Dim enw)
5. Nant Gorwydd
6. Nant Gwyddgrug
7. Afon Nawmor
8. Afon Talog
   (gynt Y Wenffrwd)

9. Nant Glwydeth
10. Nant - y - pinshwrn
11. Nant Gwyn
12. Nant - y - Blodau
13. Rhyd Fedw
14. Afon Marlais
15. Nant Pib
16. Nant Alltwalis

A. Caeau Gwynion
B. Tanfforddgoi
C. Abernawmor
CH. Blaenblodau
D. Blodeuen
DD. Gwyddgrug
E. New Inn

Ffin y Plwyf _ _ _ _ _ _ .

Ffin tir yr Abaty

Map 6.

diwedd y ganrif ddiwethaf, pan luniwyd y map ordnans 25 modfedd cyntaf.

Gellir troi at gofrestrau'r arglwyddiaeth i brofi'r ffin rhwng Blaen Gwen ac Abernawmor, oblegid gan eu bod yn cofnodi eu henwau o dro i dro maent yn profi bod ffermydd Caeau Gwynion, Rhyd-wen, Llain-ddu, Veindre, White Hart, Drefnewydd, Tanfforddgoi a Lan ymhlith tiroedd yr arglwyddiaeth, ac y mae'n ddiddorol mai rhannau o hen fferm fawr Pen-y-lan oedd pob un ohonynt, ar wahân i'r ddwy gyntaf. Ni synnid, mewn gwirionedd, petai Rhyd-wen hefyd ar un adeg yn rhan o Ben-y-lan. Wrth brofi hynny fe ddengys y cofrestrau mai ar hyd terfynnau de-orllewinol ffermydd Tanfforddgoi, Veindre, White Hart, Llain-ddu a Chaeau Gwynion y rhedai ffin tiroedd yr hen abaty, ac y mae hynny'n codi pwynt diddorol ynglŷn â safle Nant Gwen.

Mae dwy afon yn tarddu ger Blaen Gwen, a'r ddwy yn llifo o dan y briffordd i gyfeiriad Caeau Gwynion, y naill ger Creigiau Bach a'r llall gerllaw'r fan lle y safai bwthyn Spring Garden, cyn uno'n un afon ar ôl amgylchynu fferm Caeau Gwynion. Yn ôl brodorion ni wyddys erbyn hyn beth yw enw'r gyntaf o'r ddwy ond adwaenir yr ail fel Nant Gwen. Fel arall ddylasai fod, mewn gwirionedd.

Yn y cyswllt hwn, rhan allweddol o'r disgrifiad yn nogfen 1324 o'r tiroedd a roddwyd i'r abaty gan feibion a wyrion Moreiddig yw'r geiriau canlynol—

'Yr holl diroedd y tu fewn i linell a dynnir o'r carn a oedd yn dangos y terfyn rhwng eu tiroedd a thiroedd meibion Heilin ger Afon Nawmor at droed Moelfre; yna at Rhyd Garegog yn Afon Gwen, ac ar hyd y Gwen at ei tharddiad. '

Gan y rhedai'r ffin ar hyd Afon Gwen at ei tharddiad y mae'n dilyn, oherwydd bod fferm Caeau Gwynion yn gynwysiedig yn nhiroedd yr abaty, mai'r afon sy'n amgylchynu'r fferm ar ei hochr ddeheuol, yr un sy'n mynd o dan y briffordd ger Creigiau Bach, yw'r afon honno. Yr afon na wyddys ei henw, felly, yw'r un a adwaenir yn gyfoes fel Nant Gwen. Y posibilrwydd, wrth gwrs, yw mai rhywbeth tebyg i Nant Gwen Uchaf oedd enw'r naill a Nant Gwen Isaf oedd y llall! Erbyn hyn rhaid ceisio dyfalu ymha le yr oedd Rhyd Garegog. Tybir mai'r rhyd lle mae ffordd wledig—un garegog iawn—rhwng Caeau Gwynion a Llain Ddu yn croesi afon oedd y lle hwnnw.

Nant Gwyddgrug (Afon Nawmor) yw ffin ogleddol fferm Tanfforddgoi, a'r afon honno oedd y llinell derfyn rhwng tiroedd meibion a wyrion Moreiddig a meibion Heilin yn nogfen 1324. Rhywle gerllaw'r afon honno oedd y carn a oedd yn dangos y terfyn hwnnw. Enw'r bryn 700 troedfedd o uchder rhwng Tanfforddgoi a Nant Gwen oedd Moelfre.

Mae'r holl ddogfennau yn dangos bod gan yr abaty ychydig dros 4675 o erwau yn y plwyf, bron y drydedd ran o'r holl arwynebedd.

Dywedwyd yn gynharach yn y bennod hon bod y brenin wedi dal ei afael ar diroedd yr arglwyddiaeth yn hytrach na'u gwerthu yn yr un modd a'r gweddill yn 1563. Mae'r cofrestrau'n dangos yn glir bod ystadau ar wahân i Tregib, megis Maesycrugiau yn arbennig, wedi meddiannu cyfrannau helaeth o'r eiddo rhyw ffordd neu'i gilydd ymhell cyn dechrau'r ddeunawfed ganrif. Nid yw'n hysbys pa bryd ddigwyddodd hynny, ond fe geir hanes achos llys ynglŷn ag ardal Brechfa, yn dyddio o'r flwyddyn 1618, s'yn profi bod rhannau eisoes wedi cael eu gwerthu yno cyn hynny. Rhydd hynny, wrth gwrs, arweiniad i dynged y gweddill ac y mae'n ymddangos yn debygol bod y cwbl, ar wahân i'r tiroedd comin, mewn dwylo preifat erbyn diwedd yr unfed ganrif ar bymtheg.

Serch hynny, ni ddiddymwyd llys yr arglwyddiaeth oblegid yr oedd ei angen i drefnu trosglwyddiadau, trwy etifeddiaeth neu trwy werthiant, ac i gasglu rhenti'r brenin. Rhan arall o'i ddyletswyddau oedd cadw trefn ar dros fil o erwau o dir comin a oedd yn ymestyn o Flaen Gwen at Rhyd-Fedw. Yn y bennod nesaf fe roddir sylw i werthiant y tir hwnnw a rhannau eraill o diroedd comin y plwyf.

Wrth oruchwylio'r trosglwyddiadau tirol yr oedd gan lys yr arglwyddiaeth drefn gyfreithiol arbennig, un a elwid yn

'Borough English', oherwydd mai'r brenin, y mae'n debyg, oedd yr arglwydd.

Y dull arferol o berchnogi tir yw'r un rhydd-ddeiliadol sydd, fel y gwyddys, yn golygu dal gweithred sy'n cofnodi'r hawl, a phan werthir y tir hwnnw fe baratoir dau gopi o weithred newydd, y naill ar gyfer y prynwr a'r llall ar gyfer y gwerthwr. Trefnir y cyfan fel arfer gan gyfreithwyr ac nid oes angen sicrhau bendith llys. Ar y llaw arall, ynglŷn â thiroedd a fu yn eiddo i'r Goron, fel rhai Talyllychau, 'roedd angen caniatâd llys yr arglwyddiaeth cyn y gellid trosglwyddo dim, er mai tir rhydd-ddeiliadol a oedd mewn gwirionedd o dan sylw. Y gwahaniaeth mawr oedd y ffaith bod gan y brenin ryw fath o hawl arno o hyd, bod y perchennog yn parhau yn ddeiliad o ryw fath i'r brenin ac yn talu rhent blynyddol bychan i gydnabod hynny.

Dyma enghraifft o'r drefn a ddilynid yn llys yr arglwyddiaeth, dyweder ar farwolaeth un o berchnogion y tir. Disgwylid i'r etifedd fynd i'r llys i hysbysu'r farwolaeth, ac wedi'i enw gael ei gyhoeddi gan y Criwr fe gymerai'r Stiward y ffon wen o ddwylo'r heddwas ac estyn un pen ohoni i'r etifedd, gan lefaru, yn Saesneg,

'I do give and deliver unto thee by this rod such inheritance as thou claimest from thine ancestor (name) . To have and to hold the same unto thee and to thine Heirs and Assigns for ever after the custom of this Manor and Lordship, the Rents Customs and Sources upon the same due and accustomed'

ac ar derfyn hynny fe ryddheid y ffon wen yn gyfangwbl i ddwylo'r etifedd i gydnabod yn ffurfiol drosglwyddiad yr etifeddiaeth. Disgwylid iddynt wedyn, fel deiliaid i'r brenin, gymryd llw o wrogaeth iddo a chydnabod eu teyrngarwch i reolau'r arglwyddiaeth. Arferid yr un drefn wrth i dir gael ei werthu.

Oherwydd na byddai canran uchel o'r etifeddwyr yn debyg o ddeall Saesneg y ddefod o gwbl tybed a esbonnid arwyddocâd y geiriau a lefarid yn yr iaith frodorol? .

Cofnodid y weithred gan y cofiadur yng nghofrestr y llys

a rhoddid copi o'r cofnod i'r etifedd yn brawf o'i hawl i'r tir. Hwnnw oedd y copi-ddaliad (copyhold) a oedd yn cymryd lle gweithred rhydd-ddaliad.

Diwedd y gân yw'r geiniog, meddir, a disgwylid i'r etifedd fod yn barod i dalu—

1 geiniog i'r Criwr am gyhoeddi'i enw yn y llys;

1 geiniog i'r heddwas am ddal y ffon wen;

7 swllt i'r llys am bob fferm a ddigwyddai fod ym meddiant y trancedig;

4 ceiniog i'r cofiadur am ysgrifennu'r cofnod;

12 ceiniog i'r cofiadur am ysgrifennu copi o'r cofnod;

2 swllt i'r Dirprwy Stiward am arwyddo a stampio'r copi o'r cofnod

Yr oedd hynny, cofier, mewn oes pan yr oedd gwir werth mewn ceiniog, heb sôn am swllt, fel yr esboniwyd yn gynharach. Os yw hanesion o rannau eraill o'r wlad yn wir ni synnid petae rhywun arall wedi medru darganfod ffordd o ennill ceiniog, trwy godi, er enghraifft, am agor drws! Gwyddys am rai mewn rhan arall o Gymry yn cael chwe cheiniog am gyflawni'r gymwynas honno.

'Roedd rheol go unigryw yn bod ar farwolaeth perchennog a oedd yn dad i ragor nag un plentyn. Nid y mab hynaf ond yr ieuengaf, neu'r ferch ieuengaf mewn teulu heb feibion, a oedd â'r prif hawl i'r etifeddiaeth, ond fe ganiateid i weddw'r perchennog etifeddu am weddill ei dyddiau os mai dyna oedd ei dymuniad a chyn belled nad oedd yn ail-briodi. Mae'n debyg fod honno'n drefn haearnaidd i ddechrau ond yn raddol fe'i diwygiwyd i ganiatau olyniaeth trwy ddarpariaeth ewyllys y perchennog ar yr amod y sicrheid bendith y llys ymlaen llaw ar y bwriad i wneud hynny. Yn gynnar yn yr ugeinfed ganrif fe ddaeth y drefn arbennig hon, yn ogystal â llys yr arglwyddiaeth, i ben.

Enghraifft ymarferol tra nodedig o rym yr hen drefn oedd yr hyn a ddigwyddodd i fferm Blodeuen yn y ganrif ddiwethaf. Yn 1810 fe brynodd Thomas Rees, siop New Inn, y fferm oddi wrth Benjamin Saunders, un o deulu Perth-y-berllan. Bu farw Rees yn 1825 a derbyniwyd ei weddw,

Elizabeth Rees, yn etifedd gan y llys. Ar ei marwolaeth hi yn 1833 fe gadarnhawyd Josiah, mab ieuengaf Thomas ac Elizabeth Rees, yn berchennog. Bu farw yntau yn 1881, a'i wraig, Mary, yn 1888. Bu farw eu plant o flaen eu rhieni ac felly nid oedd un o blant Josiah Rees yn fyw ar ei farwolaeth ef i etifeddu'r eiddo.

Oherwydd hynny fe aed yn ôl at William Rees, y nesaf o ran oed at Josiah ymhlith y saith o blant Thomas ac Elizabeth Rees. 'Roedd William Rees eisoes wedi marw ond trwy ei briodas yn 1830 â Rachel Phillips o New Inn, cafwyd pedwar o blant, Richard, Rosanna, Rachel a Rebecca Rhosanna. Bu farw Richard yn ddibriod yn 1852 a Rebecca yn ei phlentyndod, gan adael Rosanna a Rachel. Rachel oedd yr ieuengaf o'r ddwy, a'r etifedd cywir yn ôl rheolau'r arglwyddiaeth petai wedi cael byw yn ddigon hir.

Yn 1864 fe briodwyd Rachel Rees a Thomas Jones o Bencader a bu ganddynt ddau o blant, Rachel a Thomas Rees Jones. Bu farw Rachel Jones y fam yn 1869 gan adael ei mab yn ei lle fel prif etifedd petae rhywbeth neilltuol yn digwydd. Ac fe ddigwyddodd y peth neilltuol hwnnw trwy farwolaeth Josiah Rees, eithr 'roedd gweddw hwnnw yn sefyll ar y ffordd hyd nes y bu hithau farw yn 1888, a dyna pa bryd y dechreuodd yr haul dywynnu ar hawliau Thomas Rees Jones. Mae'n edrych yn amheus a wyddai ef hynny am amser oblegid fe gymerodd bedair blynedd cyn sefydlu mai ef oedd y gwir etifedd a pherchennog newydd Blodeuen (yn cynnwys Cae Uchaf (High Park)). Y mae llawer o hen frodorion yr ardal yn dal i gofio ei fab, Balfour Rees Jones.

Bu gan Abaty Talyllychau eiddo yng Ngheredigion hefyd a phwy a ŵyr na bu ganddo ddiddordeb o ryw fath mewn rhannau eraill o dir plwyf Llanfihangel-ar-Arth. Y rheswm dros awgrymu'r posibilrwydd hwnnw yw'r enw ar gae mawr ar dir fferm Llethr-neuadd, sy'n gorwedd i'r gorllewin o Afon Talog. Enw'r cae hwnnw yw Cae Pysgodlyn ac mae traddodiad lleol yn dweud mai myneich Abaty Talyllychau oedd yn cael y pysgod oddi yno.

Erbyn hyn dim ond rhai sy'n ymddiddori mewn hanes

sy'n debyg o ddangos diddordeb yng ngorffennol yr abaty a'r arglwyddiaeth ond mae'n werth cofio fel y bu'r llys yn arbennig yn awdurdod pwysig ym mywyd yr ardal hyd ddechrau'r ganrif hon a phob un o berchnogion tiroedd yr arglwyddiaeth yn gorfod plygu glin iddo unwaith o leiaf yn ystod ei oes. Yr oedd gan yr arglwyddiaeth heddwas a dirprwyon i gadw trefn, ffald i gadw anifeiliaid a melin i wasanaethu'r ffermwyr. Diflannodd awdurdod yr arglwyddiaeth yn ddistaw bach, fesul tipyn, bron heb i neb sylwi.

Serch hynny y mae enw ar dŷ ym mhentref New Inn yn cadw'r hen gysylltiad yn fyw, a'r enw hwnnw yw Gwastod Abbot. Mae sôn o'r ddeunawfed ganrif yn y cofrestrau am 'Tyr (tir) Gwastod Abbot' ac y mae'n glir mai rhan o'r tir yn gorwedd rhwng y briffordd ac Afon Talog oedd hwnnw ac yn cynnwys, y mae'n debyg, rhan o fferm Blaenblodau os nad rhannau o ffermydd eraill hefyd. Mae'n ymddangos mai cyfran o'r tir a roddwyd gan Gwion, Maredudd a Llywelyn ap Heilin, fel a nodwyd yn nogfen 1324, oedd y tir hwnnw ac yr oedd felly ymhlith y cynharaf o'r rhoddion.

Enw Saesneg o ran ei ffurf, wrth gwrs, yw Gwastod Abbot. Mae'n bwysig i gofio mai plwyf a grewyd o rannau o blwyfi eraill yw plwyf Talyllychau, ac nid oedd yn bod yn ystod y ddeunawfed ganrif pan sefydlwyd yr abaty. Hen unedau tirol yn yr un ardal oedd Gwastade(au), Cefn-blaidd a Thrallwng Elgan ac er yr ymddengys o dystiolaeth cynnar mai yng Nghefn-blaidd yr oedd yr abaty yn sefyll nid â'r enw hwnnw y cysylltwyd yr abad gan y Cymry ond ag uned Gwastade(au) gerllaw. Mae'n anodd ystyried beth oedd y sefyllfa wyth can mlynedd yn ôl ond o dystiolaeth enw'r tŷ ym mhentref New Inn y mae'n ymddangos nad Abad Talyllychau oedd enw'r hen Gymry ar bennaeth yr abaty ond Abad Gwastade. Mae'n biti, mewn ffordd, na chadwyd at yr enw hwnnw; nid oedd modd llygru hwnnw i'r fath raddau ag a wnaed gyda Thalyllychau!

PENNOD 5

Cau'r Tir Comin

Yn y flwyddyn 1844 dangosodd arolwg tiroedd a luniwyd ar gyfer diwygio'r ffordd o dalu'r degwm mai tir comin oedd 1563 o erwau plwyf Llanfihangel-ar-Arth. Gorweddai hwnnw ar y mynydd-dir sydd i'r dwyrain o bentrefi New Inn a Gwyddgrug ac yr oedd y cyfan ychydig yn llai na'r ddegfed ran o holl arwynebedd y plwyf.

Yn y disgrifiad yn arolwg 1628, a soniwyd amdano yn y bennod flaenorol, o gymaint o'r tir comin hwnnw a oedd yn Arglwyddiaeth Talyllychau, fe welir cyfeiriad at Yr Hen Glawdd. Ymddengys mai ffos lydan oedd hwnnw,ac yr oedd yn amgylchynu rhannau o'r tir comin. Rhedai un darn o'r Hen Glawdd rhwng Felin Marlais a Glanrhyd-y-morwynion a digwyddai hwnnw fod yn unol â ffin y plwyf hefyd: a darn arall rhwng Blaen Gwen a'r fan lle y tarddai Nant- y-blodau. Mae'r enw Bwlch-y-clawdd, ar fferm sydd nid nepell o New Inn, ond ym mhlwyf Llanllwni, yn awgrym clir bod clawdd yn arfer amgau tir comin y plwyf hwnnw hefyd.

Enw sy'n medru bod yn gamarweiniol yw tir comin. Mae'n swnio fel petai gan bob copa walltog ryw fath o hawl arno, ond 'roedd y sefyllfa ymhell o fod mor syml a hynny. Yn ôl cyfraith Lloegr (a chyfraith Cymru, wrth gwrs, er yr unfed ganrif ar bymtheg) fe gyfyngid yr hawliau ar dir comin i dirfeddianwyr yr un plwyf, ac oherwydd hynny cymharol ychydig o'r boblogaeth a oedd yn medru elwa'n gyfreithiol oddi wrtho. I gymhlethu pethau nid y tirfeddianwyr oedd piau'r comin; yn eu perthynas ag ef hawliau tebyg i hawliau tenant oedd ganddynt hwy. Ni ddisgwylid iddynt dalu rhent ond yr oedd dyletswydd arnynt i ofalu, megis fel gwarcheidwaid, na fyddai neb yn ei gamddefnyddio na dwyn rhannau ohono.

Serch hynny, 'roedd hen arferion ynglŷn â thiroedd comin wedi gwreiddio'n ddwfn yn y gymdeithas ers canrifoedd. Oherwydd hynny manteisiai llawer o bobl, yn enwedig rhai a oedd yn digwydd byw ar gyrion y tiroedd comin, ar bob cyfle a gaent i droi ychydig o anifeiliaid arnynt i bori, ac fe lwyddai'r tlodion i grafu rhyw fath o fywoliaeth yno trwy loffa, gwlana, dal cwningod a physgota, ymhlith pethau eraill.

Arferai'r plwyfolion godi tywyrch o'r tir comin i losgi yn eu gratiau. Yn ôl pobl yr ardal ni cheid mawn ar dir comin plwyf Llanfihangel-ar-Arth; rhaid croesi'r ffin i blwyf Llanfihangel Rhos-y-corn i gael hwnnw ac y mae'n amheus a ellid gwneud hynny yn ddiwrthwynebiad. Oherwydd hynny, y tebygolrwydd yw y gorfodid y boblogaeth i ddibynnu'n drwm ar dywyrch i wresogi eu cartrefi. Wedi codi hwnnw byddai angen ei sychu cyn meddwl am ei ddefnyddio fel tanwydd, ac y mae'n ddiddorol mai hen enw ar Maes y felin, ym mhentref Gwyddgrug, oedd 'Tŷ Tywyrch', beth bynnag oedd y rheswm.

Erbyn diwedd y ddeunawfed ganrif 'roedd glo yn cyrraedd yr ardal. Dim ond y cyfoethogion oedd yn medru'i brynu, wrth gwrs, ond nid oedd arian ar ei ben ei hun bob tro yn ddigon i sicrhau cyflenwad ohono; rhaid cael rhywun a fyddai'n barod i wynebu'r daith hir i'w nol o'r glofeydd os na allent gael cyflenwad ym mhorthladd Caerfyrddin. Goresgynnwyd y broblem gan rai tirfeddianwyr trwy gynnwys cyflenwad o lo fel rhan o'r rhent wrth osod tir, fel y gwnaeth Herbert Evans, perchennog Highmead, Llanwenog, yn 1785, wrth lunio prydlesau newydd ar gyfer Bryn-byswynog a Waunfawr, Llanllwni. Mae cyfrifon siop New Inn am y cyfnod 1812-1824 yn dangos bod gwerthu glo yn rhan o'r fasnach erbyn hynny.

Ceir adlais arall o'r sefyllfa fel y bu yn ewyllys John Rees, siop New Inn, a fu farw yn 1797. Wrth lunio cymynrodd i hen forwyn y teulu, rhoddwyd iddi'r dewis o ystafell yng Nghaerfyrddin a chyflenwad blynyddol o lo, neu fwthyn a gardd rywle ym mhlwyf Llanfihangel-ar-Arth ynghyd â chwe llond cert o dywyrch bob blwyddyn. Fel darpariaeth ar gyfer un bwthyn, fe rydd hynny amcan dda iawn o'r math o alw blynyddol am dywyrch a oedd mewn ardal lle nad oedd mawn na glo yn gyfleus.

Yn 1827, ddeng mlynedd ar hugain ar ôl marwolaeth John Rees, bu dwy fenyw ar daith trwy Gymru, gan nodi llawer o bethau diddorol a welsant mewn dyddlyfr sydd ar gadw yn Llyfrgell Dinas Caerdydd. Wrth oedi yn New Inn fe gawsant gyfle i bicio i rai o dai'r pentref, gan ryfeddu wrth weld fod to gwellt ar ben y simneiau, a thu mewn y rheiny wedi'u leinio â phren. Mae'n glir nad oedd y ddwy yn gyfarwydd â thân mawn neu dywyrch oblegid cawsant gryn fraw, ond tawelwyd eu pryderon pan esboniwyd wrthynt nad oedd unrhyw berygl i'r pren a oedd yn leinio'r simneiau losgi gan na theflid gwreichion gan y tân tywyrch.

Nid oes yn y dyddlyfr yr awgrym lleiaf am bryder yn yr ardal yr amser honno oherwydd prinder tanwydd. Mae'n bosib nad oedd neb wedi dechrau meddwl am hynny mor gynnar ag 1827, ond 'roedd cynnydd graddol yn y boblogaeth yn digwydd ers tro a'r galw am danwydd yn debyg o ddwysáu. Yn ystod yr 1850au, fel y gwelir yn nes ymlaen yn y bennod hon, collwyd rhan o'r tir comin, ac yn ôl adroddiad mewn papur newydd yn 1863, 'roedd tywyrch erbyn hynny wedi prinhau. Bu sicrhau'r rheilffordd i'r ardal flwyddyn yn ddiweddarach yn fendith arbennig wrth ddod a glo i gyrraedd pawb am bris rhesymol.

Amser maith yn ôl yr oedd y tiroedd comin yn eang iawn ar draws y wlad—y mae'n ymddangos mai felly yn sicr oedd y sefyllfa ym mhlwyf Llanfihangel-ar-Arth—ond collwyd rhannau helaeth wrth i dirfeddianwyr barus eu rheibio.

Perthynai llawer o'r cominoedd, yn enwedig wedi dymchwel y mynachlogydd yn yr unfed ganrif ar bymtheg, i'r brenin a bu ambell un o'r rheiny'n hael iawn wrth eu cefnogwyr trwy roddi tiroedd iddynt yn wobr am eu gwasanaeth. Digwyddodd hynny'n arbennig yn yr ail ganrif ar bymtheg ond yn nechrau'r ganrif ddilynol, trwy drefniant newydd ar gyfer ariannu'r frenhiniaeth, fe ildiodd y brenin dir y goron. Aeth hwnnw'n eiddo gwlad, ond yn hytrach na threfnu gwell rheolaeth o'r tiroedd bu swyddogion y llywodraeth yn esgeulus iawn o'u dyletswyddau am ddegau o flynyddoedd ac fe gollwyd rhagor o dir oherwydd hynny.

Fe gyfeiriwyd yn y bennod flaenorol at dir yn mesur dros 1700 o erwau, sef y rhan hwnnw o Arglwyddiaeth Talyllychau yn y plwyf a oedd yn gorwedd rhwng Afon Marlais a Nant Pib. Mae'n glir o arolwg 1628 mai tir comin oedd y tir hwnnw ond erbyn dechrau'r ganrif nesaf yr oedd bron y cyfan ym meddiant ystad Taliaris. 'Roedd rhywbeth wedi digwydd ond ni wyddys yn gywir ym mha fodd y llwyddodd yr ystad i gael ei dwylo ar y tir. Yr hyn sydd yn ffaith yw mai un o deulu Taliaris oedd y dirprwy stiward a gynhaliodd arolwg arall yn 1668, arolwg na chrybwyllodd yr un gair am diroedd comin yr arglwyddiaeth, ond a geisiodd ddweud mai rhan o is-faenor Brechfa Gothi—nid Gwyddgrug —oedd y tir o dan ystyriaeth. Fel a awgrymwyd eisoes yn y bennod olaf tybed ai ymgais i daflu llwch i lygaid pobl oedd yr awgrym hwnnw? Bu cryn annhrefn ynglyn â thiroedd y goron ar draws y wlad yn y cyfnod hwnnw ac y mae'n bosib mai cymryd mantais ar hynny a wnaeth yr ystad.

Llechfeddiant yw'r gair a ddefnyddir i ddisgrifio'r weithred o ennill tir comin trwy ei feddiannu, a'i feddiannu fel arfer heb hawl i wneud hynny. I bob diben ymarferol, ar hyd a lled y wlad, dwyn y tir oedd gwir ystyr llechfeddiannu ond fe geid eithriadau, fel yr esbonnir yn nes ymlaen o safbwynt tiroedd Arglwyddiaeth Talyllychau, lle y caniatawyd llech-feddiant am gyfnod penodedig am rhent blynyddol.

Ystadau mawr oedd y tebycaf, trwy ddefnyddio'u grym, i lechfeddiannu darnau helaeth o dir ond 'roedd tirfeddianwyr bach ac unigolion hefyd yn brysur. Os llwyddid i lechfedd-iannu rhan o dir comin am ugain mlynedd neu ragor heb i neb fynd mor bell a herio'r weithred yr oedd yn bosib i'r llechfeddiannwr ei gadw. Dyna'r drefn o safbwynt y rhan helaethaf o'r tiroedd comin ond lle y digwyddai'r brenin hawlio'r tir hwnnw, fel yn achos yr arglwyddiaeth, 'roedd angen meddiannu am dros drigain o flynyddoedd, yn lle ugain, cyn cael yr hawl hwnnw.

Llwyddodd ambell un i sefydlu ei gartref ar gomin: bu sôn

am dai un-nos yn boblogaidd ar un adeg. Y gamp, yn ôl traddodiad, oedd dechrau codi'r tŷ gyda'r wawr a chael mwg drwy'r simnai cyn toriad y wawr nesaf. Nid oedd pethau mor syml a hynny. Fel yr esboniwyd eisoes, yn lle un noson darllened ugain mlynedd! Rhydd hynny wedd wahanol iawn ar y sefyllfa.

Erbyn dechrau'r ddeunawfed ganrif bu tirfeddianwyr yn meddwl am ffordd newydd o feddiannu cominoedd y wlad gan ddefnyddio'r ddadl mai peth da fyddai gwneud hynny i hybu gwelliannau yn y dulliau o amaethu fel rheswm i gyfreithloni'r weithred. Felly, yn 1733, dechreuwyd cau cominoedd trwy rym deddf seneddol: y ffordd sicraf o ddiddymu unrhyw hen hawliau.

Er mwyn sicrhau deddf fe gytunai nifer o dirfeddianwyr, y rhai mwyaf blaenllaw fel arfer, i osod cais ar y cyd am yr hawl i amgau tir comin yn eu hardal o flaen y Senedd. Gan mai tirfeddianwyr oedd y rhan fwyaf o'r Seneddwyr, ac yn debyg o fod ar yr un trywydd yn eu hardaloedd eu hunain, nid oedd fawr neb i ystyried gwrthwynebu'r bwriad. Gellir, oherwydd hynny, werthfawrogi nad oedd sicrhau deddfwriaeth yn debyg o fod yn broses anodd. Oherwydd rhwyddineb y broses honno nid oedd y tirfeddianwyr yn gorfod ymboeni rhyw lawer am y canlyniadau a bu cryn ddiofalwch mewn llawer ardal oherwydd yr anallu, wrth lunio deddfau, i ragweld problemau arbennig a fyddai'n debygol o godi.

Magodd cau'r cominoedd deimladau cryf yn erbyn y meistri tir. Mynnodd y rheiny nad oedd gobaith troi'r cominoedd yn dir ffrwythlon heb gyfyngu ar yr hawliau a oedd arnynt, a dadleuent na ellid disgwyl i rywun wneud hynny heb roddi'r hawl i feddiannu'r tir cyn gwneud. Ar y llaw arall teimlai gwrthwynebwyr mai prif nôd y tirfeddianwyr oedd sicrhau cynnydd yn eu meddiannau'u hunain, ac esgus i wneud hynny oedd y gwelliannau amaethyddol.

Bu'r cynnydd yn y nifer o gominoedd a oedd yn cael eu hamgau yn ofid mawr i'r werin bobl, ac fe fagodd y broses anniddigrwydd dwfn yn eu plith. Ni ddeallent y sefyllfa gyfreithiol; beth oedd yn bwysig iddynt oedd y ffaith na chaent y rhyddid i ddilyn hen arferiadau a theimlent bod y tirfeddianwyr yn dwyn y cominoedd oddi arnynt. Oherwydd hynny bu terfysgoedd mewn llawer o fannau yng Nghymru, yn enwedig tua dechrau'r ganrif ddiwethaf, a galwyd ar y fyddin i gadw'r heddwch mewn ateb, wrth gwrs, i geisiadau oddi wrth y tirfeddianwyr eu hunain. Ymddengys bod popeth yn gweithio o'u plaid.

Pan ddaeth yr amser i ddechrau amgau tir comin plwyf Llanfihangel-ar-Arth—yn ystod yr 1850au—'roedd y berw mewn gwahanol rannau o'r wlad wedi hen dawelu, ond tybed a fyddid wedi gweld terfysg yno hefyd petai'r rheilffordd heb gyrraedd i gludo glo am bris rhad i'r ardal a'r trigolion yn dal i ddibynnu ar y mynydd am danwydd a'r cyflenwad yn prinhau?

Yn y cyfamser, cyn i'r amgau ddechrau o ddifrif, fe barhaodd y llechfeddiannu ond cymrodd amser cyn y gwnaed rhywbeth sylweddol yn ei gylch. Yn 1786 penodwyd dirprwywyr gan y senedd i ymchwilio i holl hanes tiroedd y goron ac yn ei sgil rhoddwyd sylw i ymyrraeth â thiroedd comin. Fe aeth dros ddeugain mlynedd heibio cyn i ffrwyth yr ymchwiliadau hynny ddechrau dod i'r golwg ym mhlwyf Llanfihangel-ar-Arth.

Yn y flwyddyn 1831, yn ôl *Adroddiad Blynyddol y Commissioners of the Woods, Forests and Land Revenues of the Crown* am 1832, gorfodwyd pedwar o bobl i dalu am lechfeddiannu 30 erw o dir comin ym mhlwyf Llanfihangel-ar-Arth. Ni cheir digon o wybodaeth yn yr adroddiad i ddweud ymha le yn union y lleolid hwynt ond gwyddys o adroddiad diweddarach bod rhannau o'r comin ar Bryn Mihangel, rhwng afonydd Nant Gwyn a Nant-y-Pinshwrn, lle sefydlwyd dau ddyddyn Clyn-yr-hafod Isaf a Chlyn-yr-hafod Uchaf, wedi cael eu llechfeddiannu'n gynharach, ac y mae'n bosib mai cyfeirio at yr un rhai oedd y ddau adroddiad. Enw preswylydd un Clyn-yr-hafod yng Nghyfrifiad y Boblogaeth 1841 yw John Thomas ac fe welir yr un enw gyferbyn ag un o'r llechfeddiannau a gofnodir yn adroddiad 1832 y Commissioners of Woods, &c.

O safbwynt y tir comin yn Arglwyddiaeth Talyllychau y mae angen gwahaniaethu rhwng y llechfeddiannau a ganiatawyd ar brydles gan lys yr arglwyddiaeth a'r llechfeddiannau anghyfreithlon. Dim ond un enghraifft o ganiatâd i amgau tir comin y plwyf a welir yng nghofrestrau'r arglwyddiaeth sydd yn y Llyfrgell Genedlaethol, ac fe ddigwyddodd hynny yn y flwyddyn 1772, pan roddwyd yr hawl i amgau un erw o 'Gomin Mynydd Gorwydd' (nid nepell o fferm Coedlannau) am gyfnod o 60 mlynedd. Mae *Adroddiad Blynyddol y Commissioners of Woods, Forests and Land Revenues of the Crown* am 1856, ar y llaw arall, yn cyfeirio at gofrestr arall nad ydys ar hyn o bryd yn gwybod dim mwy o'i hanes. Yr oedd hwnnw'n cynnwys caniatâd a roddwyd yn 1793 i amgau rhan o'r comin ar brydles am drigain mlynedd.

Fe geir rhagor o dystiolaeth am lechfeddiannau ar dir comin yr arglwyddiaeth yn yr adroddiadau blynyddol o 1833 ymlaen, sy'n cynnwys un, heb enwi'r ardal, o 191 o erwau yn 1835. Gan mai James Williams yw enw'r prynwr gellir awgrymu mai ym mhlwyf Talyllychau yr oedd hwnnw. LLechfeddiant sylweddol arall oedd y 119 erw yn is-faenor Gwyddgrug yn adroddiad 1852. Gwerthwyd y tir, a fu ar brydles ym meddiant y prynwr, y Parchg. John Price Jones, Castellnewydd Emlyn, am rhent isel iawn o ddeg swllt y flwyddyn, am £150, a oedd hefyd yn bris isel iawn. Ymddengys mai cefndir y gwerthiant hwnnw oedd y ffaith bod y prynwr naill ai wedi caniatau neu wedi goddef llechfeddiannu rhannau o'r tir ar brydles ganddo, ond yn hytrach na mynd i'r drafferth a'r gost o baratoi achosion yn erbyn y llechfeddianwyr eraill eu hunain fe benderfynodd swyddogion y llywodraeth werthu'r tir i'r sawl a oedd wedi'i ddal ar brydles a gadael iddo ef ymdopi â hawliau'r mân dresbaswyr. Yr hyn sydd braidd yn anodd i'w ddeall yw'r penderfyniad i werthu am tua chwarter pris y farchnad, cryn fargen i'r prynwr o feddwl mai ei ddiofalwch ef a oedd wedi creu problemau yn y lle cyntaf.

Fe bâr yr holl dystiolaeth i rywun ofyn pa mor fawr, mewn

gwirionedd, oedd y tir comin yn y plwyf cyn i lywodraeth Oliver Cromwell ddechrau newid y drefn a gwerthu'r arglwyddiaeth yn 1650.

O safbwynt sicrhau deddfwriaeth yn gyffredinol ar gyfer amgau tiroedd comin 'roedd y Senedd, erbyn canol y ganrif ddiwethaf, wedi sylweddoli nad oedd y broses o adael i'r tirfeddianwyr lunio eu deddfau eu hunain yn foddhaol. Sefydlwyd corff newydd, y Dirprwywyr Cominoedd, i arolygu'r tiroedd comin, ac i ystyried, caniatau, neu wrthod, pob cais am eu hamgau. Ar ôl sefydlu'r fframwaith newydd honno yr aed ati i amgau tir comin plwyf Llanfihangel-ar-Arth, ond er mai un comin, mewn gwirionedd, a oedd o dan ystyriaeth, 'roedd y gwahaniaethau cyfreithiol ynglŷn â pherchnogaeth tir yn ddigon sylweddol i fynnu dau gynllun ar wahân.

Esboniwyd y gwahaniaeth rhwng tir rhydd-ddaliadol a thir copi-ddaliadol eisoes yn y bennod flaenorol. 'Roedd y rhan fwyaf o dir comin y plwyf yn nhiriogaeth Arglwyddiaeth Talyllychau, a rhannau llai o boptu iddo, y naill ar Bryn Mihangel, i'r dwyrain o ffermydd Perth-y-berllan, Pant Mawr a Blodeuen, a'r llall yn y gorllewin, yn ffinio â ffermydd Clynglas a Phenllwydcoed. Esboniwyd eisoes yn y bennod flaenorol mai llinell union, yn rhedeg o'r fan lle y tarddai Nant-y-blodau i Rhyd-fedw, oedd un rhan o ffin ogleddol yr arglwyddiaeth a'r un ffin a oedd yn gwahaniaethu rhwng y ddau fath o dir comin yn y pen hwnnw. Y ffin o'r fan lle y tarddai Nant Pib, heibio Pant-y-Sais, Nant Croes Fechan a Nant Croes Fawr i Flaen Gwen, oedd yn rhannu'r comin yn y dehau.

Yr unig dirfeddiannwr gyda'r hawl i fanteisio ar dir comin yr arglwyddiaeth oedd yr un a oedd eisoes yn perchenogi eiddo copi-ddaliadol; ac fe gyfyngwyd yr hawl i'r gweddill o'r tir comin i'r tirfeddianwyr hynny yn meddu tiroedd rhydd-ddaliadol yn y plwyf. Digwyddai rhai ddal y ddau fath o dir, ac un ohonynt oedd y Parchg. Josiah Rees, rheithor Llangrannog, ŵyr i John Rees, siop New Inn. Oherwydd hynny bu cynnydd sylweddol ym maint fferm Blodeuen,

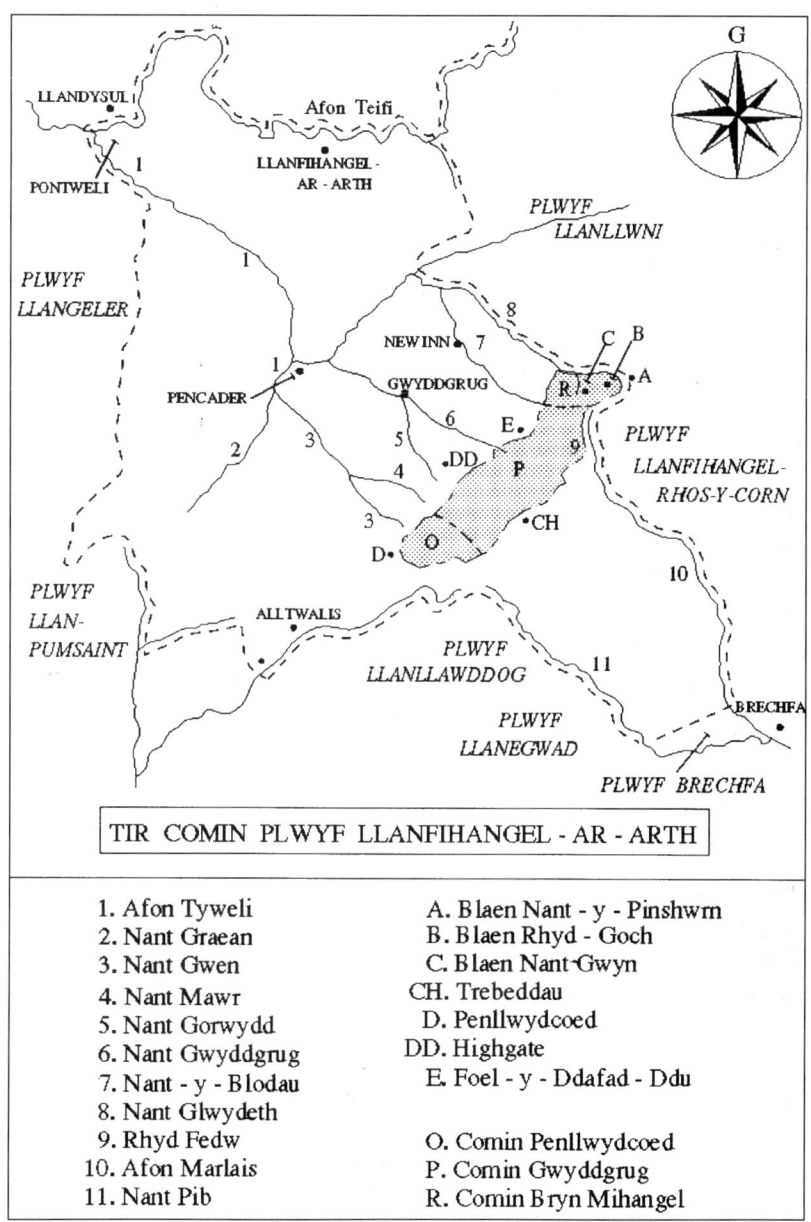

LLANDYSUL

Afon Teifi

G

PONTWELI

1

LLANFIHANGEL -
AR - ARTH

PLWYF
LLANLLWNI

PLWYF
LLANGELER

1

8

NEW INN

7

C

B

PENCADER

1

GWYDDGRUG

R

A

2

3

5
4

6

3

DD

E

P

9

PLWYF
LLANFIHANGEL-
RHOS-Y-CORN

CH

D

O

10

PLWYF
LLAN-
PUMSAINT

ALLTWALIS

PLWYF
LLANLLAWDDOG

11

PLWYF
LLANEGWAD

BRECHFA

PLWYF BRECHFA

TIR COMIN PLWYF LLANFIHANGEL - AR - ARTH

1. Afon Tyweli	A. Blaen Nant - y - Pinshwrn
2. Nant Graean	B. Blaen Rhyd - Goch
3. Nant Gwen	C. Blaen Nant Gwyn
4. Nant Mawr	CH. Trebeddau
5. Nant Gorwydd	D. Penllwydcoed
6. Nant Gwyddgrug	DD. Highgate
7. Nant - y - Blodau	E. Foel - y - Ddafad - Ddu
8. Nant Glwydeth	
9. Rhyd Fedw	O. Comin Penllwydcoed
10. Afon Marlais	P. Comin Gwyddgrug
11. Nant Pib	R. Comin Bryn Mihangel

Map 7.

New Inn, trwy iddo sicrhau cyfrannau o dir comin o dan y ddwy ddeddf.

Yn 1857 y cafwyd y dyfarniad cyntaf ar gau cominoedd y plwyf. 'Roedd hwnnw ar gyfer y perchenogion rhydd-ddaliadol, ac amgauwyd 433 o erwau, 156 ohonynt ar yr hyn a elwid yn Gomin Penllwydcoed a 277 ar Gomin Mynydd Mihangel (neu Bryn Mihangel). Ar ôl cau'r comin hwnnw y sefydlwyd ffermydd Blaen-Rhyd-Goch a Blaen-Nant-Gwyn. 'Roedd Blaen-Rhyd-Fedw ar y tir hwnnw hefyd. Fe rydd yr enwau hynny amcan dda ymha le yr oedd ffin ogleddol tiroedd Abaty Talyllychau.

Y prif fuddiolwyr o dan y dyfarniad oedd Thomas Lloyd a C.R. Longcroft, perchenogion Llethr-neuadd, Dolwen Fawr, Maescoch a nifer o ffermydd eraill. Cawsant 51 o erwau. Derbyniodd penteulu Blaendyffryn 35 erw; ystad Tregib 21 erw; y Parch. Josiah Rees 19 erw ac ystad Maesycrugiau 17 erw.

Un a dderbyniodd dir, bron 29 o erwau, fel iawn am golli rhyw hen hawliau oedd y Frenhines Victoria, a hynny, meddid, yn rhinwedd ei safle fel Arglwyddes Maenor Mabudrud. Enw'r hen gwmwd oedd Mabudrud, wrth gwrs, a diflannodd hwnnw yn 1536 pan sefydlwyd hwndrwd Cetheiniog, ond y mae'n ddiddorol fel y medrai'r frenhines hawlio ei phisyn arian o hyd trwy ddefnyddio'r hen enw. Prynwyd cyfran y Frenhines yn 1858 am £74-6-4 gan John Lloyd Davies, Blaendyffryn.

Gwerthu'r cyfrannau a ddyfarnwyd iddynt a wnaeth llawer o'r rhai ffodus a digwyddodd hynny, y mae'n debyg, oherwydd nad oedd y tir newydd mewn man cyfleus iddynt. Tarawyd bargen â rhywun a oedd mewn gwell sefyllfa i fanteisio. Pan aeth Daniel Matthias, Pant Mawr, New Inn, yn fethdalwr yn 1879 fe roddwyd ei eiddo ar y farchnad, ac y mae'r hysbyseb yn y papur newydd yn dangos fod chwe chyfran, yn mesur ychydig dros 60 erw i gyd, wedi cael eu prynu ganddo ar gyfer helaethu Pant Mawr o'r cyfrannau tir comin a ddyfarnwyd i rai eraill.

Yn 1872, pymtheng mlynedd ar ôl dyfarniad 1857, cafwyd dyfarniad cau tir comin Arglwyddiaeth Talyllychau, ar gyfer ychydig dros 1117 o erwau. 'Roedd y dyfarniadau i unigolion yn fwy o lawer yn yr achos hwn oherwydd bod llai o dirfeddianwyr yn medru'u hawlio. Y prif dderbynwyr oedd ystad Tregib, 169 erw; ystad Maesycrugiau, 168 erw; y Parchg. Josiah Rees, Llangrannog, 112 erw; y Parchg. E.E.Allen, Porthceri, Morgannwg, 106 erw; Mrs. Mary A. Hughes, Hwlffordd, 63 erw; y Parchg. John Price Jones, Castellnewydd Emlyn, 55 erw. Mae'n ffaith ddiddorol bod tri o glerigwyr yr Eglwys ymhlith y chwech buddiolwr mwyaf, a dim un gweinidog Anghydffurfiol.

Dyfarnwyd, hefyd, 155 erw i'r Frenhines yn rhinwedd ei safle fel Arglwyddes Maenor Talyllychau. Fe brynwyd y rheiny am £762 yn 1873 gan ystad Tregib.

Helaethwyd fferm Trebeddau yn ddirfawr ar ôl dyfarniad 1872, a daeth Bryngolau, New Inn, i fodolaeth.

Mae rhannau o'r hen gominoedd yn parhau yn dir amaeth. Dyna, meddir, oedd amcan eu hamgau, ond mae rhannau helaeth iawn, yn enwedig y rhai a sicrhawyd gan ystad Tregib, erbyn hyn yn nwylo'r Comisiwn Coedwigaeth. Diflannodd llawer o ffermydd yn y broses a collwyd enwau megis Trebeddau, Cwmpib, Clyn Rhos-wen, Clyngarw, Clyn-glas, Clyngwyddil, Clynmaengwyn, Cnwcyllwyn, Ceulannau Duon, Gelligrin, Penrhiwlwyd a Rhyd-Fedw.

Mae sawl ffordd o edrych ar y coedwigo helaeth sydd wedi digwydd yn y rhannau hynny o'r plwyf ers yr Ail Ryfel Byd (1939-45), a dwy yn arbennig. I lygaid rhai, llecynnau hardd yw'r llethrau coediog, gyda'r bywyd gwyllt wedi adennill y tir o grafangau'r ffermwr a'i droi yn ôl yn nes at ei gyflwr naturiol. Ys canodd Eifion Wyn am ei hoff Gwm Pennant—

'cynefin y carlwm a'r cadno,
a hendref yr hebog a'i ryw'

bellach, yw'r tir a fu unwaith yn dir comin. Beth all fod yn fwy deniadol i ddenu twristiaid i wlad sydd erbyn hyn heb ei hen ddiwydiannau ac yn colli ei gafael ar hen ffordd o fyw trwy ddatblygiadau economaidd sy'n alltudio'r ffermwr o'i etifeddiaeth?

Ond nid yw pawb yn gweld yr harddwch hwnnw drwy'r un spectol, oblegid coed sy'n ddieithr i'r ardal sy'n tyfu ar y bryniau ers degau o flynyddoedd, ac fe'u torrir i lawr pan dyfant i ddigon o faint gan adael erwau lawer o dir diffaith i anharddu'r ardal lle buont yn sefyll. Alltudiwyd y ffermwyr a'r tyddynwyr a rhoddwyd lloches i'r cadnoid, gelynion mawr y ffermwyr defaid sy'n britho'r ardal o gwmpas y fforestydd, yn eu lle.

Wrth ganu am ddirywiad o'r natur hwnnw yn ei gerdd i Rydcymerau fel hyn y gwelodd Gwenallt effeithiau'r coedwigo—

> 'A'u gwreiddiau haerllug yn sugno'r hen bridd:
> Coed lle bu cymdogaeth,
> Fforest lle bu ffermydd.'

Iddo ef colled i gymdogaeth oedd coedwigo. Onid hanes colledion gwerin bobl y wlad sy'n cael ei adrodd yn y bennod hon, hefyd?

PENNOD 6

NEW INN A'R PORTHMYN

Masnach eithriadol o bwysig i gefn gwlad Cymru yn y gorffennol oedd casglu anifeiliaid, gwartheg a defaid yn arbennig, at ei gilydd a'u gyrru ar draws gwlad i farchnadoedd Lloegr. Fe drefnid y cwbl gan y porthmon, gŵr a fu ymhlith yr enwocaf o fasnachwyr y wlad am ganrifoedd. Rhoddid trwydded flynyddol iddo gan y Llys Chwarter ac ni châi honno ar chwarae bach; rhaid argyhoeddi'r awdurdodau ymlaen llaw mai dyn cyfrifol oedd yn ei hawlio.

At ei gilydd, 'roedd gan y porthmon ddwy ffordd o gael gafael ar anifeiliaid; medrai eu prynu—ar fferm neu mewn ffair neu farchnad—cyn cychwyn ar ei daith, neu daro bargen gyda ffermwr i weithredu ar ei ran trwy yrru'i anifeiliaid i'w gwerthu mewn marchnad bell (yn LLoegr) am y pris gorau. Wrth daro bargen nid oedd arian yn debyg o newid dwylo ond disgwyliai'r ffermwr gael ei dalu pan ddychwelai'r porthmon. 'Roedd gonestrwydd y porthmon, a'i enw da yn y gymdeithas, yn allweddol o safbwynt ennill ymddiriedaeth y ffermwr a gan fod y fasnach wedi para cyhyd y mae'n glir bod y mwyafrif yn ddynion y gellid dibynnu arnynt. Fel y canodd yr hen Ficer Prichard o Lanymddyfri yn yr ail ganrif ar bymtheg yn *'Canwyll y Cymry'*, 'roedd safon i'r porthmon anelu ati—

> Os 'dwyt borthmon delia'n onest
> Tâl yn gywir am a gefaist
> Cadw'd air, na thor d'addewid
> Gwell nag aur mewn cod yw credid.

Ond, hyd yn oed i'r mwyaf dibynadwy ymhlith y porthmyn, 'roedd aml i gam gwag y gellid ei gymryd, yn enwedig ar y ffordd yn ôl. Gwyddai lladron pen ffordd yn rhy dda y gallent elwa trwy ymosod ar borthmon ar ei ffordd adref gan fod hwnnw, mewn oes cyn sefydlu banciau, yn gorfod cario'i arian ar ei berson. Diogelai'r porthmyn eu hunain cyn belled ag y gallent trwy ymarfogi, a sicrhau bod ganddynt gwmni niferus ar gyfer y daith yn ôl, ond wrth nesáu at adref 'roedd hwnnw'n debyg o ymrannu, ac oherwydd hynny byddai'n haws ymosod arnynt. Fe geid enw llawn arwyddocâd yn y cyswllt arbennig hwn ar ran o'r hen ffordd rhwng New Inn a Rhydcymerau.

Rhedai'r rhan arbennig honno o Flaen Nant-y-Pinshwrn (Blaen Pant-y-pinshwrn yw'r enw a welir ar y mapiau, ond y mae'r llall yn ymddangos yn debycach i'r ffurf wreiddiol), lle mae ffiniau tri phlwyf (Llanfihangel-ar-Arth, Llanfihangel Rhos-y-corn a Llanllwni) yn cwrdd, a thros Mynydd Crugiau Ieir i gyrraedd y ffordd s'yn rhedeg o Pen-Top, Llanllwni, i Rydcymerau a Llansawel. Dangosir hi'n glir ar y Map Ordnans cyntaf (1811-12), a gwelir ei henw, Heol Lladron, ar Fap y Degwm, plwyf Llanfihangel Rhos-y-corn. Mae un o hynafgwyr yr ardal, Mr. Eynon Thomas, Bwlch-y-clawdd, New Inn, yn cofio ei fam-gu, a fu'n gweini pan oedd yn ferch ieuanc ar fferm Coedlannau, Gwyddgrug, yn sôn am yr enw.

Y mae'n ddiddorol, hefyd, yn y cyswllt arbennig hwn beth oedd yr hen enw ar Pont Fach (lle mae Nant Ceiliog yn tarddu), rhwng Crug-y-biswal a Chrug Edrud ar y ffordd o Lanllwni i Rhydcymerau. Arferai Mr. Denzil Evans, 4 Bryn Teifi, Llanfihangel-ar-Arth, weithio ar y coed yn yr ardal flynyddoedd yn ôl, ac y mae'n cofio mai'r enw ar y bont gan ffermwyr lleol oedd Pont Lladron!

Ar wahân i beryglon lladron pen ffordd yr oedd angen i borthmon ar ei ben ei hun ddewis ei gwmni'n ofalus tra byddai oddi cartref. Rhydd adroddiad papur newydd o'r flwyddyn 1830 hanes am achos llys ynglŷn â phorthmon a oedd wedi colli £200 tra bu'n hamddena yng nghwmni menyw yn Nhref-y-clawdd. Y mae'n werth anwybyddu'i ffolineb er mwyn ystyried beth fyddai gwerth y £200 yn y dyddiau hyn. Dim llai na £10,000, y mae'n sicr, ac ni wyddys a oedd arian arall ym meddiant y porthmon.

Fe gesglid yr anifeiliaid at ei gilydd mewn mannau

arbennig cyn cychwyn ar y daith hir, taith a allasai gymryd rhwng pythefnos a thair wythnos ar hyd lonydd geirwon a ddaeth yn adnabyddus fel 'ffyrdd y porthmyn'. Mae'r enw 'Drovers Arms' ar adfail sy'n sefyll mewn man diarffordd, unig, rhwng Garth a Capel Uchaf ar fryniau Brycheiniog yn dweud digon am y math hwnnw o le.

Ar ôl cyrraedd pen y daith fe brynid yr anifeiliaid gan ffermwyr a masnachwyr mewn marchnadoedd a ffeiriau, ar gyfer eu pesgi cyn eu lladd, ac o ddiddordeb arbennig i ffermwyr de Cymru oedd ffeiriau enwog Barnet, ar gyrion Llundain, a Bartholomew yn Smithfield; ond 'roedd siroedd Surrey, Caint a Sussex yn boblogaidd hefyd. Gwelodd William Cobbett tua dwy fil o dda sir Benfro ger Cirencester yn Sir Gaerloyw ar eu taith i Sussex yn 1826, ac y mae'n werth ystyried y buasai canran dda ohonynt wedi pori rhai o gaeau New Inn ar y ffordd. O feddwl y byddai angen tri neu bedwar dyn, a chŵn, i ofalu am bob cant o dda, gellir cael syniad go dda pa mor niferus oedd y fintai o bobl yng nghwmni'r anifeiliaid.

Dywedir y gallai porthmyn da a gonest ennill tua £100 y flwyddyn pan oedd gwas fferm yn cael llai na £10. 'Roedd arian yn eu pocedi ac yr oedd tafarnau a siopau bwyd y wlad yn barod i estyn croeso cynnes iddynt pan aent drwy ardal. Ond nid oedd y fasnach yn fêl i gyd: ymhlith y porthmyn, fel ym mhob masnach, 'roedd ambell un yn ildio i demtasiwn. 'Roedd rhywun arbennig yn sicr o fod mewn golwg gan Twm o'r Nant pan gyfansoddodd ei feddargraff i'r porthmon:

> Yma mae hen borthmon yn huno—difaodd
> Ei fywyd ar dwyllo:
> Aeth ef o'i fyd i'w grŷd gro;
> Twll ei dîn, twylled yno.

Yn ystod y blynyddoedd diwethaf cyhoeddwyd nifer o lyfrau yn olrhain llwybrau'r porthmyn, bron pob un yn Saesneg. Cydnabu Twm Elias, awdur 'Y Porthmyn Cymreig', yr unig lyfr Cymraeg, ei ddyled iddynt, yn enwedig o safbwynt hanes porthmona yn y de, ond fe groesewid rhagor, mae'n siŵr, gan bobl sy'n deall yr iaith oherwydd hebddi gellir baglu ar ystyron enwau.

Lle sydd wedi cael ei anwybyddu'n llwyr gan bob un o'r awduron yw New Inn. Mae hynny'n drist oblegid mae hen frodorion y pentref beunydd yn sôn am yr arferiad o hel gwartheg at ei gilydd yno, a'u pedoli, cyn eu gyrru dros y mynydd. Buont yn dawel yn rhy hir. Unwaith y dechreuir olrhain yr hanes fe ganfyddir bod digon o gnawd ar esgyrn y traddodiad hwnnw.

Mae'r Map Ordnans cyntaf, y cyfeiriwyd ato eisoes, yn dangos pedair ffordd o bentref New Inn i gyfeiriad y mynydd-dir sydd ar yr ochr ddwyreiniol iddo, sef

1. o groesffordd y pentref;
2. heibio talcen tafarn Travellers Rest
   (y New Inn gwreiddiol) a thrwy dir Pant Mawr;
3. trwy dir Perth-y-berllan;
4. heibio Bwlch-y-clawdd.
   (Gweler map 2 (t.6) a map 3 (t.19).

Y lle i anelu ato oedd Blaen Nant-y-Pinshwrn (man cychwyn Heol Lladron) ac er iddi fod yn glir bod modd cyrraedd y fan honno trwy ddefnyddio unrhyw un o'r pedair ffordd a nodwyd, dylid ystyried mai prif swydd-ogaeth rhif 1 yn y rhestr oedd darparu ffordd i Frechfa. Mae'r map, wedyn, yn awgrymu nad oedd ffordd rhif 2 yn debyg o fynd gam ymhellach na chlawdd terfyn Pant Mawr; dyna, y mae'n bosib, oedd y sefyllfa pan luniwyd y map yn nechrau'r ganrif ddiwethaf, ac fe welir ym Mhennod 2 awgrym paham nad oedd y ffordd honno'n boblogaidd erbyn hynny. Beth sydd yn glir ar y map yw llinellau rhifau 3 a 4, (lonydd Perth-y-berllan a Bwlch-y-clawdd) s'yn uno gerllaw fferm Cluniau ar gyfer yr ychydig weddill o'r ffordd at Blaen Nant-y-Pinshwrn. Mae olion y ffyrdd hynny'n weladwy ac fe ddefnyddir rhannau ohonynt o hyd.

Rhaid nodi, serch hynny, er mor glir yw'r sefyllfa ar bapur, fod y traddodiad lleol yn dal i ddweud yn bendant mai trwy dir Pant Mawr y gyrrid yr anifeiliaid, ond fel y gwelir yn nes ymlaen, mae enwau caeau arbennig ar ffrem Perth-y-berllan yn cynnig peth tystiolaeth i'r gwrthwyneb.

O Heol Lladron ymlaen 'roedd hen ffyrdd hanesyddol yn arwain tua' dwyrain drwy Lansawel, Porth-y-rhyd, Cyng-hordy, Mynydd Epynt a Thalgarth i Rhydspens, ar y ffin rhwng Cymru a Lloegr. Ar hyd y ffyrdd hynny, y mae'n debyg, y gyrrid y rhan fwyaf o'r anifeiliaid o dde-orllewin Cymru.

Fel lle i gasglu anifeiliaid o sir Benfro, gorllewin sir Gaerfyrddin a de Ceredigion at ei gilydd ar gyfer y daith tua'r dwyrain 'roedd gan bentref New Inn lawer i'w gynnig. 'Roedd yno dafarn yn gynnar yn y ddeunawfed ganrif, un arall erbyn yr 1770au a phosibilrwydd bod Carriers Arms wedi agor ei drws yn gynnar yn y ganrif ddiwethaf. 'Roedd John Rees wedi dechrau masnachu yno yn ystod yr 1750au, ac yn 1776 adeiladodd ei siop fawr.

Gwelwyd ym Mhennod 2 yr awgrym fod Rees Saunders, Perth-y-berllan, i ddechrau, a John Rees wedyn, yn debyg o fod wedi benthyca arian i'r porthmyn i'w galluogi i brynu anifeiliaid. Chwaraeai'r porthmyn ran allweddol yn y broses o drosglwyddo arian rhwng Cymru a Llundain yn y dyddiau cyn sefydlu banciau. Gwyddys am gasglwyr trethi a thollau yn ymddiried yr arian a gasglwyd ganddynt yn eu dwylo ac y mae'n bosib na fuasai'r swyddogion hynny, ar ôl pwyso a mesur y peryglon, yn hollol anfodlon petai'r porthmyn am ddefnyddio rhan o'r arian i brynu anifeiliaid yn hytrach na chludo'r cyfan yn sych bob cam i Lundain. Rhoes peth felly, hwyrach, hwb i'r arferiad o fenthyg arian i brynu anifeiliaid.

Er mwyn bod yn sicr o'i arian gellir meddwl y buasai'r ffermwr yn barod i werthu'i anifeiliaid i'r porthmon yn hytrach na chymryd ei siawns trwy ymddiried y creaduriaid iddynt ar goel yn y gobaith y dychwelent yn ddiogel wedi'u gwerthu. Mor ddiddorol fyddai bod yn bryf ar y wal yn gwrando ar y bargeinio rhwng y ddau, y naill am y pris gorau a'r llall am y pris isaf. Y porthmon, wrth gwrs, fyddai'n mentro wrth brynu.

Er mwyn prynu, wrth gwrs, byddai angen digon o arian ar y porthmyn a gwyddys am bobl ariannog mewn gwahanol rannau o Gymru yn barod i fenthyca iddynt, ar lôg. Trefnu'r modd i ad-dalu oedd y cam nesaf. Soniwyd eisoes am borthmyn yn dychwelyd yn llwythog o arian ond fe oddiweddid y peryglon trwy drefnu, ar ôl gwerthu'r anifeiliaid, i'r arian a fenthyciwyd, a'r llôg, gael ei ad-dalu mewn mannau fel Llundain.

Bancwyr answyddogol oedd y derbynwyr i ddechrau. Y mae'n ymddangos mai un felly yn 1693 oedd Hugh Jones, a oedd yn cadw'r Bell Inn yn Smithfield, Llundain. Wrth dalu'r arian a oedd yn ddyledus i ddynion fel efe câi'r porthmon dderbynneb yn brawf, i'w rhoddi i'r benthyciwr wedi dychwelyd. Wrth wneud hynny arbedid y porthmon rhag gorfod dychwelyd i Gymru gyda swm mawr o arian yn ei feddiant.

Sefydlwyd Banc Lloegr yn Llundain yn 1694, ac yn ystod y ddeunawfed ganrif agorwyd cyfrifon yno gan wŷr ariannog o Gymru. Fe ddiogelwyd llawer o hen gyfrifon Banc Lloegr ond ni lwyddwyd, yn anffodus, i ddarganfod rhai'n perthyn i Rees Saunders a John Rees. Rhaid bod yn ofalus rhag defnyddio'r methiant hwnnw'n brawf nad oedd y ddeuddyn yn ariannu'r porthmyn, oherwydd gallent fod wedi cadw cyfrifon mewn un neu ragor o'r llu o fanciau preifat a oedd wedi'u sefydlu yn ystod y ganrif. Canran bychan iawn o'r cyfrifon hynny, yn anffodus, sydd wedi goroesi.

Nid oes dim amheuaeth am gysylltiadau Rees Saunders yn Llundain. Yn y ddinas honno y cododd o arian i brynu Perth-y-berllan yn 1735 ac, fel y mynegwyd eisoes ym Mhennod 2, bu ganddo fab, Thomas Saunders, yn deiliwr mewn ffordd fawr o fusnes yn Westminster. Hawdd iawn fyddai trefnu i'r porthmyn fynd ato ef, a pheth rhesymol fyddai i John Rees ddefnyddio'r un ffynhonnell hefyd.

Y mae hanes y porthmon yn Nhref-y-clawdd yn 1830 yn ddigon o brawf ynddo'i hun, wrth gwrs, mai glynu wrth yr hen drefn oedd dewis rhai, ond arbedwyd y gweddill a fabwysiadodd y drefn newydd rhag y boen a'r ansicrwydd a wynebent ar y daith adref oblegid yr oedd eu pocedi wedi ysgafnhau. Datguddir gan ddogfennau yn yr Archifdy Cyhoeddus yn Llundain fod llawer o borthmyn yn talu peth o'u harian eu hunain dros ben yr arian a fenthyciwyd i'r cyfrifon yn y banciau, a chasglu'r gwahaniaeth oddi wrth y benthyciwr trwy ddangos y dderbynneb ar ôl dychwelyd.

Am fod rhaid darparu ceffylau yn Travellers Rest ar gyfer y postmyn ac eraill fe geid gofaint yn y pentref i bedoli'r da, nid bod digon ohonynt i gwrdd â'r galw ar bob achlysur. Ar yr adegau prysur fe gaent gymorth gofaint o fannau cyfagos a rhaid cofio, hefyd, am y tebygolrwydd bod rhai o'r ffermwyr yn medru pedoli cystal â gof.

Ac wrth baratoi ar gyfer y daith hir byddai angen caeau sylweddol eu maint, gyda phorfa dda, i gadw'r anifeiliaid tros dro. 'Roedd digon o rai felly o gwmpas y pentref.

'Roedd gan rai o'r caeau mawr enw arbennig, megis Cae Nos. Ystyr yr enw yn ôl *Geiriadur Prifysgol Cymru* yw cae yn agos at dŷ fferm i gadw anifeiliaid dros nos ynddo. Rhaid derbyn mai dyna oedd yr ystyr mewn rhai ardaloedd ond wrth gymharu map y degwm, plwyf Llanfihangel-ar-Arth, â mapiau'r plwyfi sy'n ei amgylchynu, fe welir cryn wahaniaeth rhyngddynt, digon mewn gwirionedd i awgrymu fod ystyr gwahanol i'r enw yn y rhan honno o'r wlad.

Yn ôl y mapiau hynny nid oedd un 'Cae Nos' ym mhlwyfi Llanpumsaint, Llanllwni a Llanfihangel Rhos-y-corn, a dim ond un yr un yn Llangeler a Llanwenog. (Nid yw'r map o blwyf Llandysul o unrhyw gymorth, yn anffodus, gan nad enwid y caeau arno). 'Roedd plwyf Llanfihangel-ar-Arth yn wahanol iawn i'r gweddill; ynddo enwir tri-ar-ddeg o gaeau nos, gyda thri ohonynt yn gaeau sylweddol iawn eu maint. Mae lleoliad y ffermydd gyda Chae Nos yn werth eu nodi, oblegid fe welir fod deg ohonynt mewn mannau tua'r gorllewin o New Inn a fyddai'n hwylus iawn ar gyfer cadw da am gyfnodau byr.

Mae'n ddiddorol hefyd bod Mr.W.D.Davies, Bryn-llwni,

Rhif	Enw'r fferm	Maint y cae
		e. r. p.
1.	Dôl-llan	10- 0- 4
2.	Bwlch-y-ffin	1- 0- 0
3.	„ „	1- 0-16
4.	Glyngaranod	1- 1- 0
5.	Plwmp	1- 1- 5
6.	Aber-bele	1- 3- 4
7.	Blaen-bele	1- 3-21
8.	Glan-nawmor	2- 1-37
9.	Sunny-hill	2- 0- 5
10.	Ffos-y-fedwen	1- 2- 8
11.	Blaenbloda	8- 0-11
12.	Perth-y-berllan	13- 2-26
13.	„ „ „	1- 3-14

(Y ddôl fawr ger Afon Teifi oedd cae nos Dôl-llan)

Llanllwni, a fu farw yn 1994 yn 86 mlwydd oed, ac a fu'n gweini pan oedd yn grwt ar fferm Maescoch, yn medru cofio mai Cae Nos oedd enw un o'r caeau a oedd yn sefyll nid nepell o'r hen ffordd o ddyddyn Blaencwm i Heol Talog y cyfeiriwyd ati eisoes.

Daeth rhagor o wybodaeth o gof Mr.W.K.Jones, Perth-y-berllan, New Inn. Deallodd yn ieuanc mai Cae Hospitol oedd enw cae bach ar yr ochr chwith ger y tro o'r briffordd i'w fferm. Yno, yn ôl traddodiad, y dodwyd anifeiliaid rhy afiach i fynd gyda'r gweddill. Mae map y degwm, plwyf Llanllwni, yn cadarnhau mai 'Hospital' oedd enw cae rhif 58 yn yr union fan honno. Ychydig dros hanner erw oedd maint y cae.

Mae rhywbeth yn sicr i'w ddweud dros y traddodiad hwnnw ond mae angen ystyried dehongliad awduron *Adroddiad Comisiwn yr Henebion* ar blwyf Llanllwni hefyd. Iddynt hwy safle hen hospis Rhufeinig oedd y cae arbennig hwnnw a llygriad o'r gair Lladin Hospitium oedd yr enw. Ni cheir unrhyw awgrym yn yr adroddiad fod yr awduron wedi meddwl am y posibilrwydd y gellid cysylltu'r porthmyn â'r lle, ond wrth feddwl ni buasai y tu hwnt i bob rheswm i gredu hwyrach bod y safle wedi cael ei ddefnyddio i'r naill bwrpas a'r llall.

Yn ôl R.J.Colyer, yn ei lyfr, 'The Welsh Cattle Drovers' (Caerdydd, 1976), t.96, unig ddefnyddioldeb plwyfi Llanfihangel- ar-Arth a Llanllwni i'r porthmyn oedd darparu ffordd i rai a gychwynnai ar eu taith tua'r dwyrain o ogledd sir Benfro, de Ceredigion a gorllewin sir Gaerfyrddin.

Fe âi'r rhan gyntaf o'r ffordd honno, meddai, o Gastellnewydd Emlyn i gyfeiriad Llandysul, gan droi at y ffordd B.4336 (i ddefnyddio'i rhif swyddogol cyfoes) ger tafarn y Wilkes Head ym Mhontweli, a dilyn honno am bellter o tua chwe milltir ar draws plwyf Llanfihangel-ar-Arth at y briffordd A.485 ym Mhen-Top, Llanllwni. Oddi yno mae ffordd heb rif arni yn mynd i Rydcymerau a Llansawel.

Bu'r awdur hwnnw yn holi yn yr ardal. Deallodd fod hen enwau ar rannau o'r ffordd rhwng Llanfihangel-ar-Arth a Rhydcymerau. 'Rhyd-y-biswal', meddai, oedd yr enw ar y rhan o Lanfihangel i Ben-Top, Llanllwni, a 'Heol Lloegr' oedd yr enw o'r fan honno ymlaen i Rydcymerau. Naill ai fe gamddeallodd yr awdur beth a ddywedwyd wrtho neu fe'i camarweiniwyd yn ddybryd oblegid mae'n anodd meddwl am bobl yn y wlad yn medru galw ffordd yn 'Rhyd'.

P'un bynnag, y mae'n debyg nad y ffordd o Lanfihangel i Lanllwni a olygid gan y disgrifiad ond y ffordd o Ben-Top ymlaen, oblegid ar lecyn sy'n sefyll rhwng Mountain Gate a Chrug Edrud fe geir Crug-y-biswal, sy'n enw cyfarwydd iawn yn yr ardal. Mae o'n enw sydd eisoes wedi cael sylw yn y bennod hon wrth sôn am Heol Lladron.

Fe welodd yr awdur arwyddocâd arbennig, hefyd, yn enwau dwy dafarn ar y B.4336 a fu'n ddigon i'w argyhoeddi mai honno oedd hen ffordd y porthmyn. Mae'r naill, Cross Inn (neu, yn ôl yr enw lleol poblogaidd, Pwll Dŵr), sy'n dal ar agor, ar groesffordd y B.4336/B.4459 ym mhentref Llanfihangel-ar-Arth, a'r llall, Drovers Arms, nad yw bellach yn dafarn ond yn dŷ sy'n arddel ei hen enw, Blaencwm, tua hanner ffordd rhwng Llanfihangel a Phen-Top.

Mae yn bosib, wrth gwrs, fod rhai anifeiliaid wedi cael eu gyrru o Lanfihangel i Ben-Top Llanllwni, yn enwedig yn ystod y cyfnod o wyth mlynedd rhwng 1788, pan osodwyd gât tyrpeg yn New Inn, ac 1806 pan symudwyd hi oddi yno i Ben-Top, ond mae'n annhebygol iawn y byddai'r porthmyn wedi meddwl am wneud hynny wedyn. Mae'r rhan o'r ffordd B.4336 sydd rhwng y gyffordd lle mae Lôn Maesycrugiau yn uno â hi a Blaencwm yn ddigon syth i rywun ei hystyried yn ddatblygiad cymharol ddiweddar, hynny yw yn ddiweddar yn yr ystyr y gellid ei dyddio tua diwedd y ddeunawfed ganrif, yn hytrach na'i gweld yn ffordd hen iawn.

Yn 1809, wedyn, fe osodwyd tolldai hefyd ym Mhontweli ac yn Nhroed-rhiw-gribin, ger Llandysul, a olygai y buasid wedi disgwyl i borthmon dalu tollau dair gwaith mewn ychydig dros chwe milltir i fynd â'i anifeiliaid ar hyd y ffordd rhwng Pontweli a Phen-Top! Fel yr awgrymodd R.T.Jenkins, yn ei lyfr 'Hanes Cymru yn y Ddeunawfed Ganrif' (Caerdydd, 1931), ar draws gwlad yr âi'r porthmon, nid ar hyd y ffyrdd tyrpeg.

Tebycach o lawer fuasai i'r porthmyn yrru'r da o gyfeiriad plwyf Llangeler yn syth am Bencader a New Inn yn hytrach nag anelu am Bontweli, ac mae'r ffaith bod caeau nos ar ffermydd Plwmp, Aber- bele a Blaen-bele yn awgrymu fod lle iddynt yno i gael hoe ar y ffordd. Hyd yn oed ar ôl codi tolldy ym Mhencader byddai'n weddol hawdd i osgoi hwnnw heb fynd yn agos ato. Un ffordd o wneud hynny fyddai gyrru anifeiliaid o Bontweli ar hyd dorlannau llydan Afon Tyweli, ac o'r safbwynt hwnnw mae'n bwynt o bwys mai Pant-y-porthmon yw'r enw ar un o ffermydd plwyf Llangeler, sy'n gorwedd gerllaw'r Tyweli. Byddai caeau nos Glan-nawmor, Sunny-hill a Ffos-y-fedwen yn darparu llecynnau iddynt aros ar y ffordd i New Inn, ac yn y cyswllt hwn, yn ôl Mr. E.Bowen Jones, Blaenblodau, New Inn, mae'n glir bod hen ffordd gyhoeddus ar draws Nant Gwyddgrug o Glan-nawmor at Heol Talog. Gellid defnyddio honno er mwyn osgoi talu tollau yn nhollty Pencader.

Gellir ystyried, hefyd, fel y mae traethawd byr ar hanes y

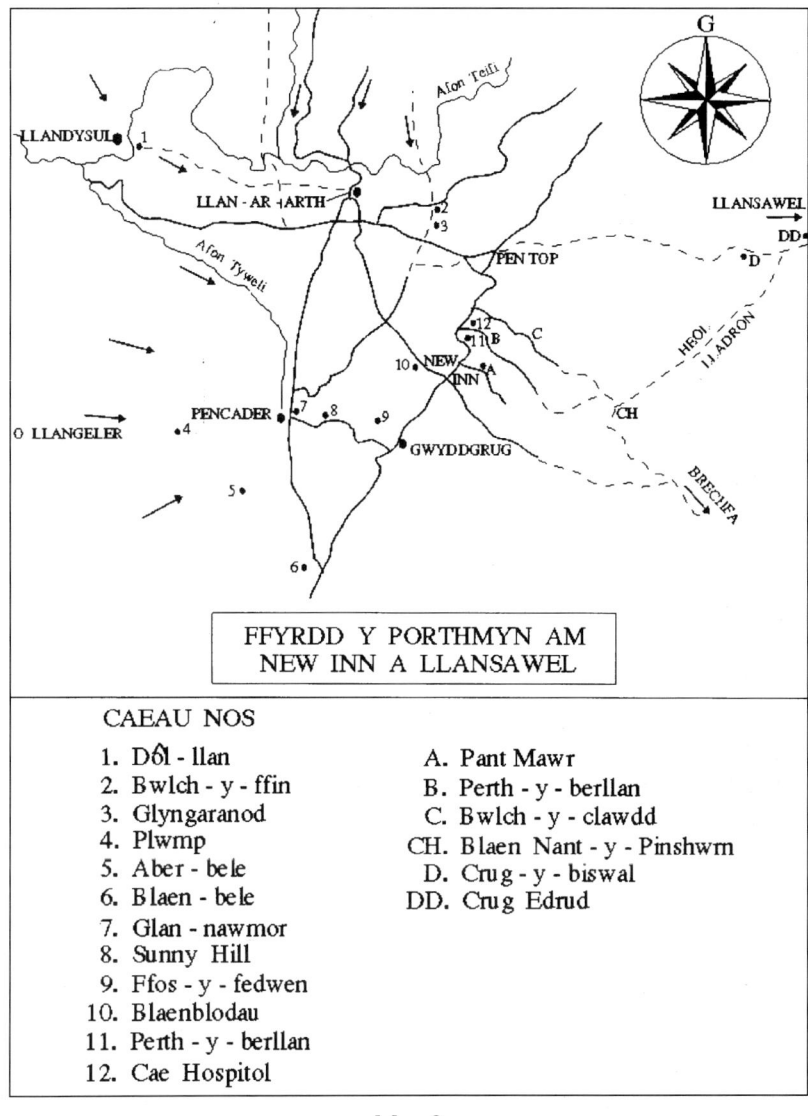

FFYRDD Y PORTHMYN AM
NEW INN A LLANSAWEL

CAEAU NOS

1. Dôl - llan
2. Bwlch - y - ffin
3. Glyngaranod
4. Plwmp
5. Aber - bele
6. Blaen - bele
7. Glan - nawmor
8. Sunny Hill
9. Ffos - y - fedwen
10. Blaenblodau
11. Perth - y - berllan
12. Cae Hospitol

A. Pant Mawr
B. Perth - y - berllan
C. Bwlch - y - clawdd
CH. Blaen Nant - y - Pinshwrn
D. Crug - y - biswal
DD. Crug Edrud

Map 8

plwyf a ysgrifenwyd yn gynnar yn y ganrif hon yn
awgrymu, bod llawer o dda yn cael eu pedoli ym Mhencader
cyn eu gyrru'n drofaid mawr i Loegr. Os oedd hynny'n ffaith

mae'n anodd gweld fel y gallent feddwl am fynd unrhyw ffordd arall na thrwy New Inn tua'r dwyrain.

Tuedd cyfrol R.J.Colyer, y mae'n glir, yw derbyn mai drwy Llanybydder y gyrrid da o Geredigion draw am Lansawel ond mae achos da tros gredu byddai llawer wedi dewis ffordd arall. Esbonnir ym Mhennod 1 mor bwysig oedd yr hen ffordd o Aberaeron a Cheinewydd drwy New Inn i Gaerfyrddin. Onid yw'n debygol, felly, mai anelu am New Inn a wnâi'r porthmyn o'r cyffiniau hynny hefyd, a gall hynny esbonio'r traddodiad bod anifeiliaid yn arfer cael dŵr i yfed gerllaw Cross Inn (Pwll Dŵr) yn Llanfihangel-ar-Arth. Fel mae'r map ar t.115 yn awgrymu, 'roedd modd cyrraedd y dafarn heb fynd ar hyd y B.4336. Ac felly hefyd Drovers Arms.

I ystyried safle Cross Inn i ddechrau; gellid mynd yno:

(a) o Dôl-llan, ar hyd hen lôn yn rhedeg heibio Craig Gwrtheyrn a Wern-macwydd, ac i fyny at y 'B.4336',

(b) cyrraedd yr un lôn wrth groesi'r Teifi ger Dôl-Gwilym ac

(c) croesi'r afon yn Glanrhyd (cyn gwneud y bont dros y Teifi) a dringo heibio'r eglwys a thafarn Spread Eagle yn Llanfihangel.

Mater hawdd fyddai cyrraedd New Inn oddi yno, ar hyd Heol Talog, ond pan adeiladwyd tolldy Llanfihangel yn 1810 bu cryn newid ar y sefyllfa fel y gwelir yn fanylach yn y bennod nesaf.

Oherwydd eu gwrthwynebiad i'r tollau yn Llanfihangel nid oedd gan y porthmyn a oedd yn dod o gyfeiriad Dyffryn Cletwr, yn rhydio'r Teifi yn Llanfihangel cyn gyrru'u anifeiliaid heibio'r Eagle i gyfeiriad New Inn, ddewis ond chwilio am ffordd arall o gyrraedd pen y daith.

Fel y gwelir yn y bennod nesaf llwyddwyd i wneud hynny gan lawer, yn enwedig pobol yn gyrru certi i ymofyn calch, neu i gludo nwyddau, trwy droi at lôn a oedd yn croesi dôl Pant-y-fen Isaf at y ffordd rhwng Maesycrugiau a Llanfihangel. O gyrraedd y fan honno, a throi i'r dde, mae Heol Talog yn agos iawn ac nid oedd y dargyfeirio, felly, yn ymestyn llawer ar hyd y siwrna.

Gerllaw'r tro i Heol Talog 'roedd tafarn arall, Spite Inn,

enw sydd i'w weld yng Nghofrestr Bedyddiadau'r Plwyf, 1801, ac yn Llyfr Cyfrifon Siop New Inn, 1812. Gerllaw Pleasant View, Llanfihangel-ar-Arth, ac o fewn tafliad carreg i Heol Talog, mae Pistyll (neu Ffynnon) Spite i'w weld o hyd. Beth, tybed, a roes fod i'r enw, sy'n awgrym bod y dafarn wedi cael ei chodi er mwyn talu rhyw fath o bwyth yn ôl i'r Eagle neu i Bwll Dŵr.

'Roedd ffordd arall i New Inn i'r porthmyn o lôn Pant-y-fen Isaf trwy fynd i'r chwith i gyfeiriad Maesycrugiau i ddechrau ac yna troi ar y dde at Glyngaranod a Blaencwm, a gellir gweld mewn ychydig paham y gallasai honno'u plesio.

Heblaw hynny, fel mae enw lle cyfagos, Glanrhyd-y-pysgod, yn awgrymu, 'roedd rhyd arall lle gellid croesi'r Teifi. Fel mae pethau'n sefyll y dyddiau hyn, mae'n bosib mai rhwng Pwll Dwrgi a Phwll Llundain Gawr oedd honno'n sefyll. Mae'r banc o bridd a godwyd ar gyfer y rheilffordd wedi drysu'r olygfa i raddau ond y mae'n ymddangos y gellid croesi'r ddôl o'r rhyd honno at Pant-y-fen Uchaf, a dim ond Bwlch-y-ffin a Glyngaranod oedd yn sefyll rhwng y fan honno â Blaencwm. Rhoddwyd gwybodaeth eisoes am gaeau nos Bwlch-y-ffin a Glyn,ac y mae'n ymddangos yn glir mai ar gyfer anifeiliaid a oedd yn cael eu gyrru heibio'r ddau Bant-y-fen y defnyddiwyd rheiny.

Credir bod digon wedi cael ei ddweud i gyfiawnhau'r ddamcaniaeth mai ar ôl codi tolldy Llanfihangel y trowyd Blaencwm yn Drovers Arms! Aflwyddiannus fu pob ymdrech i sicrhau tystiolaeth sy'n cadarnhau mai tafarn oedd Blaencwm cyn y ganrif ddiwethaf. Blaencwm oedd yr enw mewn ewyllys o'r flwyddyn 1793, ac yng Nghyfrifon Siop New Inn, 1812, hefyd.

Wedi cyrraedd Blaencwm (Drovers Arms) yr oedd gan y porthmyn ddewis o ffyrdd i New Inn; er enghraifft—

(a) mynd i'r chwith ar hyd y 'B.4336' at Ben-y-bwlch, a throi i'r dde yn y fan honno at y briffordd sy'n rhedeg trwy New Inn;

(b) croesi'r 'B.4336' a mynd heibio Llethr-neuadd at Heol Talog, ffordd y gellir ei gweld yn glir ar Fap Ordnans 1810-11.

(c) Mae coedwig ers blynyddoedd wedi newid yr olwg ar y tir rhwng Blaencwm a New Inn ac wedi cuddio hen ffyrdd a llwybrau. Un ohonynt, gellir credu, oedd yn croesi'r 'B.4336' a dilyn hen ffordd trwy dir Maescoch a Gwndwn. Mater gweddol rwydd fyddai mynd am Berth-y-berllan ar hyd honno.

Unwaith y cyrhaeddid New Inn 'roedd y ddau Gae Nos mwyaf yn aros yr anifeiliaid, gofaint yn yr ardal i'w pedoli, y siop i fwydo'r porthmyn, yr ariandy i'w ariannu, a'r tafarnau wrth law i'w disychedu. Credir, rhwng popeth, bod digon o dystiolaeth wedi'i gasglu i ddangos mor bwysig oedd y pentref i fasnach y porthmyn. Ceisiwyd esbonio yn y bennod gyntaf mor dyngedfennol i le fel New Inn oedd dyfodiad y rheilffordd i'r gymdogaeth. Collwyd y porthmyn a'u anifeiliaid megis dros nos ac nid yw'n rhyfedd bod hynny wedi digwydd. 'Roedd y trên yn medru cludo'r anifeiliaid i farchnad fel Ffair Barnet mewn ychydig o oriau gan sicrhau y byddent mewn llawer gwell cyflwr na phe baent wedi cael eu gyrru ar draws gwlad am ddyddiau.

'Roedd prisiau Ffair Barnet yn ddigon i hudo unrhyw un a oedd yn meddwl am elw o werthu gwartheg a pha gwell hysbyseb ellid ei gael i'r trên na'r hyn a ddywedwyd yn un o gyfarfodydd Cwmni Rheilffordd Caerfyrddin ac Aberteifi yn 1853, sef y gellid cael o £4 i £5 y pen yn rhagor am wartheg yn Ffair Barnet nag yn Llandysul, a medrai ffermwyr logi dau dryc i gludo 20 neu 30 o anifeiliaid am ddim ond 10 swllt y pen ac ennill elw anferth yn y broses.

Nid lladd New Inn yn unig a wnaeth y tren. Fe laddodd, hefyd, hen fasnach draddodiadol y porthmyn. Dangoswyd i ffermwyr sut i gael yr elw i'w pocedi'u hunain ond pa nifer fu'n barod i wrando ar y wers? Porthmyn ar newydd wedd gymerodd fantais o'r sefyllfa newydd, oblegid 'roedd angen arian i brynu anifeiliaid, a thalu costau'r cludo ar y rheil-ffordd; ychydig o ffermwyr oedd yn medru cwrdd a'r gofynion hynny. Diflannodd hen ffordd o fyw megis tros nos.

PENNOD 7

Cyfnod y Ffyrdd Tyrpeg

O'r unfed ganrif ar bymtheg fe ddisgynnai'r gwaith o ofalu am ffyrdd pob plwyf ar ysgwyddau'r trigolion. Disgwylid iddynt roddi hyn a hyn o amser yn ddi-dâl ym mhob blwyddyn neu, yn ei le, i ddarparu adnoddau cyfwerth ar gyfer gwneud y gwaith.

Yn y ddeunawfed ganrif gwelwyd cynnydd yn y nifer o gerbydau ar ffyrdd y wlad, yn enwedig rhai'n cludo nwyddau. Erbyn tua diwedd y ganrif gwelwyd llawer yn cario pobol hefyd a daeth galw am wella cyflwr y ffyrdd. Gan nad oedd y plwyfi'n ddigon cyfoethog i wneud y gwaith sefydlwyd cynllun i orfodi'r defnyddwyr a oedd yn debyg o wneud y drwg mwyaf i'r ffyrdd i dalu am wella a chynnal rhai allweddol trwy godi tollau arnynt. Felly y daeth ymddiriedolaethau'r ffyrdd tyrpeg i fodolaeth, gyda chorff o ddynion ariannog, blaenllaw, mewn ardal yn trefnu Deddf Seneddol i hyrwyddo'r datblygiad.

Er mwyn casglu'r tollau gosodwyd gatiau ar draws ffordd dyrpeg, un ym mhob pen, ac un, weithiau rhagor, rywle rhyngddynt. Gerllaw'r gatiau codwyd tai bychain, y tolldai, llawer iawn ohonynt o ansawdd gwael iawn, fel cartrefi i gasglwyr y tollau. Yng nghwrs amser fe sylweddolodd yr ymddiriedolaethau nad oedd pob un yn barod i fynd fel defaid drwy'r gatiau. Gwelwyd defnyddwyr yn gwneud eu gorau glas i osgoi gât trwy ddargyfeirio er mwyn cyrraedd y ffordd dyrpeg mewn man a oedd yn agosach at ben y daith na'r gât, a cheisiwyd eu dal trwy osod gatiau ysgeifn neu fariau ar draws rhai cyffyrdd, a threfnu i rywun a oedd yn byw mewn tŷ gerllaw i gasglu'r arian.

Gellid codi'r nifer a fynnid o gatiau ar hyd ffordd dyrpeg am y rheswm syml nad oedd dim yn y cyfreithiau i rwystro hynny rhag digwydd, ond mater arall oedd pa mor aml y gellid codi toll ar hyd yr un ffordd. Yn ôl R.T.Jenkins (yn *'Hanes Cymru yn y Bedwaredd Ganrif ar Bymtheg'*, Caerdydd,

1933, t.142) ni cheid gair yn y cyfreithiau yn dywedyd pa mor aml ar y ffordd y gellid gorfodi teithiwr i dalu ond, ar y llaw arall, ceir awgrym gan David Williams (yn *The Rebecca Riots*, Caerdydd, 1955, t. 177) fod taliad wrth un gât yn galluogi teithiwr i fynd drwy sawl gât arall yn perthyn i'r un ymddiriedolaeth heb dalu rhagor. Yn ôl yr esboniad hwnnw hwyrach y byddai yn ddigon i yrrwr cerbyd o Lanbedr-Pont-Steffan i Gaerfyrddin i dalu wrth y gât gyntaf yng Nghwmann i gael mynd bob cam i Gaerfyrddin heb dalu rhagor. Dwy farn sy'n groes i'w gilydd!

Mae gan y deddfau sy'n ymwneud â'r wlad rhwng Afon Teifi ac Afon Tywi (a rhai eraill, o ran hynny) rywbeth gwahanol i'w ddweud. Yn y gweddill ohonynt cyfyngwyd yr hawl i godi toll hyd at deirgwaith ar ffordd yr un ymddiriedolaeth. Rhwng Llanbedr a Chaerfyrddin, felly, 'roedd hawl i godi toll ar ddechrau ac ar ddiwedd y daith ac unwaith mewn man arall. Yn nhiriogaeth un ymddiriedolaeth arbennig, a oedd yn gyfrifol am y ffordd rhwng Pen-Rhiw-Alltwalis a Llandysul, cyfyngwyd yr hawl i ddau doll ar ddefnyddwyr y rhan honno.

Ynglŷn â'r tollau eu hunain ni thalai'r bobol ar droed ddim ond codid ceiniog ar farchog, tair ceiniog ar bob ceffyl yn tynnu cerbyd, cert neu wagen, deg ceiniog am bob ugain o wartheg, a phum ceiniog ar ugain o ddefaid neu foch. Ni chodid toll ar gerti'n cario'r cynhaeaf adref, nac ar rai'n cario tail, nac ar angladdau. Codid hanner y pris arferol ar gerti'n cario calch ar gyfer gwrteithio.

Dechreuodd y ffyrdd tyrpeg ymddolennu drwy wledydd Prydain, a gwelodd Sir Gaerfyrddin ei chyntaf yn y flwyddyn 1763, pan sicrhawyd Deddf Seneddol ar gyfer y ffordd fawr trwy San Clêr, Caerfyrddin, Llandeilo a Llanymddyfri. Dwy flynedd yn ddiweddarach ychwanegwyd ati y ffyrdd a oedd yn rhedeg o Gaerfyrddin i Bontarddulais, —yr un trwy Gydweli a Llanelli, a'r un trwy Lan-non. Rhannau o'r cysylltiadau pwysig rhwng Llundain a'r Iwerddon oedd y ffyrdd hynny i gyd, ond yn yr ail gynllun fe gynhwyswyd darpariaeth ar gyfer y ffordd rhwng Llandeilo a Phontarddulais gyda'r amcan o hyrwyddo datblygiad rhai o'r glofeydd a hwyluso'r ffordd i ffermwyr gyrraedd maes calch Llandybie.

Nid oedd gwella'r ffyrdd i Landybie fawr o help i ffermwyr rhannau gogledd-orllewinol y sir, na llawer o'u cymrodyr yng nghanol a de Ceredigion. Iddynt hwy 'roedd y daith i Grwbin a Mynyddcerrig ar gyrion Cwm Gwendraeth yn llai o chwe milltir neu ragor na'r daith i Landybie, ond nid oedd y ffordd honno heb ei hanawsterau; y prif un o'r rheiny oedd cael rhywle hwylus i groesi Afon Tywi.

Heb bont i groesi'r afon rhwng Caerfyrddin a Llandeilo, dibynnid ar ryd ger Llandeilo-yr-ynys—talfyriad o'r hen enw Llandeilo Maenor Frwnws—rhwng Nantgaredig a Phorth-y-rhyd, ond pe digwyddai llif fod yn rhedeg fe fyddai'n dra annoeth i geisio rhydio yn y fan honno. Yn y flwyddyn 1784, felly, er mwyn gwella pethau fe sicrhawyd deddf i ganiatau codi pont gerllaw'r rhyd ac i godi toll am groesi.

'Roedd codi'r bont yn sicr o fod yn gaffaeliad mawr a phrin y buasai'r un ffermwr yn grwgnach talu'r doll honno ar y pryd, ond o fewn pedair blynedd 'roedd gan ffermwyr Llanfihangel-ar-Arth, a phawb arall a oedd yn gorfod teithio drwy'r plwyf i gyrraedd y calch, doll arall i'w hwynebu.

Fe ddaeth honno ymlaen yn y flwyddyn 1788 pan gafwyd yr hawl i droi'r briffordd o Gaerfyrddin i Lanbedr-Pont-Steffan yn ffordd dyrpeg. Er fod cofnodion yr ymddiriedolaeth wedi'u colli gellir casglu o hysbysebion yn y papurau newyddion mai tair gât a osodwyd ganddynt ar y ffordd, un ym mhob pen ac un tua hanner ffordd rhwng Caerfyrddin a Llanbedr. Y tu allan i Gaerfyrddin gosodwyd gât ar y groesffordd ym Mheniel, ond gelwid hi'n Gât Glangwili o'r cychwyn cyntaf: ei symud yn ddiweddarach yn nes at y dref oedd y bwriad, y mae'n debyg, a hynny ddigwyddodd. Y tu allan i Lanbedr y dewis le oedd Cwmann, lle y gwasan-aethai'r gât y ffordd dyrpeg rhwng Llanbedr a Llanymddyfri hefyd. Cartref cyntaf y drydedd gât oedd pentref New Inn.

Ar yr olwg gyntaf mae'n ymddangos fel petae'r ymddiriedolwyr wedi dewis New Inn am y rheswm amlwg fod y pentref union hanner ffordd rhwng Caerfyrddin a Llanbedr, ond mae angen ystyried, hefyd, y tebygolrwydd mai yno fyddai'r lle gorau p'un bynnag i gasglu tollau yn y cyfnod hwnnw, oblegid 'roedd y pentref mewn lle allweddol o safbwynt teithio o rannau helaeth o Geredigion i Gaerfyrddin hefyd, ac ar gyfer anghenion y ffermwyr am galch o Gwm Gwendraeth, fel yr esboniwyd eisoes ym Mhennod 1.

Y mae'n anodd meddwl am unrhyw fan ar wahân i groesffordd New Inn fel lle addas ar gyfer tolldy yn y pentref, ac am nifer o resymau safle tafarn Blossom Lodge, a adeiladwyd yn 1840-41 (blynyddoedd wedi symud y tolldy), oedd y lle mwyaf tebygol iddo fod. Serch hynny, y mae un enw diddorol iawn i'w weld yng nghofrestrau Arglwydd-iaeth Talyllychau sy'n anodd i'w anwybyddu oherwydd y mae'n enw sy'n swnio mor addas i gât neu far ar draws rhyw heol.

A'r enw hwnnw yw Temple Bar, ar gae neu ran o gae yn perthyn i fferm Blodeuen. Yn anffodus bu'n amhosib sefydlu ymhle yn union yr oedd y Temple Bar hwnnw gan mai yn y flwyddyn 1836 y crybwyllir yr enw am y tro cyntaf ac, o ran hynny, am yr unig dro. Serch hynny, y mae'n werth ystyried, mewn ymgais i'w esbonio, y gallesid fod wedi gosod gât i ddal rhai a oedd wedi gweld ffordd i osgoi talu tollau trwy groesi rhai o gaeau Blodeuen i fynd at y mynydd, un yn cychwyn, dyweder, rywle rhwng Nant-y-gelli a Landwr ar y briffordd, mai enw ar honno, felly, oedd Temple Bar. Benjamin Saunders, Perth-y-berllan, oedd piau Blodeuen cyn gwerthu'r fferm yn 1810 ac ni ellir anwybyddu'r posibilrwydd y byddai ef wedi caniatau'r ffordd ar draws ei dir er mwyn cadw'r anifeiliaid yn glir o Bant Mawr a Pherth-y- berllan, y ddau le ym mherchnogaeth ei deulu.

Wrth feddwl am y Temple Bar sydd rhwng Llanbedr-Pont-Steffan a Felinfach, fe bâr i rywun feddwl y gallasai pentref

New Inn fod wedi cael yr un enw onibai bod Travellers Rest ar ei thraed yno'n barod.

O 1788 ymlaen, felly, disgwylid i ffermwyr yn nôl calch o gyrion Cwm Gwendraeth dalu tollau mewn dau le, yn New Inn ac yn Llandeilo-yr-ynys. Yn waeth na hynny, gan y cymerasai'r siwrna o fynd a dychwelyd weithiau fwy na diwrnod o amser, fe ddisgwylid i'r ffermwr dalu toll arall yn New Inn ar y ffordd adref. Halen ar unrhyw friw, p'un bynnag, fuasai'r doll yn New Inn pan ystyrir mai dim ond lled y briffordd a ddefnyddiai teithiwr o Frechfa i Lanfihangel-ar-Arth wrth groesi rhwng Heol Salem a Heol Talog!

Chwilio am ffordd o leihau'r gost a wnâi'r ffermwr, yn naturiol, a chan nad oedd dim modd peidio talu toll ar bont Llandeilo-yr-ynys, yr unig obaith oedd osgoi tolldy New Inn; i wneud hynny yr oedd angen ffordd wahanol rhwng Llanfihangel-ar-Arth a Brechfa. Mae'n glir, oherwydd beth a ddigwyddodd wedyn, bod y ffermwyr wedi dechrau defnyddio'r ffordd trwy Ben-Top, Llanllwni, a Llidiad-nenog i Frechfa yn lle mynd trwy New Inn.

Ni wyddys beth oedd gwerth blynyddol y tollau a dderbyniwyd ar Ffordd Dyrpeg Caerfyrddin—Llanbedr cyn 1803 ond o hynny ymlaen fe geir gwybodaeth yn y papurau newyddion. Ni chesglid y tollau gan weision yr ymddiriedolaethau ond trwy osod y gatiau am flwyddyn ar y tro i ymgymerwyr. Wrth hysbysebu'r gatiau yn y wasg rhoddwyd amcan o'r pris y disgwylid ei gael trwy gyhoeddi faint a dderbyniwyd yn dollau yn ystod y flwyddyn flaenorol. Dyma'r derbyniadau rhwng 1803 ac 1805:-

Blwyddyn	Glangwili	New Inn	Cwmann
	£	£	£
1803	190	36	10.10.0
1804	198	36	10.10.0
1805	239	40	10. 0.0

Mae'r gwahaniaeth rhwng New Inn a Glangwili yn haeddu sylw gan ei fod mor sylweddol. Gellid disgwyl cynnydd yn y derbyniadau wrth nesáu at Gaerfyrddin, wrth gwrs, ond nid yn sicr gymaint â bron chwe gwaith gwerth y tollau yn New Inn. Dim ond tir amaethyddol oedd rhwng y ddau le, a'r hyn sy'n esbonio'r gwahaniaeth orau yw'r tebygolrwydd bod canran uchel iawn o ddefnyddwyr y ffordd dyrpeg yn llwyddo i osgoi talu toll ar groesffordd New Inn.

Rhoddwyd un enghraifft o'r ffordd y gwnaed hynny eisoes. Gellid cadw'n glir o'r tolldy hefyd trwy droi ar y dde ym Mhen-Top, Llanllwni, a defnyddio hen ffordd oedd yn rhedeg o Ben-y-bwlch trwy dir Maescoch a heibio i Lethr-neuadd i Bencader, gan ddychwelyd at y ffordd dyrpeg yng Ngwyddgrug neu gyferbyn â Bryn Meillion, rhwng Gwyddgrug a Phen-Rhiw-Alltwalis.

'Roedd y gwahaniaeth mawr rhwng derbyniadau New Inn a Glangwili yn sicr o bwyso ar feddyliau'r ymddiried-olwyr, ond y broblem fawr oedd penderfynu sut i wella pethau. Gallent weld bod modd osgoi'r doll trwy ddargyfeirio pa beth bynnag a wnaent, ond penderfynwyd yn 1806 mai symud y gât o New Inn i Ben-Top fyddai orau, ac yno yn y flwyddyn honno fe godwyd tolldy newydd Gwarallt Fach. Mae'r derbyniadau o 1806 i 1808 yn profi na fuont ar eu hennill-

Blwyddyn	Glangwili	Gwarallt Fach	Cwmann
	£	£	£
1806	220	40	10.5.0
1807	239	40	10
1808	262	40	10

Ceir neges clir o'r tabl sydd uchod. Mae'r derbyniadau cystal â dweud bod y ffermwyr o'r gorllewin wedi dychwelyd at yr hen ffordd i Frechfa trwy Heol Talog a New Inn, er mwyn osgoi gât Gwarallt Fach, a theithwyr eraill o gyfeiriad Llanybydder a'r rhannau gogleddol eraill wedi darganfod ffordd o'i hosgoi trwy ddefnyddio'r ffordd drwy Maesycrugiau o Lanybydder. Bu pentref New Inn yn sicr ar ei elw wrth symud y gât ond rhaid cofio, ar hyd yr amser, bod gan y lle hwnnw atyniadau, fel siop a thafarnau, nad oeddent i'w cael ym Mhen-Top.

Y mae'n bosib, ar y llaw arall, bod gwybodaeth am gynllun arall a oedd yn yr arfaeth wedi dylanwadu ar y penderfyniad i symud y tolldy, a hwnnw oedd y bwriad i sefydlu ymddiriedolaeth newydd i droi'r ffordd rhwng Nantgaredig a Llansawel, ynghŷd â changen o Frechfa i Lanllwni, yn dyrpeg newydd. Derbyniodd y cynllun hwnnw fendith y Senedd yn 1809.

Gosodwyd gatiau ar groesffordd Penllwyni (ger Nant-garedig), ym Mrechfa ac yn Llansawel, a defnyddiwyd Gât Gwarallt Fach ar y cyd gydag Ymddiriedolaeth Caerfyrddin-Llanbedr. Un o'r canlyniadau cynnar oedd y penderfyniad yn 1813 i wneud ffordd rhwng Pen-top a Blaen Nant-y-Pinshwrn, ffordd nad yw'n cael ei dangos o gwbwl ar Fap Ordnans 1811-12.

Digwyddiad pwysig arall yn 1809 oedd y cais gan Ymddiriedolaeth Ffordd Dyrpeg Caerfyrddin—Llanbedr am adnewyddu'r hawliau a roddwyd iddynt am 21 mlynedd yn 1788. Wrth sicrhau'r estyniad hwnnw fe gafwyd hefyd yr hawl i ehangu maes yr ymddiriedolaeth i gynnwys y ffordd o Alltwalis i Landysul trwy Bencader, ac o Bencader at y rhyd yn Afon Teifi ger pentref Llanfihangel-ar- Arth. Yn sgil y ddeddf newydd sefydlwyd Ymddiriedolaeth Ffyrdd Tyrpeg Glannau Teifi i ofalu am yr ychwanegiad yng nghyfrifoldebau'r hen ymddiriedolaeth.

Cynhaliwyd tri chyfarfod cyntaf yr ymddiriedolwyr, yn eu plith Thomas Rees, siop New Inn, a Thomas Saunders, Perth-y- berllan, yn nhafarn Travellers Rest, gyda'r tafarnwr, Simon Davies, yn ysgrifennydd. Y trysorydd cyntaf oedd Thomas Rees. Nid yw'n glir beth yn union oedd diddordeb Rees a Saunders yn yr ymddiriedolaeth newydd; 'roedd y ddau'n gobeithio, hwyrach, gweld Heol Talog yn cael ei throi'n ffordd dyrpeg. Gwelsant yn fuan iawn sut yr oedd y gwynt yn chwythu; ar ôl cynnal pedwar cyfarfod yn Travellers Rest, yn nhafarn Spread Eagle yn Llanfihangel-ar-Arth y cynhaliwyd y rhai nesaf, ac ni bu'n hir cyn i'r ddau o New Inn golli eu diddordeb.

Ar ffyrdd yr ymddiriedolaeth newydd gosodwyd gatiau yn Nhroed-Rhiw-Gribin (ger Llandysul), Llanfihangel-ar-Arth (ger y tro at y ffordd sy'n mynd heibio'r ysgol) a Phenpompren, Pencader (wrth y tro am Gwyddgrug).

Gellir gweld, mewn cylch o chwarter canrif, beth oedd effaith sefydlu'r ymddiriedolaethau ar boced y ffermwr o, dyweder, Dalgarreg, (a ddôi i gysylltiad â ffyrdd tyrpeg Sir Gaerfyrddin wrth groesi Afon Teifi) ar ei daith i gael calch o Grwbin yn y tabl nesaf:

Gatiau'r Ymddiriedolaethau Tyrpeg		
1784	1788	1809
	New Inn	Llanfihangel-Ar-Arth
		Gwarallt Fach
		Brechfa
		Penllwyni
Llandeilo-yr-ynys	Llandeilo-yr-ynys	Llandeilo-yr-ynys
		Porth-y-rhyd

Byddai'r daith yn golygu talu yn Llanfihangel i Ymddiriedolaeth Glannau Teifi; yng Ngwarallt Fach i Ymddiriedolaeth Caerfyrddin; Brechfa a Phenllwyni i Ymddiriedolaeth Brechfa; ar y bont i Ymddiriedolaeth Llandeilo-yr-ynys, ac ym Mhorth-y-rhyd i Ymddiriedolaeth y Tri Chwmwd.

Ym mhob un o'r gatiau hynny disgwylid toll o dair ceiniog gan ffermwr yn ymofyn neu'n cludo calch gyda chert a dau geffyl. Nid oedd hynny'n debyg o fod yn ddigon ar gyfer y siwrna yn ôl gyda chert llwythog, a alwai am gymorth ceffyl arall i ddringo'r rhiwiau serth rhwng Brechfa a Llanllwni. Golygai hynny dalu ceiniog arall ym mhob gât ar gyfer y ceffyl hwnnw. Problem arall yn wynebu'r ffermwr

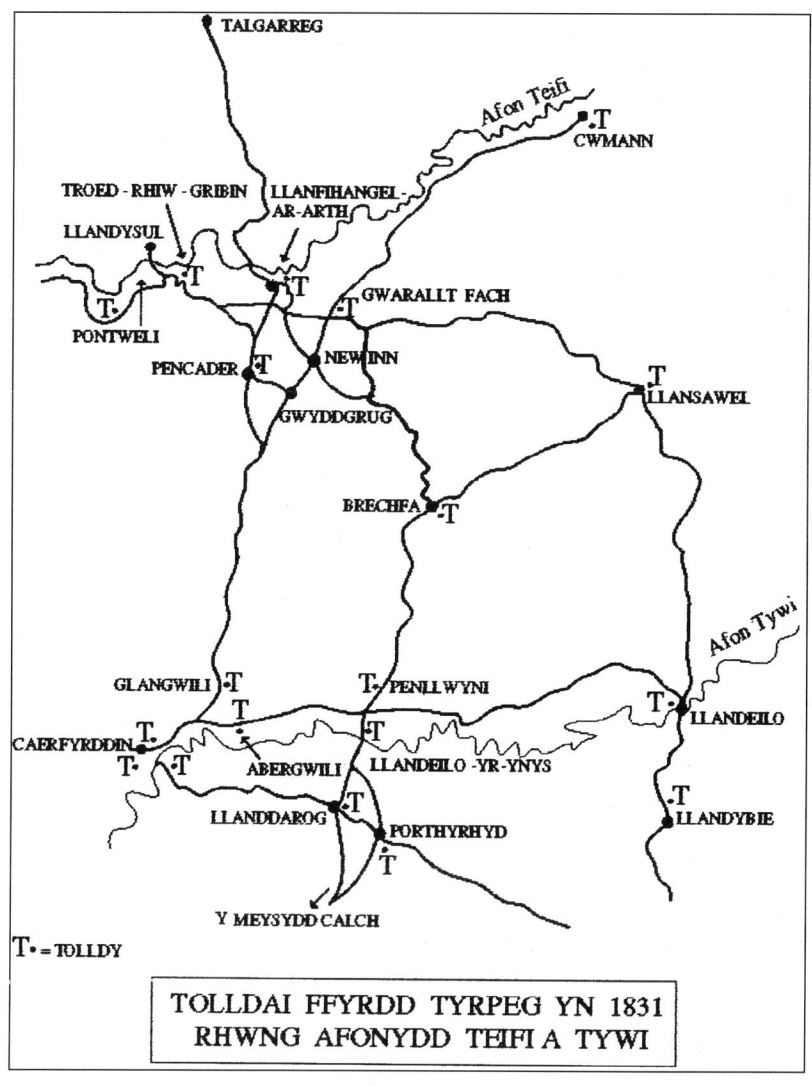

TALGARREG

Afon Teifi

CWMANN •T

TROED - RHIW - GRIBIN   LLANFIHANGEL -
                        AR-ARTH
LLANDYSUL

PONTWELI   •T   T

          GWARALLT FACH •T

PENCADER •   T   NEW INN

          GWYDDGRUG   T
                        LLANSAWEL

          BRECHFA •T

                              Afon Tywi

GLANGWILI •T   T• PENLLWYNI
            T   T• LLANDEILO
CAERFYRDDIN• T•   •T
        T•   •T   ABERGWILI LLANDEILO -YR-YNYS
                LLANDDAROG   •T   •T LLANDYBIE
                        PORTHYRHYD
                        •T

        Y MEYSYDD CALCH
T• = TOLLDY

TOLLDAI FFYRDD TYRPEG YN 1831
RHWNG AFONYDD TEIFI A TYWI

MAP 9.

oedd ei anallu i deithio bob cam yn ôl mewn diwrnod (24
awr) ac oherwydd hynny mae'n debyg y disgwylid iddo
dalu eto yn gatiau Gwarallt Fach a Llanfihangel. Fe wnâi
hynny gyfanswm o 2/8 am dollau, bron cymaint â gwerth y
llwyth o galch ei hun.

'Roedd ffermwyr o rannau eraill yn wynebu pethau gwaeth na hynny. Mewn papur newydd yn 1843 rhoddwyd amlinelliad o'r taliadau a wynebid gan ffermwr yn ymofyn calch wrth fynd o Lanbedr-Pont- Steffan i Landybie, pellter o tuag ugain milltir. Ar y ffordd yr oedd saith o gatiau a disgwylid tollau o 4/1. Os na fedrai'r ffermwr ddychwelyd cyn hanner nos byddai angen talu rhagor. A faint oedd pris y calch—rhwng 2/6 a 3/6, yn dibynnu ar y llwyth.

'Roedd y siwrnai'n un ddrud pe na bai angen ond un llwyth mewn tymor, ond nid wagen fawr pedwar olwyn oedd gan y ffermwr. Ni fedrai ffordio un o'r rheiny ac yr oedd yn gorfod dibynnu, felly, ar y gert ddwy olwyn a wnâi waith y fferm. Yn aml, 'doedd gan y ffermwr ddim dewis ond mynd am ddau, tri, neu ragor o lwythi o galch. 'Roedd ganddo le i achwyn, ond fe achwynai ymddiriedolwyr y ffyrdd tyrpeg neu syrfewyr heolydd y plwyfi hefyd am y difrod a wnâi olwynion cul y certi calch. Nid oedd sôn, bryd hynny, am ddulliau Macadam o wneud ffyrdd.

Nid am y difrod i'r ffyrdd yr ymboenai'r ffermwr, wrth gwrs, ond am y tyllau yn ei boced, a'r hyn a wnâi oedd ceisio osgoi cynifer o'r gatiau ag y gallai. Yn y cyswllt hwn mae'n werth canolbwyntio ar y dulliau ddefnyddiwyd i osgoi tollau Gât Llanfihangel-ar- Arth, oblegid y mae'n glir bod sawl ffordd o wneud hynny.

Rhaid croesi Afon Teifi i gyrraedd Llanfihangel o Geredigion ac yr oedd tair, os nad mwy, o rydau ar gyfer hynny.

Mae'r enw, Glanrhyd, ar yr adeilad (hen efail) sydd gerllaw'r bont bresennol, yn arwydd digon clir o leoliad un ohonynt. Mae ewyllys David Lloyd, Alltyrodyn, a fu farw yn 1679, yn enwi 'Tir Pen Bont ar lan Rhyd Llanfihangel' fel rhan o'i eiddo ond fe ddichon mai pont bren i gerddwyr yn unig oedd honno, a'i bod wedi diflannu cyn dechrau'r ganrif ddiwethaf gan nad oes sôn amdani. Yn 1815/6 fe godwyd pont newydd yn y fan honno, y bont gyntaf, hwyrach, i fedru dal cerbyd, ac yn 1850 fe godwyd un arall yn ei lle.

'Roedd ffordd arall trwy'r dŵr bas rhwng Dôl Gwilym a Chwm Macwydd, ac y mae'r enw Glanrhyd-y-pysgod yn ddigon ynddo'i hun i awgrymu lle arall. Pwy a ŵyr pa nifer o rydau eraill allasai fod yn enwog yn yr un cyffiniau bron ddau gant o flynyddoedd yn ôl?

'Roedd nifer o lonydd bach rhwng Cwm Macwydd a Llanfihangel, rhai yn arwain at y ffordd o Landysul (y B.4336) a oedd hefyd yn ffordd dyrpeg (ond heb gât arni yn Llanfihangel) ac un go arbennig rhwng yr eglwys a Tŷ-wrth-yr-Eglwys (Church Farm) yn cyrraedd y ffordd dyrpeg (B.4459).

O Lanrhyd-y-pysgod, wedyn, gellid croesi rhwng, dyweder, Pwll Dwrgi a Phwll Llundain Gawr i gyrraedd dolydd Pant-y-fen Uchaf, fferm sydd a'i chlos gerllaw'r ffordd o Lanfihangel i Faesycrugiau.

Mae'n ymddangos yn glir o'r cofnodion mai problem fwyaf Ymddiriedolaeth Glannau Teifi oedd y teithwyr yn osgoi'r gât yn Llanfihangel trwy ddefnyddio lôn trwy glos Pant-y-fen Isaf i gyrraedd y ffordd i Faesycrugiau. Wrth droi i'r dde yn y fan honno ychydig iawn o bellter oedd wedyn i Heol Talog. Oherwydd bod y tro am Bant-y-fen Isaf cyn cyrraedd Gât Llanfihangel mae'n hawdd gweld sut y gellid hebgor talu'r doll.

Er nad yw'r cofnodion yn hollol glir ar y mater mae'n ymddangos yn debygol bod yr ymddiriedolaeth wedi gosod gât ychwanegol ar y bont mewn ymgais i ddal y troseddwyr, ond gorfodwyd hwy i'w symud a'i gosod rhwng yr eglwys a Tŷ-wrth-yr-eglwys pan welsant mai'r hyn a wnâi'r ffermwyr oedd croesi'r afon ger Dôl-Gwilym i gyrraedd y fan honno, ac yna defnyddio ychydig o'r ffordd dyrpeg, ar yr ochr isaf i dafarn Spread Eagle, i fynd am Bant-y-fen Isaf. Wrth wneud hynny, wrth gwrs, 'roedd y bont yn glir unwaith eto a dychwelai'r ffermwyr yn ddiymdroi at honno. Problem fawr yr ymddiriedolaeth, wrth gwrs, oedd na ellid ystyried cyflogi rhagor o ddynion i ofalu am y gatiau ychwanegol, ond fe gymerodd ychydig o amser cyn iddynt sylweddoli mai'r lle gorau i osod gât i ddal y rhai a oedd yn osgoi Gât Llanfihangel oedd wrth geg y lôn ar draws y ddôl at Bant-y-fen Isaf.

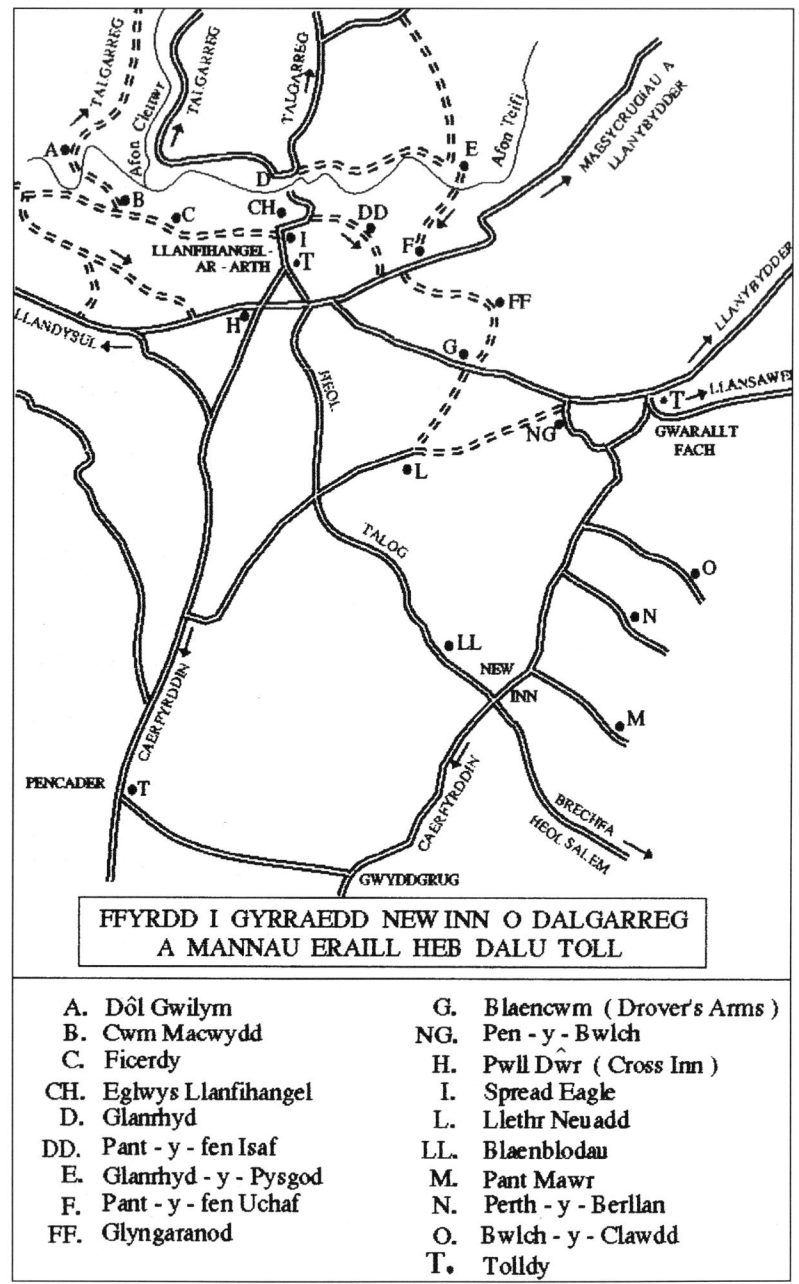

FFYRDD I GYRRAEDD NEW INN O DALGARREG
A MANNAU ERAILL HEB DALU TOLL

A.	Dôl Gwilym	G.	Blaencwm (Drover's Arms)
B.	Cwm Macwydd	NG.	Pen - y - Bwlch
C.	Ficerdy	H.	Pwll Dŵr (Cross Inn)
CH.	Eglwys Llanfihangel	I.	Spread Eagle
D.	Glanrhyd	L.	Llethr Neuadd
DD.	Pant - y - fen Isaf	LL.	Blaenblodau
E.	Glanrhyd - y - Pysgod	M.	Pant Mawr
F.	Pant - y - fen Uchaf	N.	Perth - y - Berllan
FF.	Glyngaranod	O.	Bwlch - y - Clawdd
		T.	Tolldy

Map 10

Mae'n ymddangos hefyd, o'r hyn a ddywedwyd mewn achos llys yng Nghaerfyrddin yn 1844, bod yr ymddiriedolaeth wedi gosod gât ger Wern Macwydd, ar y lôn o Gwm Macwydd at y B.4336, ffaith sy'n awgrymu bod llawer iawn wedi bod yn defnyddio'r dŵr bâs ger Ddôl Gwilym i groesi'r afon mewn ymdrech i osgoi gatiau Llanfihangel a Phant-y-fen Isaf.

Er iddi fod yn glir bod y wlad wedi dioddef dirwasgiad amaethyddol trwm ar ôl y rhyfel yn erbyn Napoleon a ddaeth i derfyn yn 1815, 'roedd trafnidiaeth mewn cerbydau o bob math ar hyd y ffyrdd ar gynnydd, ond mae'n glir fod cyfrwystra'r teithwyr, boed rheiny'n ffermwyr yn ymofyn calch, neu ar y ffordd i'r farchnad, yn borthmyn yn gyrru eu hanifeiliaid, neu'n bobol gyffredin yn ymblesera, wedi achosi colledion sylweddol i Ymddiriedolaeth Glannau Teifi, fel mae'r derbyniadau canlynol yn dangos—

Blwyddyn	Troed-rhiw-gribin	Llanfihangel	Pencader	Cyfanswm
	£	£	£	£
1811-2	50	61	54	165
1812-3	50	73	30	153
1814-5	Dim ffigurau ar wahân			144
1816-7	61-10-0	60	29	150-10-0
1818-9	61	78	21-10-0	160-10-0
1819-20	61	78-10-0	21-10-0	161
1820-1	42	79-10-0	20	141-10-0
1821-2	40	60-10-0	20	120-10-0
1824-5	53	61	26	140
1831-2	Dim ffigurau ar wahân			160
1832-3		eto		165

Nid Gât Llanfihangel oedd yr unig un i ddioddef colledion; mae'r amrywiaeth yn nerbyniadau Gât Troed-rhiw-gribin yn dangos yr un duedd, ond Gât Pencader ddioddefodd fwyaf oblegid dylasai'r derbyniadau yno fod yn uwch na'r ddwy arall yn ôl darpariaethau'r statud.

Enghreifftiau o osgoi talu toll mewn un lle, ger Afon Teifi, sydd wedi bod o dan sylw mor belled ond nid oeddent yn cynrychioli sefyllfa unigryw. O ran diddordeb gellir crybwyll un arall, yng nghyffiniau Brechfa, yr ochr draw i New Inn o Lanfihangel-ar- Arth. 'Roedd teithwyr o New Inn yn osgoi gât Brechfa trwy droi i'r dde cyn cyrraedd y pentref a mynd heibio Felin Marlais a Glanrhyd-y-Morwynion cyn dilyn lôn wledig sy'n cyrraedd y ffordd dyrpeg ger Abergolau, rhwng Brechfa a Horeb. Ni chollodd yr ymddiriedoIaeth lawer o amser cyn rhwystro hynny trwy osod gât ar y tro i'r dde. Enw honno oedd Gât Grofft (yn ddiweddarach Gât Croesyceiliog).

Er mwyn gwneud yn siŵr na fyddent yn gorfod talu toll ar y ffordd adref mae'n edrych yn debyg iawn fod ffermwyr a oedd yn ymofyn calch neu unrhyw deithiwr arall a farchogai geffyl yn ymdrechu i gwblhau ei daith at y calch ac yn ôl adref mewn llai na phedair awr ar hugain. Gofalent gychwyn trwy Gât Brechfa toc ar ôl hanner nos a dychwelyd trwyddi cyn yr hanner nos ddilynol. Iddynt hwy buasai tafarnau New Inn yn fannau hwylus i gael hoe cyn cychwyn ac wrth fynd adref.

Fel y gwelwyd eisoes 'roedd gan yr ymddiriedolaethau eu problemau. 'Roedd iddynt ddiffygion gweinyddol hefyd, yn enwedig yn achos Ymddiriedolaeth Brechfa. Nid oedd gan yr ymddiriedolwyr lawer o ddiddordeb yn eu cyfrifoldebau. Yn ystod ei hoes, o 1809 hyd 1843, galwyd 120 o gyfarfodydd ond bu raid gohirio 58 (bron eu hanner) gan nad oedd digon yn bresennol. Ceir hanes cyfarfodydd blynyddol, lle gosodwyd y gatiau, heb yr un ymddiriedolwr yn tywyllu'r lle. Weithiau dim ond y clerc oedd wedi cyrraedd y fan lle galwyd y cyfarfod, ffaith sy'n peri gofyn a gofiodd hwnnw anfon y rhybuddion angenrheidiol allan bob tro!

Un o feibion Plas Maesycrugiau oedd John Bowen Davies, a fu'n glerc ar un adeg tan ei farwolaeth yn 1832, a hwyrach fod tuedd ynddo i feddwl am ei hwylustod ei hun ar draul eraill trwy alw'r cyfarfodydd yn Bumper Inn, New Inn. Wedi'r cwbl, i Ymddiriedolaeth Brechfa yr oedd yn gweithio ac oni fuasai'r Forest Arms, Brechfa, yn addasach lle ar gyfer ei chyfarfodydd? Yn waeth na dim arall fe anwybyddodd Davies, yn 1830, yr angen i adnewyddu'r ddeddf a roes ei bodolaeth i'r ymddiriedolaeth, er hwyrach nad ei fai ef oedd y ffaith bod copi'r ymddiriedolaeth o'r ddeddf wreiddiol ar goll.

'Does dim dadl nad oedd casineb dwfn yn erbyn y gatiau ar y ffyrdd tyrpeg ac nid oedd cael caniatâd yn ystod yr 1830au i godi tollau uwch yn debyg o wneud dim ond gwaethygu pethau mewn cyfnod o ddirwasgiad. 'Roedd anniddigrwydd cymdeithasol yn cyniwair drwy siroedd y de-orllewin, ac wrth wraidd y peth yr oedd nifer o ffactorau. Yn un peth, byddai'r cynnydd sylweddol yn y boblogaeth ers dechrau'r ganrif heb ychwanegiad cyfatebol yn yr adnoddau ar ei chyfer yn un ohonynt. 'Roedd plwyf fel Llanfihangel-ar-Arth yn llawn o ffermwyr bach a llafurwyr yn ceisio crafu bywoliaeth, a gwyrai'r ffermwyr yn arbennig o dan faich y tollau ar y priffyrdd wrth fynd â'u cynnyrch i'r farchnad ac ymofyn llwythi o galch o'r odynnau. Cwynid yn erbyn y tirfeddianwyr a godai renti uchel, gwelwyd bai ar warcheidwaid y tlodion am gynnydd yn nhreth y tlodion, ac ni welwyd unrhyw synnwyr mewn talu degwm i'r eglwys mewn gwlad o Anghydffurfwyr. Beirniadwyd y crach am ymbellhau oddi wrth y werin a'r ynadon am ddiogelu breintiau eu cymrodyr bras eu byd.

Arwydd gweladwy o'r anniddigrwydd oedd gatiau'r ffyrdd tyrpeg ac yn 1839 fe gymerwyd y cam cyntaf yn eu herbyn pan ddinistriwyd un ger Efailwen yn Sir Benfro. Yna bu tawelwch am dros dair blynedd ond hwnnw oedd y cam ymosodol cyntaf yn yr hyn a ddatblygodd yn Derfysg Rebeca.

Arferai'r ymosodwyr wisgo dillad merched ac fe fabwysiadwyd yr enw o'r adnod yn Llyfr Genesis (Pennod 24, Adnod 60)—

'Ac a fendithiasant Rebeca, ac a ddywedasant wrthi, Ein chwaer wyt, bydd di fil fyrddiwn; ac etifedd dy had borth ei gaseion.'

Ailgyneuwyd y fflam yn ardal San Clêr yn hydref, 1842, ac

ychydig dros chwe mis yn ddiweddarach, ym mis Mai, 1843, bu'r ymosodiad cyntaf yn Nyffryn Teifi pan ddinistriwyd gatiau Pontweli a Throed-rhiw-gribin gan garfan o rhwng ugain a deg-ar-hugain. Ym Mehefin chwalwyd tolldy a gât Penllwyni ger Nangaredig, tolldy Pontweli, a tholldy a gât newydd Troed-rhiw-gribin, lle gorfodwyd y ceidwad i gynorthwyo yn ninistr ei gartref ei hun.

Ar 20 Mehefin danfonwyd llythyr i Landysul i alw ar bawb i fod yn barod i ymosod ar gât Llanfihangel-ar-Arth y noson honno, a phan farchogodd yr arweinydd a'i fintai arfog drwy'r lle ar y ffordd i gyflawni'r drygioni daeth tyrfa i'w dilyn bob cam o'r tair milltir nesaf. Wedi difrodi'r gât a'r tolldy aethpwyd ymlaen i Bencader ar yr un trywydd.

Ar y 7fed o Orffennaf dinistriwyd gât pont Llandeilo-yr-ynys, a gât Gwarallt Fach ar y 10fed. Cafodd trigolion New Inn flas o'r terfysg y noson honno pan alwyd arnynt, yng nghwmni gwŷr o Lanybydder, i fod yn rhan o'r fintai. 'Roedd tua dau gant yn bresennol i gyd ac yn eu harwain yr oedd 'Rebeca' wedi ei gwisgo'n lliwgar dros ben ac, yn hafaidd iawn, yn cario parasol.

'Roedd yr awdurdodau yn meddwl eu bod wedi dal un David Evans, ffermwr o'r plwyf, a oedd wedi bod, meddent, wrthi'n tynnu tolldy Llanfihangel i lawr. Codwyd achos yn ei erbyn yn y Frawdlys ond taflwyd hwnnw allan gan nad oedd digon o dystiolaeth i brofi ei euogrwydd. Yna fe'i cyhuddwyd o gymryd rhan yn ninistr tolldy Gwarallt Fach ond methwyd â'i gael yn euog o'r drosedd honno chwaith. Petae wedi cael ei ddedfrydu byddai wedi cael ei anfon i Awstralia.

Pedwar diwrnod ar ôl dinistrio Gwarallt Fach malwyd gât Porth-y-rhyd am y tro cyntaf. Pan ailadeiladwyd hi fe'i dymchwelwyd drachefn ar 5 Awst, ac am y trydydd tro bythefnos yn ddiweddarach. Yn ystod mis Awst gwelwyd Rebeca ym mhob pen o ffordd Caerfyrddin—Llanbedr, pan faluriwyd gât Cwmann ar y 4ydd a Glangwili ar y 25ain.

Galwodd yr awdurdodau ar finteioedd o'r fyddin i dawelu'r terfysg a gorsafwyd rhai mewn gwahanol fannau.

'Roedd 13 o ddynion yn Llandysul, 6 yn Llanybydder, 6 yn New Inn a 10 ym Mrechfa yn Chwefror, 1844.

Canlyniad yr holl derfysg fu ymchwiliad gan y llywodraeth a arweiniodd at ddiddymu'r ymddiriedolaethau a sefydlu byrddau sirol yn eu lle yn 1845 i ofalu am y ffyrdd tyrpeg. Un o flaenoriaethau cyntaf Bwrdd Ffyrdd Sir Gaerfyrddin oedd penderfynu pa dolldai i'w cadw a pha rai i'w cau. 'Roedd rhai ohonynt wedi cael eu chwalu yn ystod y terfysg ac ni thrafferthwyd i'w codi'n ôl. Ymhlith rheiny oedd y tri rhwng Llansawel a Nantgaredig yn nhiriogaeth Ymddiriedolaeth Brechfa, a Throed-rhiw-gribin a Llanfihangel-ar-Arth yn ardal Glannau Teifi.

Ailadeiladwyd tolldai Gwarallt Fach a Phencader, ond chwalwyd y ddau cyn diwedd 1846 pan agorwyd tolldy newydd yn Alltwalis. Pan ddigwyddodd hynny yr unig dolldai rhwng ffermydd Ceredigion a meysydd calch cylch y Gwendraeth oedd rhai Cwmann, Pontweli, Alltwalis, Glangwili (Francis Well), Pont Caerfyrddin, Porth-y- rhyd a Llandeilo-yr-ynys. 'Roedd y diwygiad hwnnw, o'i gymharu â'r hen drefn, yn ysgafnach i boced pawb, ac os digwyddai fod llai na saith milltir o bellter rhwng dau dollty 'roedd y doll a delid yn y cyntaf ohonynt yn ddigon i fynd â'r talwr trwy'r nesaf os nad hwyrach un arall hefyd heb dalu rhagor.

Fe wnaeth hynny wahaniaeth mawr i ffermwr o ogledd-orllewin y sir, neu o Geredigion, ar ei ffordd i ardal y Gwendraeth i nôl calch trwy dorri ei dollau i lawr i'r un a ddisgwylid ar bont Llandeilo-yr-ynys. Ond yn 1852 fe gyrhaeddodd y rheilffordd Gaerfyrddin ac oherwydd hynny y mae'n debyg bod calch i'w gael yn nes adref yn yr orsaf. Yn ôl atgofion David Davies, gŵr a aned yn Rhydargaeau yn 1849, erbyn canol yr 1850au 'roedd y ffermwyr o'r rhannau uchaf yn defnyddio'r brifffordd trwy'r lle hwnnw i nôl llwyth o galch, ac y mae hynny'n cadarnhau'r newid yn eu harferiadau.

Ystyrir sefydlu'r Bwrdd yn fuddugoliaeth i Rebeca ond ymhen llai nag ugain mlynedd ar ôl diwedd y terfysg 'roedd y trên wedi cyrraedd Pencader ac nid oedd angen i'r ffermwyr wynebu'r siwrna flin ar draws gwlad i ymofyn calch. Mewn cymhariaeth â'r hyn a fu 'roedd hwnnw, erbyn 1864, bron wrth drothwy y drws.

Fe barodd y tolldai yn Sir Gaerfyrddin tan 1889 pan ddiddymwyd y tollau wrth sefydlu'r Cyngor Sir. 'Roedd llawer o siroedd eraill wedi'u colli ymhell cyn hynny ond y mae'n debyg fod yr hen sir wedi bod ar ei hennill wrth gadw'r Bwrdd Sirol i ofalu am y priffyrdd mewn cymhariaeth â rhai eraill trwy gael corff canolog i ofalu amdanynt.

Cyfnod pwysig a diddorol yn hanes ffyrdd y wlad oedd hwnnw a ddaeth i ben yn 1889. Mae'n debyg na chroesodd feddwl neb y pryd hynny y gwelid tollau ar y ffyrdd yn dychwelyd ond dyna sydd wedi digwydd gyda phontydd arbennig yn barod ac oni chlywir rhai'n bygwth codi tollau am ddefnyddio traffyrdd bob hyn a hyn hefyd? Mae'r rhod yn troi!

PENNOD 8

TREM AR GREFYDD YN YR ARDAL

Adeiladwyd capel cyntaf yr ardal yn New Inn yn ystod yr 1770au ond, fel y gwelir yn nes ymlaen, fe all fod ychydig o bobl wedi cynnal seiadau yn y pentref yn ôl yn yr 1750au. Cyn hynny fe ddibynnai'r trigolion am eu hanghenion ysbrydol ar eglwys y plwyf yn Llanfihangel-ar-Arth a chapeli'r Hen Ymneilltuwyr, un ym Mhencader ac un arall tua hanner ffordd rhwng y lle hwnnw a Llanfihangel. 'Roedd yr eglwys a'r capeli hynny dros ddwy filltir o'r briffordd a oedd yn rhedeg drwy New Inn a Gwyddgrug, ac i rai a oedd yn byw i'r dwyrain ohoni, wrth gwrs, 'roedd mwy o bellter i'w wynebu. Ond ni fyddai pellter fawr o rwystr i'r sawl a gawsai nerth argyhoeddiad crefyddol.

I ddechrau, wrth gwrs, eglwys y plwyf oedd yr unig ddewis, ond yn sgil y Diwygiad Protestannaidd, a chyfieithu'r Beibl i iaith y brodorion cyn diwedd yr unfed ganrif ar bymtheg, agorwyd y drws i ffurfiau gwahanol o addoli, ac o safbwynt yr ardal hon yr Ymneilltuwyr cynnar a wnaeth y mwyaf o'r cyfle hwnnw.

Eu harweinydd cyntaf yn y plwyf oedd Stephen Hughes, gŵr a elwid yn Apostol Sir Gaerfyrddin. Dywedir bod ganddo ddisgyblion yn Llynddŵr, Pencader, tua'r flwyddyn 1650. 'Roedd hynny yng nghyfnod y Weriniaeth, ac am y ddegawd nesaf rhoddwyd rhyddid i'r Ymneilltuwyr i ddefnyddio eglwys y plwyf; ond ar ôl adferiad y frenhiniaeth yn 1660 cafwyd cyfnod hir o erlid y rhai a oedd yn amharod i gydymffurfio â'r grefydd swyddogol. Lliniarwyd rhywfaint ar y gormes yn 1672, a gwelwyd rhagor o ryddid yn 1689 a'i gwnaeth yn bosibl i'r Ymneilltuwyr grefydda'n fwy agored.

Er gwaethaf yr erledigaeth, a'r disgwyliad y buasent oherwydd hynny'n dueddol i ymffurfio'n un gymdeithas glos, fel arall y bu. Dechreuwyd dadlau ar wahanol faterion, yn enwedig am y ffordd gywir o fedyddio, a thua diwedd yr

1660au 'roedd y Bedyddwyr wedi gadael Pencader i ymsefydlu ar dir Bwlchog, Llanfihangel-ar-Arth, cyn symud oddi yno yn 1735 i Ddôl-y-bedydd, ger Afon Tyweli, ac yn 1773 i Bontweli, pan adeiladwyd Capel Penybont.

Aros ym Mhencader a wnaeth y gweddill o'r Ymneilltuwyr. Bu farw Stephen Hughes yn 1688 ac olynwyd ef gan William Evans. Er i hwnnw symud i Gaerfyrddin yn 1703 i ennill bri fel sefydlydd yr Academi enwog, lle yr hyfforddwyd cynifer o weinidogion Ymneilltuol, bu'n pregethu ym Mhencader am rai blynyddoedd wedyn.

Ceir rhestr lawn o weinidogion ym Mhencader wedi hynny, ond o safbwynt y gyfrol hon yr enw nesaf a ddaw i sylw yw eiddo Lewis Lewis, Dolwen Fawr, a fu farw yn 1771. Yn ei ewyllys fe enwyd nifer o ymddiriedolwyr, ac yn eu plith John Rees y siopwr o New Inn, ffaith a all fod yn fwy na phluen yn y gwynt ynglŷn â thueddiadau crefyddol y gŵr hwnnw. Un arall o'r gymdogaeth a enwyd yn yr ewyllys oedd chwaer yng nghyfraith Lewis Lewis, o War-y-graig, Gwyddgrug.

Olynydd Lewis Lewis oedd William Perkins, gŵr a dderbyniodd ran o'i addysg yn Academi Caerfyrddin yn 1745. Bu'n weinidog yn Ninbych, cyn symud i Bencader yn gynnar yn yr 1770au. Yn 1774 enwyd ef fel un o'r tanysgrifwyr i gyfrol o bregethau, ac ar 21 Mai yn yr un flwyddyn bu'n dyst mewn priodas yn Eglwys Llandysul. Yn 1776 derbyniodd rodd o £5 oddi wrth y Bwrdd Cynulleidfaol.

Canmolwyd Perkins fel pregethwr galluog, dawnus a phoblogaidd, ond cododd amheuon ynglŷn â'i fuchedd. Mae'n ymddangos y medrai Perkins hwylio braidd yn rhy agos i'r gwynt i blesio rhai o'r saint. Yn un peth awgrymwyd fod yr hen frawd braidd yn rhy hoff o'r ddiod gadarn, ond y mae'n debycach mai anghydweld ag ef ar faterion diwinyddol a wnâi rhai o'i gynulleidfa. Calfiniaeth oedd testun mawr William Evans yn nechrau'r ganrif, ac yn ei athrofa ef y derbyniodd Perkins addysg yn ddiweddarach. Sawl un yn y capel, tybed, a oedd yn dal i lynu wrth yr athrawiaeth honno, a sawl un a oedd wedi dechrau meddwl yn wahanol. Beth bynnag oedd y gwir reswm fe arweiniodd yr anghydwelediad at ymraniad ymhlith y praidd, gyda rhai o blaid Perkins ac eraill yn daer yn ei erbyn.

Y canlyniad fu iddo ef a'i ddilynwyr adael Pencader a symud i New Inn i godi capel newydd rhyw ddau can llath ar yr ochr dde o'r ffordd sy'n arwain o groesffordd y pentref i gyfeiriad Brechfa. Mewn cae bach, a oedd yn rhan o dir fferm Pantglas, y codwyd y capel hwnnw. Perchennog y fferm yr adeg honno oedd Thomas Bowen o Blas Maesycrugiau, nai i'r Thomas Bowen hwnnw a gododd gapel Waunifor i'r Methodistiaid Calfinaidd yn y flwyddyn 1760. Y mae'n anodd credu nad oedd a wnelo'r cysylltiad teuluol hwnnw rywfodd â'r penderfyniad i symud i'r fangre arbennig honno. Ac o gofio fod John Rees wedi bod yn agos at y cyn-weinidog, Lewis Lewis, rhaid peidio diystyru'r posibilrwydd bod ganddo yntau ryw fys yn newisiad y safle i'r capel.

Rhoddwyd Salem yn enw ar y capel newydd, ac ar Fap y Degwm, Plwyf Llanfihangel-ar-Arth (1844), gellir olrhain enw Cae Salem ar dir Pantglas. Gwelwyd eisoes ym Mhennod 2 mai Heol Salem yw'r enw gan bentrefwyr New Inn ar y ffordd sy'n mynd heibio'r cae, ond diflannodd pob prawf gweledig o'r capel ers cyn cof. Serch hynny, mae rhai o drigolion hynaf y pentref yn cofio gweld olion beddau yn y cae a chloddiau Cae Salem yn cael eu chwalu pan unwyd ef a chae arall.

Ni cheir unrhyw gofnod i ddweud yn union ym mha flwyddyn yr adeiladwyd y Salem hwnnw, ond mae dogfen dyddiedig 7 Hydref 1780, yng nghofrestrau Arglwyddiaeth Talyllychau, yn cadarnhau gwerthu fferm Pantglas gan Thomas Bowen, Maesycrugiau, i John Rees, siopwr New Inn, ac yn dweud fod Tŷ Cwrdd Salem wedi cael ei godi yn ddiweddar ('lately erected'). 'Roedd Rees, felly, wedi cael meddiant ar y cae lle codwyd capel Perkins a'i ddilynwyr, ac fe ddichon fod y siopwr a'i wraig, neu un ohonynt, hwyrach, ymhlith y ddiadell honno.

O safbwynt y wraig mae mwy i'w ddweud. Yn ôl James Morris, awdur 'Hanes Methodistiaeth Sir Gaerfyrddin', cyfrol a gyhoeddwyd yn 1911, yng nghwmni Mrs. Rees yr aeth y Parch. John Davies, Caeo, (1774-1858), brodor o Lanllwni, i'r gyfeillach yn New Inn am y tro cyntaf pan oedd yn fachgen ieuanc. Mae'n ymddangos, felly, mai yn ystod yr 1780au y digwyddodd hynny. Yn y cyfnod hwnnw capel yr Annibynwyr oedd Salem, wrth gwrs, ac nid yw'n hollol glir p'un ai i'r capel hwnnw neu i seiad Fethodistaidd ar wahân yr âi Mrs. Rees a'r bachgen. Ond hyn sy'n ddiddorol; yn ôl cyfrol James Morris, 'roedd enw Mrs. Rees yn dal i 'arogli yn hyfryd yn yr ardal' yn 1911,—tipyn o ddweud tros ganrif ar ôl i'r fenyw farw! Petai'r awdur wedi rhoi mwy o sylw i'w destun tybed ai dyna'r geiriau a ddewisai i ganmol gwraig y siop?

Mae un ffaith yn ei gwneud yn glir fod Perkins wedi cyrraedd New Inn flwyddyn neu ddwy cyn i John Rees brynu'r fferm, oblegid 'roedd ei olynydd ym Mhencader, y Parchg. Benjamin Jones, a fu cyn hynny'n fyfyriwr yn Athrofa Abergafenni, wedi cael ei ordeinio yn weinidog yno ar y 15 Mai 1779. Oherwydd yr amser a gymerai i wneud yr holl drefniadau ar gyfer sicrhau gweinidog newydd y mae'n ymddangos bod Perkins a'i ddiadell wedi gadael Pencader yn y flwyddyn flaenorol (1778), a hwyrach cyn hynny.

Ychydig iawn a wyddys am gefnogwyr William Perkins. Enwyd John a Mary Rees yn barod, ond un arall yn sicr oedd Evan John, Gorwydd, Gwyddgrug, cowper wrth ei alwedigaeth, a fu farw yn 1792. Ond yn 1780 y cyfansoddwyd ei ewyllys ac un o'r tystion oedd William Perkins ei hun. Yn wir, y mae'n debygol mai yn ei law ef yr ysgrifennwyd yr ewyllys gan nad oedd Evan John yn medru ysgrifennu ei enw. Tyst arall oedd David Francis ond ni wyddys enw ei gartref ef.

Yn yr ewyllys rhoddodd Evan John un Beibl ar gyfer 'pulpud Tŷ Cwrdd Salem cyn belled a bod y gynulleidfa yn cydnabod William Perkins yn weinidog iddynt'. Mae'r ewyllys yn cynnwys rhodd i Perkins hefyd ond gan ei fod ef ei hun yn un o'r tystion nid oedd darpariaeth o'r fath yn debyg o fod yn gyfreithlon. Os mai yn ei law ef yr ysgrifennwyd yr ewyllys 'roedd ar fai yn cynnwys y rhodd.

Aeth 12 mlynedd heibio ar ôl llunio'r ewyllys cyn marwolaeth Evan John, ac ni welodd hwnnw achos i newid dim arni. Mae hynny cystal ag awgrymu bod Perkins wedi aros yn Salem ar hyd yr amser, ond mae'n amhosibl bod yn sicr. Ceir hanes amdano'n symud rywbryd i Gydweli, ond ni cheir ei enw ymhlith gweinidogion y cylch hwnnw. Yn ddiweddarach aeth i Lundain a chael swydd o dan y llywodraeth ar Afon Tafwys. Yno y bu farw, ond unwaith eto ni wyddys pa bryd.

Yn ôl cyfrol ddiddorol W.J.Davies, *Hanes Plwyf Llandysul*, gorfodwyd Perkins i adael yr ardal yn ddisymwth ar ôl iddo ymosod ar ddau aelod o garfan a oedd yn mynd o gwmpas y wlad i orfodi dynion ieuainc i ymuno â'r llynges. 'Roeddent wedi cael eu dwylo ar un gŵr ond helpwyd ef gan Perkins, a oedd yn gawr o ddyn, i ddianc ac am wneud hynny 'roedd yr awdurdodau am ei waed. Mae'r hanes hwnnw'n awgrymu'r posibilrwydd mai ar ôl i'r rhyfel rhwng Prydain a Ffrainc dorri allan yn 1793 y digwyddodd hynny. Buasai hynny hefyd ar ôl marwolaeth Evan John, Gorwydd, a byddai cystal â dweud nad oedd angen i hwnnw newid ei ewyllys gan fod Perkins yn Salem o hyd yn 1792!

Soniwyd eisoes am y flwyddyn 1735 fel y flwyddyn pan symudodd y Bedyddwyr o fferm Bwlchog, Llanfihangel-ar-Arth i le newydd, ond 'roedd 1735 yn flwyddyn bwysig yn hanes enwad arall, oblegid dyna pryd y gwelwyd y Diwygiad Methodistaidd yn dechrau blodeuo.

Offeiriaid eglwysig oedd yr arweinwyr cynnar, dynion fel Daniel Rowlands, Llangeitho; William Williams, Pantycelyn; a Howel Harris. Dechreuodd y mudiad newydd yng nghysgod yr eglwys wladol ond sefydlwyd seiadau a phenodwyd arolygwyr i gadw golwg arnynt, ac i hysbysu'r arweinwyr am y sefyllfa yn y gwahanol rannau o'r wlad trwy anfon adroddiadau atynt. James Williams oedd yr arolygwr yng ngogledd Sir Gaerfyrddin.

Mewn llythyr yn nechrau mis Hydref, 1741, ceir hanes gan James Williams am seiat a oedd wedi dechrau'n ddiweddar yn Llanllwni ond 'roedd yno gymysgedd o Ymneilltuwyr a Methodistiaid, meddai, 'ac nid wyf yn ffeindio fod yno fawr o undeb ... maent yn meddwl neillduo'. Ychydig dros chwe blynedd yn ddiweddarach, ar 30 Ebrill 1748, sylwodd Williams bod 12 o aelodau ym Maes Nonni, Llanllwni, 'yn cael trafferth i gadw i fynd yn wyneb eu gelynion'. Diddorol oedd darganfod cysylltiad y Methodistiaid cynnar â Maes Nonni oherwydd yr hanes am leiandy yn y gorffennol pell yn y fan honno.

Seiat arall o fewn cyrraedd i'r plwyf yn 1741 oedd yr un yn Llanpumsaint ac enwodd James Williams un ar ddeg o aelodau yno, sef pedwar o wrywod a saith o fenywod. Bu'n ymweld â'r lle yn 1745, 1747 ac 1749, pan sylwodd fod llawer o'r aelodau ar wasgar.

'Roedd yn bosibl i drigolion y plwyf ymuno â seiadau Maes Nonni neu Lanpumsaint ond rhaid peidio anwybyddu'r posibilrwydd fod rhai wedi edrych y tu draw i Afon Teifi, oblegid yn 1760 fe adeiladwyd y capel Methodistaidd cyntaf yn y cylch ar dir Blaenborthin ym mhlwyf Llandysul. Capel Waunifor oedd hwnnw a'r un a fu'n gyfrifol am ei godi oedd Thomas Bowen o Blas Waunifor. Fe all fod seiat yn y fan honno cyn codi'r capel, wrth gwrs.

Dyddiaduron pwysig y gellir olrhain twf y Methodistiaid ynddynt yw rhai Howel Harris. Ymwelai'r diwygiwr â seiadau ym mhob cwr o'r wlad a bu yn y sir droeon rhwng 1740 a 1744. Go brin iddo deithio drwy'r plwyf o gwbwl yn y blynyddoedd hynny ac ni bu yn nes ato nag Abergorlech, Llanfynydd, Llansawel a Llanbedr-Pont-Steffan. Yn nechrau 1748 ymwelodd â'r seiat ym Maes Nonni, Llanllwni, pedair milltir o New Inn, ond yn 1752, wrth deithio o Abergorlech i Gefn Llanfair, Llandysul, y mae'n anodd meddwl amdano'n medru osgoi croesi rhan ogleddol y plwyf i gyrraedd y lle hwnnw.

Aeth cryn amser heibio cyn bod sôn am Howel Harris yn Waunifor ond cofnodwyd ymweliadau â'r seiat yno yn 1764,

1766 ac 1769. Oddi yno fe aeth yn eu tro i Dalyllychau, Llanllawddog a Llanpumsaint heb unwaith sôn am seiat ym mhlwyfi Llanfihangel-ar- Arth a Llanllwni.

Serch hynny, y mae angen ystyried un ffaith tra phwysig, sef y dywedir ar Gofrestr Bedyddiadau Salem, New Inn, am y cyfnod 1817-1836 bod yr achos wedi cael ei gychwyn yn y flwyddyn 1757, tuag ugain mlynedd cyn sefydlu Salem yr Annibynwyr yn y pentref. Nodwyd hynny ar y gofrestr, gellir credu, yn 1817 pan agorwyd ef ac ni ellir anwybyddu'r posibilrwydd fod y sawl a wnaeth hynny yn debygol o wybod beth yr oedd yn ei wneud.

Mae'n ymddangos, felly, bod gan y Methodistiaid a'r Annibynwyr eu hachosion yn New Inn ar yr un pryd am y rhan orau o ugain mlynedd, ond gydag ymadawiad William Perkins 'doedd fawr ddim i rwystro'r Annibynwyr a oedd yn weddill yn Salem rhag ail-ymuno â'r gynulleidfa ym Mhencader, a dichon mai hynny a ddigwyddodd. Tybed, felly, a fabwysiadwyd eu capel gan y Methodistiaid?

P'un a ddigwyddodd hynny ai peidio, Tŷ Cwrdd yr Annibynwyr oedd y Salem hwnnw o hyd, yn enwedig i bobl o argyhoeddiadau dwfn, a hynny, gellir tybio, a barodd i'r Methodistiaid drefnu i adeiladu capel newydd yn ei le mewn man arall yn y pentref. Ar gyfer gwneud hynny fe sicrhawyd prydles gan Ystad Maesycrugiau ar safle gerllaw'r groesffordd, prydles sydd wedi bod ar goll er cyn cof, ond mae'r hanes yn bendant mai yn y flwyddyn 1796 y codwyd y capel newydd. Dywedodd person Llanfihangel-ar-Arth, mewn adroddiad at esgob Tyddewi yn 1799, bod gan y Methodistiaid 'Licensed Meeting House' yn ei blwyf.

Rhoddwyd yr un enw, Salem, i'r capel newydd, ffaith sy'n awgrymu bod y Methodistiaid naill ai wedi cynnal gwasanaethau yn yr hen adeilad neu, ar ôl ei chwalu, wedi defnyddio coed a meini a oedd yn rhan ohono ar gyfer adeiladu'r Salem newydd.

Erbyn diwedd y ddeunawfed ganrif bu cynnydd sylweddol yn nifer y capeli a godwyd gan y Methodistiaid, ond dibynnid ar hyd y blynyddoedd cynnar ar offeiriaid yr

Llun 16. Capel Salem, New Inn

Eglwys i weinyddu'r sacramentau, ac i fedyddio plant. Daeth hynny i ben yn 1811 pan sefydlwyd y Methodistiaid Calfinaidd yn enwad Anghydffurfiol newydd, yr un mwyaf Cymraeg ei gefndir o holl enwadau'r wlad. Yn yr un flwyddyn dechreuodd y Methodistiaid ordeinio eu gweinidogion eu hunain ac ymhlith y rhai cyntaf yr oedd llawer a fu gynt yn offeiriaid yn yr Eglwys, gan gynnwys, fel y daw'n glir yn nes ymlaen, un a fu'n gysylltiedig â Salem, New Inn.

Prin iawn, fel y gwelwyd yn barod, yw'r wybodaeth sicr am gychwyniad yr achos yn y pentref. Yn absenoldeb unrhyw brawf am yr hyn a ddigwyddodd rhaid rhoi sylw i draddodiad lleol ac y mae hwnnw'n sôn am ddefnyddio tŷ sydd yn sefyll gyferbyn â'r capel i addoli ynddo tros dro yn ystod yr adeiladu. Ni wyddys ai cyfeirio at 1796 ynteu at 1832, pan ailadeiladwyd y capel, y mae'r traddodiad hwnnw, ond fe saif y tŷ, Llwyn Crwn, ar fan a oedd ar un adeg yn rhan o Cae Uchaf, y cafwyd ei hanes ym Mhennod 2. Os oedd angen ailadeiladu mewn llai na deugain mlynedd y mae'n ymddangos mai â choed, ac nid meini, y codwyd capel 1796.

Yn ôl 'Hanes Methodistiaid Sir Gaerfyrddin' gan James

Morris, dau o'r arweinwyr cynnar yn hanes capel New Inn oedd Rees y siop a Thomas Bona. Ai cyfeirio at John Rees ynteu ei fab, Thomas, yr oedd yr awdur? Nid yw'n hollol glir. Bu John Rees farw yn 1797, blwyddyn ar ôl adeiladu'r Salem newydd, ond 'roedd wedi ymddeol ac wedi symud i Gaerfyrddin cyn hynny. Fe gysylltwyd ei enwef a'i wraig â'r Salem cyntaf eisoes ac ar ei dir ef yr oedd y capel yn sefyll ar ôl iddo'i brynu yn 1780. Ansicr yw perthynas ei fab, Thomas, â hanes y capel. Ni ddylid, wrth gwrs, ei ddiystyru, yn enwedig ar ôl i John Rees symud i Gaerfyrddin, ond y mae'n bosib mai oherwydd agwedd negyddol Thomas Rees y dechreuwyd meddwl am adeiladu capel newydd. O'r hyn a wyddys am blant Thomas Rees, eglwyswyr oeddent; bu ei fab ieuengaf, Josiah, yn offeiriad yn Llangrannog am gyfnod hir.

Mae'r dystiolaeth ynglŷn â Thomas Bona yn gryfach. Yn *Cofiant y Parchg. John Evans, Llwynffortun*, a gyhoeddwyd yn 1848, rhoddwyd lle blaenllaw iddo ef fel blaenor yn Salem, New Inn. Mae'r enw yn awgrymu tras estron ac fe ymddengys yn debyg mai talfyriad o Bonaventure ydoedd. Ceir sawl enghraifft o'r enw hwnnw yng nghofrestri'r plwyf, ac fe gofnododd James Williams enw un, Thomas Bona, yn aelod yn seiat Llanpumsaint yn 1741. Sut y cyrhaeddodd enw mor anghymreig yr ardal yw'r dirgelwch, ond daeth llawer i gyfenw newydd i mewn trwy gynnig gwaith i'w berchennog yn un o blasau'r ardal. Bu farw un Thomas Bonaventure yn 1761, ac un arall yn 1812. ac fe gladdwyd y ddau ym mynwent y plwyf.

Yr enwocaf o aelodau cynnar Salem oedd John Evans, mab i John a Rachel Evans, Cwmgwen, Pencader; a'i dad yn ddiacon gyda'r Annibynwyr. Aeth gyda'i dad i gapel Waunifor i wrando ar y Parchg. David Jones, Llangan (1736-1810), brodor o Aberceiliog, Llanllwni. Yn ôl William Williams, Pantycelyn, medrai David Jones 'doddi'r cerrig gyda'i ireidd-dra a gwneuthur i'r derw mwyaf caled blygu'n ystwyth fel y brwyn'. Nid yw'n syndod bod y bachgen wedi cael ei wefreiddio gan bob gair a lefarodd y pregethwr ac yr oedd y profiad yn ddigon i'w argyhoeddi mai gyda'r Methodistiaid yr oedd ei ddyfodol i fod. Sylweddolodd ei dad nad oedd dim troi arno, aeth ag ef at Thomas Bona yn New Inn, gan ddweud, "Dyma fe i chwi; mi fethais yn lân a gwneud Dissenter ohonno."

Yn 1795 ddigwyddodd hynny, ffaith sy'n clymu'r hanes â chyfnod y Salem cyntaf, cyfnod seiat y Methodistiaid yn New Inn, hwyrach. Tua blwyddyn yn ddiweddarach, tua'r adeg pan godwyd y capel newydd, dechreuodd John Evans bregethu, a chyn bo hir symudodd i Lanpumpsaint i gadw ysgol. Fel pregethwr enillodd enwogrwydd mawr ac arferai Edward Matthews, Ewenni, ddweud amdano 'Bob tro y deuai John Evans i'r pulpud, gallasech wneud llw mai o'r nefoedd yn unig y disgynasai.' Ystyrid Edward Matthews ei hun, wrth gwrs, yn bregethwr enwog iawn yn ei ddydd.

Yn ôl nifer o awduron, adwaenid Evans yn gyffredinol fel John Evans, Llwynffortun, (ar ôl cartref ei wraig gyntaf) ond yn ôl John Hughes, awdur tair cyfrol ar hanes y Method-istiaid a gyhoeddwyd ychydig o flynyddoedd ar ôl ei farwolaeth ym Mhentwyn yn 1847, fel John Evans, New Inn, yr adwaenid ef beunydd yn y gogledd. Eithr nid yn y gogledd yn unig, oblegid mewn rhestr o'r pregethwyr yn hen sasiynau Llangeitho yn y cyfnod 1807—1821 fel John Evans, New Inn, y cofnodwyd ei enw bob tro. 'Roedd yn amlwg yn cael ei gyfri'n un o'r hoelion wyth gan ei fod yn rhannu'r pulpud gyda gwŷr mor enwog â John Elias, David Charles a Thomas Jones, Dinbych.

Yn 1807 ordeiniwyd John Evans yn ddiacon yn yr Eglwys, ac fe'i trwyddedwyd i guradaeth Capel Newydd (Llanofer) ar gyflog o £30 y flwyddyn; bu wedyn mewn byr o dro ym Mynyddislwyn, Pen-y-bont ar Ogwr a Llanddowror. Ceir prawf o'i wasanaeth i'r Methodistiaid yn ei hanes yn bedyddio plant yng nghapel Heol Dŵr, Caerfyrddin yn 1809. Yn 1811 ordeiniwyd ef yn weinidog gan y Methodistiaid Calfinaidd yn yr ordeiniad cyntaf yn Llandeilo.

Eglwys fechan fu Salem erioed a ffyddlondeb, ymroddiad a gweithgarwch yr aelodau, yn wŷr a gwragedd, sydd wedi cadw'r drws yn agored o'r cychwyn cyntaf. Prin iawn yw enwau'r dynion a fu'n gefn i'r achos ond prinnach o lawer yw enwau'r gwragedd. Yn hyn o beth, wrth gwrs, nid yw hanes Salem yn unigryw; dibrisio cyfraniad y merched drwy ei anwybyddu fu'r duedd erioed ar draws y wlad, ond gan mai enwau'r dynion sydd wedi goroesi rhaid gwneud y gorau ohonynt.

Soniwyd eisoes am Rees y siop, a Thomas Bona; enw arall yn y cyfnod cynnar oedd Thomas Morgans, Cwmiar, ond ni wyddys am unrhyw ddyddiadau yn ei hanes ef. Mae enw ei gartref yn awgrymu mai un o blwyf Llanllwni oedd ef.

Yn y flwyddyn 1802, chwe mlynedd ar ôl adeiladu'r capel newydd, sefydlwyd Ysgol Sul yn Salem, y gyntaf o'i bath yn y plwyf. Er mai dim ond un ffaith sy'n bod i gyfiawnhau dweud hynny y mae'n glir fod yr ysgol honno'n un gref, oblegid yng Nghaerfyrddin yn 1808 fe gyhoeddwyd llyfryn deuddeg tudalen—

Crynhodeb byr o Ysgrythyrau am Gwymp Dyn i gael eu hateb gan Blant Ysgol Sabbothol New Inn

'Roedd y cyhoeddiad hwnnw, ar gyfer un ysgol neilltuol, yn un unigryw.

Enw arall o'r cyfnod cynnar yn ôl *Hanes Methodistiaeth Sir Gaerfyrddin* oedd Matthew Dickens y Siop. Methiant fu pob ymgais i olrhain ei hanes yn New Inn ond 'roedd un Matthew Dickens, gŵr deugain mlwydd oed, yn byw ym mhlwyf Llanegwad yn 1841. Yr hyn sydd yn ffaith yw mai enw siopwr New Inn am rai blynyddoedd yn ystod y cyfnod 1830-1850 oedd William Dickins, oblegid fe geir prawf o'i gysylltiad â'r lle rhwng 1836 ac 1842. Bedyddiwyd ei ferch, Jane, yn y capel ar 14 Awst 1836, William Dickins oedd yn y siop adeg Cyfrifiad y Boblogaeth, 1841, a bu'n bresennol yng nghyfarfod Festri'r Plwyf yn 1842.

Mae'n werth sôn am y rhan flaenllaw a chwaraewyd gan Dickins yn arwain y gwrthwynebiad i'r Sefydliad Eglwysig ynglyn â Threth yr Eglwys. Bu'n arferiad blynyddol i godi treth o chwe cheiniog neu swllt yn y bunt i gynnal yr Eglwys, ac yr oedd hynny'n ddigon teg o ran egwyddor

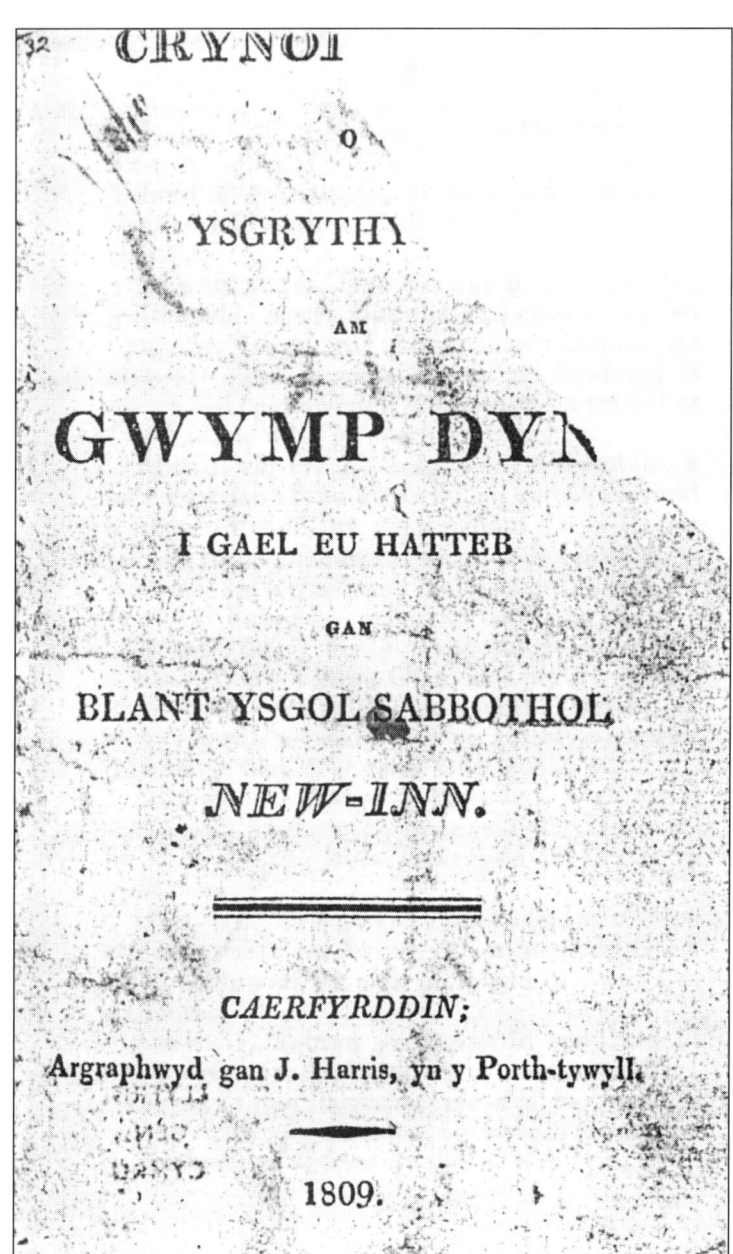

CRYNOI

O

YSGRYTHY

AM

GWYMP DYN

I GAEL EU HATTEB

GAN

BLANT YSGOL SABBOTHOL

NEW-INN.

CAERFYRDDIN;

Argraphwyd gan J. Harris, yn y Porth-tywyll.

1809.

Llun 17. Wyneb-ddalen Llyfryn yr Ysgol Sul

130

oblegid y defnydd a wnaed gan bawb ohoni ar gyfer gweinyddu priodasau. Ond yn y flwyddyn 1837 fe sefydlodd y llywodraeth gyfundrefn cofrestru genedig-aethau, priodasau a marwolaethau a thrwy hynny gellid priodi heb orfod mynd i'r eglwys i wneud. Y mae'n ymddangos yn debygol bod y datblygiad hwnnw wedi darparu esgus i alw am leihad yn Nhreth yr Eglwys.

'Roedd treth o naw ceiniog yn y bunt wedi cael ei phennu ar 23 Mehefin 1836 ac yn ôl y drefn arferol buasai angen ystyried treth newydd ym mhen blwyddyn. Ar 30 Mawrth 1837 bu cyfarfod o'r Festri ar fater gwahanol, ac yna fe gofnodwyd, heb ddyddiad, bod y wardeiniaid wedi galw am dreth o chwe cheiniog yn y bunt mewn Festri Arbennig. Gwrthodwyd y cais, gohiriwyd y cyfarfod hyd Tachwedd 1838, a llofnodwyd y llyfr cofnodion gan 27 o bobl. Y mae'n ymddangos mai Anghydffurfwyr a oedd yn gyfrifol am y digwyddiad hwnnw.

Oherwydd nad oes dyddiad ar gofnod y Festri Arbennig nid oes modd dweud faint o amser a gymerodd yr Eglwys-wyr i ymateb i'r ergyd honno i'w harferion traddodiadol, ond gall fod misoedd wedi mynd heibio gan mai'r dyddiad nesaf yn y llyfr cofnodion yw 29 Mawrth 1838. Ar y diwrnod hwnnw cynhaliwyd cyfarfod o'r Festri, ac yno fe ddefnydd-iwyd y ffaith nad oedd dyddiad ar gofnod y cyfarfod blaenorol yn esgus i ddeddfu nad oedd hwnnw, ynghyd â'r penderfyniadau a wnaed ganddo, yn gyfreithlon. Yna, cytunwyd i bennu treth o ddimai yn y bunt am y flwyddyn yn diweddu ym Mai, 1838, a llofnodwyd y cofnod gan 48 o enwau gwahanol iawn i'r 27 o enwau a lofnododd y cofnod blaenorol.

Ymhlith y 48 o enwau oedd un George Saunders, Perth-y-berllan, gŵr ffyddlon yn yr eglwys, a gellir dyfalu'n deg mai ymdrech gan yr eglwyswyr i adfer rywfaint o'r tir a gollwyd ganddynt oedd y cyfarfod. Eithr gan mai dim ond dimai yn y bunt oedd y dreth, a'r wardeniaid wedi galw am chwe cheiniog rai misoedd cyn hynny, y mae'n glir nad oeddent wedi meiddio anwybyddu gwrthwynebiadau'r capelwyr i'r graddau yr hoffent wneud. Enw arall ymhlith y 48 a lofnododd yw un William Dickins o New Inn ac ef, gellir meddwl, oedd un o brif ddadleuwyr achos yr Anghydffurfwyr. Iddo ef ni byddai dimai o dreth yn debyg o fod yn afresymol.

Y cofnod nesaf yn y llyfr yw'r un dyddiedig 4 Ebrill 1839 yn penodi dau warden eglwysig ond mae olion ymyrraeth âr gyfrol ac fe ddaw'n glir o'r cofnod dilynol, wythnos yn ddiweddarach, bod tudalen yn cynnwys cofnodion pump neu chwech o gyfarfodydd pwysig wedi cael eu rhwygo allan ohoni. Er na ddatguddiwyd ar y pryd pa benderfyniadau a wnaed yn y cyfarfodydd hynny, tuag wyth mis yn ddiweddarach fe ddaeth yn glir bod y rheiny'n cynnwys y rhai canlynol:

(a) penodi William Dickins yn warden eglwysig (tuag Ebrill, 1838), (A chaniatau y disgwylid i warden gymuno yn yr eglwys nid yw o angenrheidrwydd yn dilyn na fedrai Dickins fod yn aelod yn Salem hefyd.)

(b) penderfyniad i beidio pennu treth yr eglwys am y flwyddyn 1838/39 (Mai, 1838)

(c) penderfyniad cyfarfod arbennig o'r Festri a gynhaliwyd ar 14 Rhagfyr 1838 i ailystyried treth yr eglwys a'i gohirio am flwyddyn.

Nid oedd y plwyfolion, felly, yn disgwyl clywed am gyfarfod o'r Festri i drafod y dreth tan Rhagfyr,1839, ond 'roedd gan y ficer, y Parchg. Enoch James, syniad gwahanol oblegid ar 14 Mehefin 1839 fe gynhaliodd gyfarfod heb neb ond pedwar arall yn bresennol lle y cytunwyd ar dreth o chwe cheiniog yn y bunt, a cofnodwyd hynny'n ofalus yn y llyfr cofnodion.

Cyfarfod cudd oedd hwnnw, wrth gwrs, ac y mae'n glir fod rhai a oedd yn bresennol wedi anesmwytho oblegid ar 28 Hydref 1839 fe gynhaliwyd cyfarfod cudd arall, heb neb ond pump (yn cynnwys tri o'r rhai a oedd yng nghyfarfod mis Mehefin) yn bresennol, i leihau'r dreth i dair ceiniog yn y bunt.

Pan wawriodd 12 Rhagfyr 1839 daeth dydd cynnal y

cyfarfod o'r Festri a ohiriwyd flwyddyn ynghynt. Wyth oedd yn bresennol a gohiriwyd y cyfarfod am wythnos yn y gobaith y dôi rhagor i hwnnw, ond ar 19 Rhagfyr dim ond naw oedd wedi dangos digon o ddiddordeb. Yn y cyfarfod hwnnw cytunwyd ar dreth o geiniog yn y bunt, ond y mae'n glir bod hynny wedi digwydd mewn anwybodaeth llwyr o'r penderfyniadau yn y ddau gyfarfod cudd rai misoedd ynghynt, oblegid fe'i cynhaliwyd heb y llyfr cofnodion. Bu hwnnw ynghudd am dri mis arall cyn y cynhaliwyd cyfarfod ffurfiol ar 14 Mawrth 1840 i ddiddymu pender-fyniadau misoedd Mehefin a Hydref, 1839, a chadarnhau'r dreth o geiniog.

'Roedd y gyfres o ddigwyddiadau'n arwydd clir fod parhâd treth yr eglwys eisoes yn y fantol a chyn bo hir fe aeth yn angof. Ymhlith ei phrif wrthwynebwyr yr oedd William Dickins, ond tybed a orfodwyd ef i dalu pris go ddrud oherwydd ei wrthwynebiad, oblegid yn ystod mis Hydref, 1840, a'r berw gwyllt drosodd, 'roedd ystad Maesycrugiau, perchenogion siop New Inn, yn hysbysebu am ddeiliad newydd. Pwy â ŵyr?

Yr enwau nesaf yn ôl llyfr James Morris yw Thomas Evans, Caeaugwynion a John Evans,Bwlch-y-coed. Bu farw Thomas Evans yn 1856 ond, ar wahân i wybod fod John Evans ar dir y byw yn 1850, pan werthodd o Bwlch-y-coed i James Beynon, ni wyddys mwy o'i hanes.

Un ffynhonnell ddiddorol sy'n enwi cartrefi rhai o'r aelodau yn Salem yn y cyfnod 1817—1836 yw'r Cofrestr Bedyddiadau a gedwid gan Thomas Evans, Caeaugwynion. Mae'n cynnwys 44 o enwau o'r cyfeiriadau canlynol:

Gwarygraig, Llandysul; Trawsnant, Gwyddgrug; Llety Dwrgi, Llanllwni; Llether Gwyn, Llanllawddog; Glyn, Llanfihangel-ar-Arth; Esger Garn, Llanfihangel Rhos-y-corn; Llethr-neuadd, Llanfihangel-ar-Arth; Highgate, Gwyddgrug; Bwlch-y-ffin, Llanfihangel-ar-Arth; Gellifelen, Gwyddgrug; Pwll-y-bellen, Llanfihangel-ar-Arth; Plumon, Llanfihangel-ar-Arth; Dolfor, Llandysul; Bwlch-y-coed, Gwyddgrug; Spite,

Waun, a Bwlchnewydd; Llanfihangel-ar-Arth; Siop New Inn; Spring, Gwyddgrug.

Un yn unig o'r plant a oedd yn enedigol i deulu yn byw ym mhentref New Inn. Mae Cofrestr Bedyddiadau Capel Annibynwyr Pencader am yr un cyfnod yn nodi pump o wahanol deuluoedd o'r pentref, ar wahân, hefyd, i blant o ffermydd Pant Mawr, Blodeuen, Pantglas a bwthyn Blaen-y-coed. 'Roedd nifer dda o Gwyddgrug a'r cyffiniau agos yn gysylltiedig â'r achos hwnnw hefyd.

Mae enwau'r gweinidogion a fu'n bedyddio'r plant yn Salem, a'r nifer a fedyddiwyd ganddynt, yn dangos pwy oedd yn helpu i ofalu am ordinhadau'r achos yn ystod y cyfnod hwnnw—

Richard David, Caeo a Llansadwrn—8; John Williams, offeiriad—4; David Charles, Caerfyrddin—5; Ebenezer Richard, Caron—6; John Evans, Llwynffortun—5; Thomas Jones, Caerfyrddin—2; Thomas Jones, Llanymddyfri—2; Daniel Evans, Trinity, Aberteifi—3; David Bowen, Llansaint —1; Arthur Evans, Cynwi—2; John Evans, Llanymddyfri a Llandeilo—5; John Bowen, Llanelli—1

Ym Mis Mai, 1846, cynhaliwyd Cyfarfod Misol Henaduriaeth Sir Gaerfyrddin yng nghapel New Inn. Ar dir Ystad Maesycrugiau yr adeiladwyd y capel, ac y mae adroddiad, mewn newyddiadur o'r gogledd, *Yr Amserau*, yn nodi haelioni Mrs. Margaretta Nicholls, etifedd y Plas. Rhoddodd gae porfa ar gyfer ceffylau'r dieithriaid, a gwahoddodd y pregethwyr a'r blaenoriaid oll i giniawa gyda hi yn y New Inn Cottage (Gwastod Abbott), lle yr ymgartrefai yn y cyfnod hwnnw. 'Roedd yn cadw mis yn y capel fel un o'r aelodau bob blwyddyn, ac yn cyfrannu'n hael at bob traul a wynebid gan yr achos. Aeth hi a'r teulu i'r oedfa ddau o'r gloch ar ddiwrnod y cyfarfod ac ar ddiwedd y gwasanaeth gwahoddodd dlodion y gymdogaeth i wledda ar weddillion y cinio. Ni fu llai na chant yn bwyta ar ei bwrdd y dydd hwnnw.

Un a oedd yn ei arddegau ar y diwrnod hwnnw oedd Thomas Rhys Saunders, mab George a Mary Saunders,

Perth-y-berllan. Fe'i ganed yn 1822. Eglwyswyr oedd ei rieni—ei dad yn ŵyr i Rees Saunders, Perth-y-berllan a'i fam yn wyres i John Rees y Siop—ond i'r capel yr âi'r mab, yn gymwys iawn i un y dywedwyd bod perthynas deuluol rhyngddo â John Evans, Llwynffortun. Mae hanes teulu ei dad yn cysylltu'r Saundersiaid â Bedyddwyr plwyf Llanllwni a'r achos gan yr enwad hwnnw yn Aberduar, Llanybydder, ac y mae'n debygol y gwyddai'r mab hynny. Beth bynnag, bu Thomas Rhys Saunders yn was ffyddlon i Salem am lawer o flynyddoedd cyn gadael o dan gwmwl a symud i Lwynhendy, Llanelli.

Ar 1 Ionawr 1851 anrhegwyd y capel â choflyfr ganddo i'r diben o gofnodi hanes yr achos o hynny ymlaen. Yr adeg honno, 3 blaenor, 34 o gymunwyr a 14 o blant oedd ar lyfrau Salem. Fe ymddengys, serch hynny, y gwelid cynulleidfa luosocach o lawer na chyfanrif yr aelodaeth gan fod y llyfr yn cofnodi 150 o 'Wrandawyr', ffigur a oedd, y mae'n debyg, yn cynnwys yr aelodau, y plant ynghyd â gweddill y gynulleidfa. Os felly 'roedd tua chant o bobl yn mynychu'r oedfaon heb fod yn aelodau. Gellir gweld ystadegau cyffelyb ar hyd a lled y wlad, â'r ffigurau'n awgrymu diddordeb neilltuol mewn pregethau. Mae'n bosib, o ran hynny, mai'r bregeth ar y Sul oedd yr unig ddigwyddiad cyhoeddus rheolaidd o dan do i ddenu'r gymdogaeth i ddod at ei gilydd mewn niferoedd sylweddol. Peth arall, wrth gwrs, yw gofyn i ba raddau yr adlewyrchai hynny ddyfnder argyhoeddiadau crefyddol y rhai a oedd yn bresennol.

Fe gododd nifer yr aelodau i 46 erbyn diwedd 1851, ond am ryw reswm fe ddiarddelwyd saith yn ystod y ddwy flynedd nesaf. Disgynnodd yr aelodaeth i 33 yn 1857 ond yn sgil Diwygiad 1859 fe gododd i 72 erbyn diwedd y flwyddyn honno. Yn anffodus fe ymddengys bod llawer o'r aelodau newydd wedi methu cadw at y llwybr cul oblegid, yn ôl y coflyfr, diarddelwyd 13 yn 1860 ac 8 yn 1861. Rhwng diarddeliadau, marwolaethau, a rhesymau eraill fe gwympodd yr aelodaeth i 47 erbyn diwedd 1861.

'Roedd gan y capel bedwar blaenor yn 1858, sef Samuel

Enoch, Daniel Davies, John Jones a Thomas Rhys Saunders. Collwyd dau yn 1861 trwy farwolaeth Enoch a Davies, ac erbyn Awst, 1862, pan fu'r Cwrdd Misol yn New Inn, dim ond un diacon a oedd yno. Ni wyddom ei enw ac er ei bod yn bosib mai at Saunders y cyfeirid, rhaid ystyried mai un arall a oedd o dan sylw gan fod Saunders yn cael ei enwi fel pregethwr ieuanc (er ei fod erbyn hynny dros ei ddeugain) a fu'n pregethu ym mhob capel trwy'r dosbarth gyda chymeradwyaeth uchel. Mae hynny'n awgrymu nad oedd Saunders yn cael ei gyfri'n ddiacon yr adeg honno.

Yn ôl hunangofiant y Parchg. Evan Jones, ficer y plwyf, fe welodd yr Eglwys gynnydd, hefyd, yn ei chymunwyr yn sgil Diwygiad 1859, ond collwyd llawer o'r bobl ieuainc a oedd wedi ymuno yr adeg honno ar ôl gorffen gwneud y rheilffordd rhwng Pencader a Llanbedr. Cafodd llawer o'r bechgyn ieuainc yn arbennig flas ar ennill cyflogau da a phan derfynwyd yr adeiladu aethant i lofeydd a diwydiannau sir Forgannwg i chwilio am waith a thâl cyffelyb. Adlewyrchu'r tueddiadau hynny, y mae'n debyg, a wna'r ffigurau ar gyfer Salem yn y coflyfr, sy'n dangos cynnydd yn yr ymadawiadau o ddiwedd yr 1860au ymlaen.

Ymddengys, hefyd, bod nifer o ddilynwyr y Mormoniaid yn yr ardal tua hanner ffordd trwy'r ganrif ddiwethaf. Sefydlwyd eglwysi ganddynt yn Llanybydder, ac ym Mrechfa, lle bedyddiwyd nifer o ochr ddwyreiniol plwyf Llanfihangel-ar-Arth—o Esgair Hir, Gelligrin, Plas Bach a Rhiwiau Cochion—a ddaeth yn aelodau. Yn y flwyddyn 1849 ymfudodd nifer i Ddinas y Llyn Halen yn Utah, Unol Daleithiau'r America. Yn 1857, fe gofnodwyd bod tŷ cwrdd ym Mhencader o dan arweiniad David Stephens, Alltfechan, a dywedir mai mewn pwll gerllaw ei gartref y bedyddiwyd yr aelodau. Gwas fferm oedd Stephens, a gwelwyd awgrym bod cysylltiad teuluol â Gwyddgrug.

Magodd ef a'i wraig deulu mawr, ac ymfudodd nifer ohonynt i Utah, yn eu plith y mab ieuengaf, Evan, a ddaeth yn gerddor blaenllaw. Yn 1890 fe'i penodwyd i'r swydd bwysicaf ym myd cerdd y Mormoniaid, yn arweinydd Côr y

Deml yn Ninas y Llyn Halen. Bu'r côr yn cystadlu yn Eisteddfod Ffair y Byd, Chicago, 1896, gan ennill yr ail wobr, a hwyrach fod mwy nag awgrym o 'bolitics' yn y dyfarniad hwnnw. Ar un adeg 'roedd llyfr emynau Eglwys Iesu Grist o Seintiau y Dyddiau Diweddar yn cynnwys 83 o donau o waith Stephens a 18 o'i emynau; ac fe'i cyfrifid mor bwysig yng nghaniadaeth y cysegr yn yr Eglwys Formonaidd ag ydyw William Williams, Pantycelyn, yn emynyddiaeth Cymru. Gadewir i rai eraill bwyso a mesur gwerth y gosodiad hwnnw.

Bu gobaith am eglwys gref ym Mhencader, yn enwedig pan ymunodd nifer o Annibynwyr blaenllaw â hi, ond erbyn 1868 dim ond llond dwrn a oedd ar ôl. Awgrymwyd mewn adroddiad yn un o bapurau Caerfyrddin, y *Welshman*, mai methu a wnaeth y Mormoniaid argyhoeddi pobl y gallent iachau cleifion a gwneud gwyrthiau; oherwydd hynny, meddid, fe wanhaodd yr achos. Ymfudodd y gweddill, y ffyddloniaid, i Ddinas y Llyn Halen yn ystod haf 1868, ond gan na chofnodwyd eu henwau nid oes modd trafod eu cysylltiadau lleol.

Cyn yr 1870au ni bu gan Salem fugail erioed.Dyna mewn gwirionedd oedd y drefn arferol gan y rhan fwyaf o gapeli'r Methodistiaid. Dibynnid ar bregethwyr teithiol am bregeth, a chan nad oedd y rheiny i gyd wedi cael eu hordeinio 'roedd rhaid aros am gyfnodau hir weithiau cyn y gellid gweinyddu'r sacramentau.

Isel iawn oedd nifer aelodaeth Salem pan benderfynwyd yn 1869/70 bod yr amser o'r diwedd wedi cyrraedd i benodi bugail. Pan gynhaliwyd Cwrdd Misol ym Mhorth Tywyn ym mis Mai, 1870, darllenwyd llythyr o New Inn yn hysbysu penodiad y Parch. W. E. Prytherch, gŵr ieuanc 24 mlwydd oed, a fuasai'n gofalu am gapeli Brechfa a Phont-yr-ynys-wen ers 1868 ac a oedd yn aros am gael ei ordeinio yng Nghymdeithasfa Llandeilo yn ystod yr Awst canlynol. Siomwyd Salem pan benderfynodd Prytherch aros yn ei ofalaeth.

Ac yntau'n weinidog mewn lle mor agos a Brechfa, sydd

137

tua 9 milltir o New Inn, y mae'n debyg bod W.E.Prytherch yn gyfarwydd â hanes diweddar yr achos yn Salem. A wrthododd hwnnw'r alwad am nad oedd yn barod i fentro i eglwys yng nghanol rhyw fath o argyfwng? Y mae'n amlwg fod rhywbeth yn y gwynt o ddarllen adroddiad o Gwrdd Misol Henaduriaeth Sir Gaerfyrddin a gynhaliwyd ym mis Hydref, 1870.

Yn y cyfarfod hwnnw fe godwyd tri blaenor newydd i'r capel ond nis enwyd. Rhybuddiwyd yr Henaduriaeth gan y cenhadon a fu yn New Inn yn trefnu'r etholiad bod argyfwng o ryw fath yn y capel ac anogwyd hwynt i beidio a llaesu dwylo rhag ofn colli'r dydd. Yn ôl gohebydd, 'gadawyd hwn, fel llawer rhybudd pwysig arall, i fyned heb wneuthur un penderfyniad arno'. Yn anffodus, pan gynhaliwyd Cwrdd Misol yn New Inn ym mis Mai y flwyddyn ganlynol, ni chafwyd adroddiad yn *Y Goleuad*.

Un peth sy'n sicr, 'roedd yr eglwys wedi gwanhau. 'Roedd yr aelodaeth i lawr i 34 yn 1870 ac 1871, i 31 yn 1872 a 29 yn 1873. Diarddelwyd pedwar o aelodau yn 1873 ond ni wyddom eu henwau na'r rheswm pam y cawsant eu diarddel. Nid oes mwy o wybodaeth yn y coflyfr a roddwyd gan y Parch. T. R. Saunders yn 1851, ffaith sy'n awgrymu penderfyniad gan yr eglwys i roi'r gorau i'w ddefnyddio am nad oedd y pregethwr bellach yn aelod yno. Gwyddys iddo symud i Lwynhendy, ger Llanelli, yn 1873, ac fe dynnwyd ei enw oddi ar restr gweinidogion y sir. Digwyddodd rhywbeth yn ystod y flwyddyn honno a oedd yn ddigon i annog T.R.Saunders i ymadael, a hwyrach mai'r hyn a arweiniodd at hynny oedd gwreiddyn yr holl helynt yn Salem.

Mae'n glir mai argyfwng personol ydoedd a ddaeth i olwg pawb yn ystod mis Awst, 1874, pan orfodwyd Saunders, ym Mrawdlys Caerloyw, i dalu iawndal i fenyw a'i cyhuddodd o dorri addewid i'w phriodi. Yn anffodus, nid hynny ar ei ben ei hun oedd y drwg. Datguddiwyd gan y dystiolaeth gerbron y llys fod Ann White wedi bod yn goginwraig ym Mherth-y-berllan ac wedi rhoddi genedigaeth i fab yn 1851;

T.R.Saunders, meddai, oedd y tad. Torrodd ef sawl addewid i dalu am fagu'r plentyn a gorfodwyd y fam i sicrhau gorchymyn llys i'w orfodi i dalu dau swllt yr wythnos tra byddai'r bachgen o dan 13 mlwydd oed. Addawodd Saunders ar sawl achlysur, hyd yn oed ar ôl i'r bachgen dyfu i fyny, y priodai Ann White ond mynnai ohirio hynny tra byddai ei dad byw gan ddefnyddio'r esgus na chytunai hwnnw â'r uniad.

Mae'n ymddangos bod T.R.Saunders wedi llwyddo i gadw'r hanes am enedigaeth ei fab o olwg a chlustiau ei dad, ond gan mai mewn llys agored y sicrhawyd y gorchymyn i dalu at fagu'r plentyn fe ddichon bod rhywun ymhlith aelodau'r capel wedi dod i wybod amdano. Mae'n bur debygol, felly, mai dadl ynglŷn â chymwysterau Saunders i weinidogaethu oedd prif wreiddyn yr anghydfod yn Salem.

Pan ddaeth George Saunders i wybod am gamwedd ei unig fab gellir dychmygu y byddai'r awyrgylch ym Mherth-y-berllan yn wenfflam a diarddelwyd T.R.Saunders o'i etifeddiaeth. Gadawodd ei gartref a symudodd i ardal Llanelli. Dileuwyd ei enw fel pregethwr o restr y Cwrdd Misol.

Fel y digwyddodd pethau, ni bu'n hir cyn yr adferwyd ef oherwydd yn y Cwrdd Misol yng Nghaerfyrddin ym mis Mawrth, 1875, derbyniwyd ef yn ôl i gorlan y pregethwyr ar gais eglwys Nazareth, Llwynhendy. Tueddir yn yr oes hon i ystyried yr hen gymeriadau a oedd yn cynnal gwaith y Cwrdd Misol yn ystod oes y Frenhines Victoria fel hen greaduriaid haearnaidd, annhrugarog, ond mae'r modd yr ymdriniwyd ag achos Saunders yn dangos yn glir y gallent fod y tu hwnt o ddynol ac yn hynod o faddeugar. Ond bu raid i Saunders aros tan 1889 cyn gwireddu'r freuddwyd o gael ei ordeinio yn weinidog. Erbyn hynny 'roedd yn 67 mlwydd oed. Talodd bris go hallt am ffolineb cnawdol ei ieuenctid.

Ar derfyn 1873 symudodd Salem ymlaen unwaith eto i gael bugail ac yn nechrau 1874 fe benderfynodd y Cyfarfod Misol roddi cymorth o £15 y flwyddyn i'r eglwys am dair blynedd (fel ychwanegiad at £5 a roddwyd gan bersonau dienw) i'w chynorthwyo i gynnal bugail. Yna, ym mis Mehefin, 1874, rhoddwyd galwad i'r Parchg. Daniel Thomas, Llansawel, gŵr heb ei ordeinio, ac fe dderbyniodd. Mae'n werth nodi nad oedd yn ofynnol yn y cyfnod hwnnw i fugail fod yn weinidog ordeiniedig. I'r gwrthwyneb, fe ddarparwyd gan Gymdeithasfa'r Deheudir yn 1874 'fod bugeiliaid i fod mewn cysylltiad bugeiliol ag eglwys am flwyddyn o leiaf, ac i bregethu yno un Sabbath yn y mis, cyn y gellir eu dewis i'w hordeinio'.

Mae'n amheus iawn a fu Daniel Thomas yn New Inn am lawer mwy na blwyddyn, oblegid yn Nhachwedd, 1875, fe benododd y Cwrdd Misol nifer o aelodau i ymweld â Salem. 'Roedd mwy nag un rheswm dros wneud hynny ond am un yn unig y gwyddys ei gefndir ac yr oedd hwnnw'n ymwneud â phrydles y capel, beth bynnag oedd y broblem ynglŷn â hi. Mae'n bosibl, wrth gwrs, mai achos y fugeiliaeth oedd y rheswm arall, oblegid yn y Cwrdd Misol a gynhaliwyd yng Nghwmdwyfran ym mis Hydref, 1876, hysbyswyd fod Salem wedi rhoi galwad unfrydol i'r Parchg. Arthur Evans, Cynwyl, a ordeiniwyd yn 1861, i weini- dogaethu yn eu plith, a'i fod yntau wedi cytuno ac eisoes wedi dechrau ar ei lafur.

Fel yn achos Daniel Thomas dwy flynedd yn gynharach, tua blwyddyn a barodd bugeiliaeth Arthur Evans hefyd, sy'n arwydd arall nad oedd Salem yn lle esmwyth i fugail ymgartrefu ynddo. Beth bynnag oedd y rheswm, neu hyd yn oed y rhesymau, mae'n eglur o'r ychydig a wyddys yn hanes y Cwrdd Misol yn y cyfnod arbennig hwnnw bod pryder parhaol ynghylch ffyniant yr achos. Yn ystod Haf, 1878, rhoddwyd cymorth o £30 i gapel Salem a phenodwyd pedwar aelod 'i wylied yn ddyfal ar fod moddion crefyddol cyson yn cael eu cynnal yn y lleoedd hyn (New Inn a Waunifor) ac ar fod pregethwyr yn gweinyddu yn y ddau le mor aml ag y byddo modd ar nos Sabbothau'. Rhoddwyd £50 arall wedyn i'r ddwy eglwys.

Yng Nghymdeithasfa Llanymddyfri yn Awst, 1879, rhoddwyd £55 i Salem a Waunifor a phwysleisiwyd cyfrifoldeb y gwŷr a benodwyd y flwyddyn flaenorol i oruchwylio'r achosion a sicrhau cadw at yr amodau.

Wedi deng mlynedd bron o bryder am ffyniant yr achos yn New Inn fe gafodd y Cwrdd Misol achos i ymlawenhau yn 1880 pan gytunodd y Parchg. John Griffiths, Glan-y-fferi, i ymgymeryd â'r fugeiliaeth. Yna, yn 1881, penodwyd Michael Edwards, mab i weinidog o Gwmystwyth, yn brifathro cyntaf ysgol newydd y pentref, a bu hwnnw, gyda'i sêl a'i weithgarwch, yn gefn mawr i'r gweinidog. Sefydlodd Edwards ddosbarth Beiblaidd poblogaidd.

Bu'r dosbarth hwnnw a dylanwad Michael Edwards yn ysbrydoliaeth i nifer o wŷr ieuainc o'r capel i droi at y weinidogaeth, yn eu plith y Parchg. William Nantlais Williams (1874-1959), a aned yn Llawrcwrt, Gwyddgrug. Bu'n fugail am gyfnod maith yng nghapel Gellimanwydd, Rhydaman, yn olygydd *Yr Efengylydd, Y Lladmerydd* a *Trysorfa'r Plant* ac yn fardd ac emynydd poblogaidd.

Llun 18 Capel Gwyddgrug

Gyda'r cymorth a dderbyniodd gan Michael Edwards yn gefn iddo fe arhosodd John Griffiths tua naw mlynedd i gyd yn Salem, profiad cyntaf yr eglwys o gael bugail i aros am gyfnod tra sylweddol. Yn ystod y cyfnod hwnnw bu Griffiths yn un o'r rhai ar flaen y gad, yn enwedig yn 1886-8, mewn ymgyrch arall gan Anghydffurfwyr yr ardal yn erbyn y Sefydliad Eglwysig.

Rhoddwyd hanes y gwrthwynebiad i Dreth yr Eglwys yn ystod yr 1840au eisoes. 'Roedd hwnnw, wrth gwrs, yn ymgyrch gan y trethdalwyr yn gyffredinol ond erbyn yr 1880au fe ddaeth y cenhedlaethau o gwynion—fel arfer gan ddeiliaid tir a oedd yn debyg o fod yn anghydffurfwyr i'r carn yn hytrach na pherchnogion a oedd yn debycach o fod yn eglwyswyr—yn erbyn hawl yr eglwys i ddegfed ran o gynnyrch y tir i'r berw. Ers tua deugain mlynedd, bellach, 'roedd y degwm blynyddol wedi cael ei droi'n daliad ariannol ac yr oedd arian yn brin. Yn wyneb dirwasgiad amaethyddol yr oes fe alwodd y talwyr ar hyd a lled Cymru am ostyngiad i gyfateb â'r lleihad mewn prisiau, ond gwrthodwyd pob cais bron ym mhobman, ac yn eu plith yr oedd plwyf Llanfihangel-ar- Arth.

Mewn ymateb i'r gwrthodiad hwnnw datganodd gweinidog yr Annibynwyr ym Mhencader, y Parchg. R.P.Jones, na thalai ef geiniog goch o'r degwm, doed a ddelo; a dywedodd naw arall— David Thomas, Blaenblodau; John Jones, Aberglwydeth;—Thomas, Blodeuen; Stephen Enoch, Rose Cottage; y Parchg. John Griffiths, Gweinidog Salem; Rees Davies, Abernawmor; Lewis Lewis, Sunny Hill; William Thomas, Dolgrogws; a Thomas Evans, Wilkes Head— y byddent yn gwrthod talu oni newidiai hawlwyr y degwm eu meddyliau a chaniatau gostyngiad. Mae'n werth sylwi ar y canran uchel o gyffiniau New Inn, sef y pump cyntaf ymhlith yr enwau hynny.

Nid yw'n hollol glir beth ddigwyddodd ar ôl hynny. Ymddengys yn debygol bod rhywun wedi achub croen y Parchg. R.P.Jones trwy dalu'r degwm yn ei le a'r naw arall wedi ildio pan fygythwyd atafaelu eu heiddo. Yn ôl yr hanes yn y papurau newyddion dim ond un gŵr o'r plwyf a safodd yn gadarn hyd y diwedd yn erbyn y degymwyr a hwnnw oedd Daniel Jones, Nantygragen. Cipiwyd dwy gaseg oddi arno i'w gwerthu mewn arwerthiant cyhoeddus gerllaw'r Farmer's Arms ym Mhencader er mwyn talu'r ddyled.

Ar ddydd yr arwerthiant fe gafwyd glaw trwm ond ymgasglodd tyrfa fawr, gan gynnwys pymtheg wedi cerdded pob cam o Frechfa yn cludo baner a delw o ficer arni. Yn ôl hunangofiant Nantlais yr oeddent yn brysur yn canu wrth orymdeithio trwy Gwyddgrug. Galwodd yr awdurdodau am gymorth yr heddlu ac ymgynullodd plismyn o Gastellnewydd Emlyn, Llandeilo a Llanelli i gadw'r heddwch.

'Roedd y glaw trwm o blaid yr arwerthwr a bu'r arwerthiant drosodd mewn byr amser pan gynigiodd Lewis Lewis, Sunny Hill, ddigon am un gaseg i glirio'r ddyled. Rhoddwyd y gaseg arall iddo gan yr arwerthwr ond yn ôl yr arferiad dychwelwyd y ddwy i ffermwr Nantygragen. Ymddengys mai dyna ddiwedd ar derfysg y degwm yn y plwyf, a chyn bo hir fe newidiwyd y gyfraith i wneud perchennog y tir yn atebol i'r degwm yn lle'r deiliad.

Yn ystod haf 1889, ar ôl iddo gymryd rhan yn y seremoni o osod carreg sylfaen i gapel newydd yr Annibynwyr yng Ngwyddgrug, fe ymadawodd John Griffiths. Y mae'n ymddangos mai i Bentwyn ger Cross Hands yr aeth i ddechrau, ond cysylltwyd ei enw â'r Tymbl yng Nghwm Gwendraeth yn 1892. Dilynodd ei dri mab eu tad i'r weinidogaeth.

Er i Fethodistiaeth fwrw gwreiddiau go gadarn yn ardal New Inn a Gwyddgrug 'roedd cyfran o'r bobl yn dal yn ffyddlon i eglwys y plwyf, eraill yn aelodau gyda'r Annibynwyr ym Mhencader. Ond i blant yr Annibynwyr, yn enwedig y rhai ieuanc iawn, 'roedd y daith i Bencader o'r ffermydd i'r dwyrain o bentrefi Gwyddgrug a New Inn yn dipyn o bellter ac er eu mwyn sefydlwyd Ysgol Sul yn 1861 yn ffermdai Y Lan a Berllan, ger Gwyddgrug. Cynhaliwyd y cyrddau am yn ail yn y ddau le. Y cam nesaf oedd cynnal cwrdd gweddi ar nos Fercher mewn amryw o dai annedd ac wedyn yn Rhydodyn a Felin Gwyddgrug.

Edwinodd yr Ysgol Sul am gyfnod ond cafwyd ail-ddechreuad ym Maesyfelin, lle y cynhaliwyd y cyrddau gweddi hefyd o hynny ymlaen. Yna, yn 1889, gosodwyd carreg sylfaen capel newydd Gwyddgrug ger y briffordd, ar ddarn o dir fferm y Berllan. Agorwyd hwnnw ar 27 Awst 1890, trosglwyddodd trigain eu haelodaeth iddo o gapel Pencader, ac yn eu plith yr oedd tri blaenor—David Phillips, Gwyddgrug Vale; Thomas James, Y Lan; a Thomas Thomas, Blaenwaun.

Yn 1899, gyda'r eglwys wedi mwy na dyblu ei haelodaeth, rhoddwyd galwad i'r gweinidog cyntaf, y Parchg. Peter Hugh Lewis o Goleg Bala/Bangor. Yn 1901 fe benodwyd ef yn weinidog ar Brynteg, Llanwenog, hefyd, ac arhosodd yn yr ardal tan 1911 cyn symud i Abermaw yn sir Feirionnydd. Yn ystod ei gyfnod ef yn Gwyddgrug, yn 1906, agorwyd ysgoldy. Ei olynydd, yn 1912, oedd y Parchg. Daniel John o Gwmllynfell.

Erbyn dechrau'r 1890au 'roedd golwg hynafol a dadfeiliedig ar Salem, New Inn a phenderfynwyd casglu arian i gael cronfa tuag at ei adnewyddu. Ar ôl gwneud y gwaith cynhaliwyd cyfarfodydd agoriadol yn ystod mis Hydref, 1893, pryd y gwasanaethwyd gan y Parchgn. W.E. Prytherch, Pontarddulais; John Walters, San Clêr; Edward Davies, Caerfyrddin; H.B. James (B), Aberduar; a D. Jones (A) (Gwernogle). Ar derfyn y cyfarfodydd 'roedd tua £40 o ddyled yn aros.

Yn 1904, ar ôl pymtheng mlynedd heb yr un, cafwyd y Parchg. Thomas Parry, Penygroes, yn fugail. Cyrhaeddodd hwnnw i flasu profiad rhyfeddol Diwygiad Crefyddol 1904-05, yr un grymusaf er 1859, yr unig un o'i fath yn yr ugeinfed ganrif, a'r mwyaf nodedig erioed, hwyrach. Dechreuodd yn Ne Ceredigion a lledaenodd i bob cwr o Gymru. Fe'i cysylltwyd ag un person arbennig, Evan Roberts o Gasllwchwr, a bu'r cyhoeddusrwydd a roddwyd gan y wasg yn gymorth mawr i hybu'r brwdfrydedd tanllyd.

Tua diwedd 1904 cynhaliwyd wythnos o gyfarfodydd gweddi undebol ym Mhencader, Gwyddgrug a New Inn, ond ni chynhyrfwyd rhyw lawer ar yr eglwysi, yn enwedig yr Annibynwyr, yn ôl adroddiad. Petai Evan Roberts ei hun wedi bod yn efengylu yn yr ardal hwyrach y buasai'r stori yn wahanol ond ni ddaeth yn nes na Chaerfyrddin. Serch hynny, bu cynnydd sylweddol yn aelodaeth Salem, a hyd yn oed yn 1908, tair blynedd ar ôl i'r fflam bylu, 'roedd 88 o aelodau yn Salem ac Ysgol Sul o 123.

Ni bu'r Parchg. Thomas Parry lawer o flynyddoedd yn Salem oblegid yn ôl cyfrol James Morris y cyfeiriwyd ati droeon eisoes 'roedd y capel heb weinidog yn 1911. Tuag 1907 anfonwyd dirprwyaeth i Salem i drafod y posibilrwydd o sefydlu achos ym Mhencader. Cawsant groeso a phob cymorth a sefydlodd y Cwrdd Misol bwyllgor yn cynnwys blaenoriaid New Inn i hyrwyddo'r broses. Gosodwyd carreg sylfaen Moreia ar 19 Awst 1908 ac agorwyd y capel newydd 30 Awst 1909.

Y mae'n adeg addas i ddirwyn yr hanes hwn o fywyd crefyddol yr ardal i ben yn y gyfrol hon. Erbyn hyn, wrth gwrs, yr ydym yn nesáu at ddiwedd canrif arall, un wahanol iawn i'r un a'i blaenorodd, un na brofodd er 1904/5 ragor o frwdfrydedd y diwygiadau achlysurol a roesant chwistrelliad o fywyd a gwaed newydd i'r eglwysi a'r capeli. Nid am godi capeli newydd, a chynnal yr hen rai y mae'r sôn ar ddiwedd yr ugeinfed ganrif ond am eu huno neu eu cau. Byddai'n ddigon i greu hunllef i'r hen bobl a frwydrodd mor galed yn erbyn pob math o anawsterau i ddarparu adeiladau cymwys i gynnal eu ffydd.

PENNOD 9

SARAH JACOB—YR ENETH HYNOD.
Y ferch a lwgwyd i farwolaeth

Petai hanes yr ardal wedi cael ei gofnodi'n ofalus ar hyd y canrifoedd, byddai'n anodd meddwl am gyfres o ddigwyddiadau hynotach na'r rheiny a arweiniodd at farwolaeth Sarah Jacob, merch ddeuddeng mlwydd oed, yn y flwyddyn 1869.

Fe'i ganed ar 12 Mai 1857, yn drydedd ferch i Evan a Hannah Jacob. Yn ystod yr 1860au cafodd y teulu ragor o blant, tri mab ac un ferch. Ffermio ychydig dros gan erw o dir yn Llethr-neuadd, tua milltir o New Inn, oedd gwaith y tad ond nid ef oedd piau'r lle. 'Roedd hefyd yn Annibynnwr selog, yn ddiacon a gyfrifid yn un o bileri'r achos yn y capel ym Mhencader.

Yn Chwefror, 1867, dioddefodd Sarah, disgybl yn Ysgol Genedlaethol Llanfihangel-ar-Arth, salwch drwg a bu, yn ôl cyfrif ei rhieni, mewn rhyw fath o lewyg am tua mis. Pan ddadebrodd ni chymerodd ond ychydig o fwyd a diod a bu yn y cyflwr hwnnw am rai misoedd cyn dechrau gwella a bodloni'r meddyg teulu, Dr. Henry Harries Davies o Landysul, nad oedd arni angen rhagor o'i wasanaeth.

Serch hynny, cyndyn iawn oedd y ferch, meddai'i rhieni, i gymryd bwyd. Ymddengys iddi fynd mor bell a'u siarsio i beidio cynnig bwyd na diod iddi oherwydd bod popeth yn troi arni, ac o ddechrau mis Hydref, 1867, fe honnid nad oedd yn bwyta nac yfed. Daliodd Evan a Hannah Jacob i ddweud na bu nemor ddim newid yn ei hymddygiad am dros ddwy flynedd.

Nid oedd modd cadw peth felly'n dawel yn hir, wrth gwrs, a gellir bod yn sicr byddai ambell un wedi drwgdybio'r honiadau o'r cychwyn cyntaf. Serch hynny, er y buasai'n arbennig o anodd i gymdogaeth amaethyddol dderbyn o ddifrif y syniad y medrai creadur fyw heb fwyd a diod, yr oedd teulu Llethr-neuadd yn ddigon uchel ei barch yn yr ardal i ddarbwyllo'r mwyafrif i beidio'u amau. Go anfeirniadol hefyd oedd y rhan fwyaf o'r sylw a gafwyd yn y Wasg Gymraeg a Chymreig, ond gwelwyd ymateb gwahanol iawn unwaith y dechreuodd y wasg yn Lloegr ymddiddori yn ympryd honedig Sarah Jacob. Y canlyniad fu cynnydd yn y nifer o ddrwgdybwyr a dechreuwyd beirniadu Evan a Hannah Jacob yn hallt am fod mor wirion wrth honni, yn hollol groes i'r farn feddygol uniongred, ei bod yn bosibl i rywun fyw yn hir heb ymborth.

Fel canlyniad arall i'r holl gyhoeddusrwydd, dechreuodd pobol deithio i fferm Llethr-neuadd i weld y ferch ryfeddol. Deuent o bell ac agos. Er mai New Inn oedd y pentref agosaf at ei chartref, Pencader a enillodd y bri yn y wasg. Dyfodiad y rheilffordd bum mlynedd yn gynharach a oedd yn gyfrifol, oblegid am y tro cyntaf darparwyd ffordd rwydd i bobol deithio'n hwylus o gyflym o gryn bellteroedd. Manteisiodd llawer o'r brodorion ar y cyfle i ennill ceiniog trwy gynnig hebrwng yr ymwelwyr o'r orsaf at y ffermdy, taith o dros ddwy filltir. Hysbysebent eu gwasanaeth trwy roddi cardiau ar eu capiau a'u hetiau gyda'r geiriau 'To the Fasting Girl' arnynt.

Blinwyd y rhieni gan y drwgdybwyr ac ar gais y tad trefnwyd i nifer o ddynion wylio'r ferch ddydd a nos am bythefnos yn ystod mis Mawrth, 1869, gyda'r amcan o brofi bod y teulu'n dweud y gwir. Llwyddodd yr adroddiad am ganlyniadau'r pythefnos hwnnw i dawelu'r beirniaid am ychydig, ond fe sylweddolwyd o fewn ychydig o fisoedd nad oedd yr amheuon am ddistewi ac ym mis Rhagfyr yn yr un flwyddyn fe sicrhawyd gwasanaeth pedair nyrs o Ysbyty Guy yn Llundain i gynnal gwyliadwriaeth ddisgybledig ddydd a nos. Yr amcan oedd gweld a dderbyniai Sarah Jacob, rhywfodd, fwyd a diod. O'i roddi mewn ffordd arall, fe ddisgwylid i'r nyrsus fedru profi, neu wrthbrofi, cywirdeb honiad y rhieni bod eu merch yn byw heb ymborth. Rhybuddiwyd y nyrsus na ddisgwylid iddynt wrthod bwyd a diod iddi pe gelwid amdano, a penodwyd panel o feddygon i oruchwylio'r sefyllfa ac i fod yn gefn i'r nyrsus.

Llethr-neuadd, cartref Sarah Jacob a'i theulu.

Llun 19. Llethr-neuadd, cartref Sarah Jacob, fel yr oedd yn 1869.

Y mae'n glir y disgwylid i'r rhieni gadw eu pellter ac ildio'r gofal am eu merch i ddwylo'r nyrsus a'r meddygon am y pythefnos. Gofynwyd i'r tad, Evan Jacob, arwyddo datganiad ysgrifenedig i'r perwyl hynny a dyna a wnaeth.

Ar ôl llai na naw diwrnod o'r gwylio gan y nyrsus bu farw Sarah Jacob. Sefydlwyd, wrth archwilio ei chorff, mai trwy newyn y bu farw. Penderfynodd y trengholiad mai esgeulustod y tad a oedd yn gyfrifol am ei thranc, a'r ddedfryd oedd awgrymu y dylasai gael ei yrru i sefyll ei brawf am ddyn-laddiad.

Yn dilyn y drefn arferol anfonwyd y dystiolaeth o'r trengholiad i Lundain i'w hystyried gan Swyddogion Cyfreithiol y Goron. Penderfynodd y rheiny nad oedd yn ddigon da i orfodi Evan Jacob i wynebu'r cyhuddiad o ddyn-laddiad ar ei ben ei hun a galwyd ar y Mân-lys yn Llanfihangel-ar-Arth i ystyried y rhannau a chwaraewyd gan y fam, Hannah Jacob, ynghyd â'r panel o bump o feddygon a dderbyniodd y cyfrifoldeb o arolygu'r gwaith o wylio Sarah Jacob. Ni ystyriwyd y nyrsus yn euog o unrhyw gamwedd.

Brawychwyd ynadon Mân-lys Llanfihangel-ar-Arth gan yr

awgrym fod gan unrhyw un o'r meddygon achos i'w wynebu ac ni fuont yn hir cyn gwrthod ystyried unrhyw euogrwydd ar eu rhan, ond cytunwyd y dylasai'r fam sefyll gyda'i gŵr i wynebu'r cyhuddiad o ddyn-laddiad. Evan a Hannah Jacob yn unig, felly, a draddodwyd i wynebu'r prawf yn y frawdlys yng Nghaerfyrddin.

Pan gynhaliwyd y llys hwnnw yng Ngorffennaf, 1870, cafwyd y ddau yn euog, ac fe garcharwyd Evan Jacob am flwyddyn a Hannah Jacob am chwe mis. Anfonwyd hwy i garchar Abertawe, ac ar eu rhyddhad fe ddychwelodd y ddau i'r ardal ond nid, fel y buasid yn disgwyl, i gael eu herlid oherwydd iddynt gyflawni trosedd mor erchyll a llwgu eu merch ond, yn hytrach, ac i bob diben ymarferol, i ailgychwyn eu bywydau yn yr un gymdogaeth ag y buasent yn byw ynddi cyn eu carchariad.

Mae'r croeso a estynnwyd yn awgrymu nad oedd y gymdogaeth, at ei gilydd, yn gweld bod y rhieni wedi cael cyfiawnder, ac y mae'n werth ystyried paham y gallent fod wedi dod i feddwl felly.

Byddai'n od iawn petai'r cymdogion i gyd yn credu bod Evan a Hannah Jacob wedi dweud y gwir a'r holl wir am ddigwyddiadau Llethr-neuadd. Wrth siarad â rhai o bobl hŷn yr ardal, er i lawer ohonynt ddweud mai gwrthod trafod yr achos a wnâi eu rhieni, yr oedd yn glir bod ambell i gartref yn barotach i ddyfalu beth yn union a ddigwyddodd. Rhwng pob peth mae'n anodd osgoi'r teimlad na fyddai'r gymdogaeth wedi bod mor drugarog wrth y rhieni (neu, hwyrach, wrth un ohonynt) petaent wedi'u dedfrydu am dwyllo. Ond nid am dwyllo y'u carcharwyd ond am ddyn-laddiad, cyhuddiad llawer mwy difrifol, ac yr oedd hynny'n sicr o roddi gwedd wahanol iawn ar bethau. Teimlai'r gymdogaeth, hwyrach ym mêr eu hesgyrn, nad oedd yn beth ymarferol i feio'r rhieni am farwolaeth y ferch drwy lwgu a rhywun, heb wybod pwy, wedi bod yn darparu bwyd iddi cyn i'r nyrsus gyrraedd i atal beth bynnag a oedd yn digwydd yn ffermdy Llethr-neuadd gyda chanlyniad mor alaethus.

Ni wyddom a gyflwynodd Swyddogion Cyfreithiol y Goron sylwadau ar reithfarn y trengholiad wrth drosglwyddo'r achos i ystyriaeth Mân-lys Llanfihangel-ar-Arth, ond gellir bod yn sicr nad oeddent yn cydweld â'r farn mai'r tad yn unig a oedd yn euog gan iddynt restru'r fam a'r meddygon fel rhai eraill yn haeddu sylw. Eithr nid yn eu dwylo hwy yr oedd y penderfyniad terfynol. Dyletswydd yr ynadon oedd ystyried y cam nesaf.

Ond cyn mynd ymlaen i drafod sefyllfa'r meddygon y mae'n werth ystyried y rhannau a chwaraewyd gan ddau arall a fu'n agos iawn at y teulu, sef y Parchg. Evan Jones, ficer plwyf Llanfihangel- ar-Arth o 1860 hyd 1875, a'r Dr. Henry Harries Davies, Llandysul.

Yn 1894 cyhoeddodd Evan Jones gyfrol o hunangofiant, sef *'Atgofion am Ddeugain Mlynedd o'm Gweinidogaeth'*. Wrth feddwl am ei ran ef yn nhrasiedi Sarah Jacob siom fawr oedd darganfod nad oedd ganddo ond un paragraff am yr achos mewn pennod s'yn cynnwys deunaw paragraff am ei gyfnod yn Llanfihangel-ar-Arth. Mae'n werth dyfynu'r paragraff hwnnw yn union fel y mae yn y gyfrol—

'Yn y flwyddyn 1869 cymmerodd dygwyddiad hynod a galarus iawn le yn y plwyf, yr hwn a achosodd i mi fawr flinder. Daethym i gyffyrddiad â'r dygwyddiad hwnnw yn y cyflawniad o'm dyledswyddau fel gweinidog y plwyf; ond gan mai nid dymunol yw ailagor clwyfau a dolurio teimladau neb, nid ymhelaethaf arno ym mhen cyhŷd o amser.'

Er nad yw'n ei henwi mae'n glir i unrhyw un a ŵyr rywfaint o hanes y plwyf mai cyfeirio at farwolaeth y ferch y mae'r geiriau, ond yr oedd yn debyg o fod yn agosach o lawer at 1894, pan gyhoeddwyd yr atgofion, nag 1869 pan roddwyd pin ar bapur gan Evan Jones. Oherwydd y rhan bwysig a chwaraewyd ganddo yn y drasiedi mae'n debyg bod y cwbwl wedi cael ei argraffu'n ddwfn ar ei feddwl. Fe gafodd, hefyd, ddigon o amser i bwyso a mesur yr holl beth ac nid yw'n syndod mai penderfynu ymatal rhag manylu a wnaeth. 'Roedd gan y ficer ei glwyfau ei hun i'w gwella, os gwellodd y rheiny erioed.

Wrth sôn am ddolurio teimladau pobol eraill, am bwy yn neilltuol, tybed, yr oedd y ficer yn meddwl? Am deulu'r ferch, gellir bod yn sicr. 'Roedd ei thad a'i mam wedi gorfod dioddef, am gyfnod hir, gyhuddiadau llym gan unigolion ac yn arbennig gan y wasg Saesneg, mai twyll oedd yr honiadau ganddynt fod eu merch yn medru byw heb gael ymborth. Pa un a oeddent yn haeddu'r gwaradwydd a bentyrwyd ar eu pennau ai peidio nid oes modd dweud yn bendant erbyn hyn oblegid collwyd y cyfle i holi pob enaid byw, yn enwedig preswylwyr y ffermdy, a oedd rywfodd yn gysylltiedig â'r achos, yn y brys i gosbi'r rhieni. Nid oedd y gair twyll yn rhan o lythyren y cyhuddiad yn eu herbyn, ond mae'n glir bod yr holl amheuon wedi dylanwadu'n drwm iawn ar agwedd meddwl pob un a fu'n ymwneud â'r achos. Ar hyd yr amser 'roedd rhagfarn yn hofran dros weithrediadau'r llysoedd barn fel y barcut sydd mor gartrefol yn yr ardal. Tybed a fyddai barnwr cyfoes wedi rhyddhau Evan a Hannah Jacob cyn dechrau gwrando'r achos yn eu herbyn am nad oedd ganddynt obaith cael gwrandawiad teg?

Ond mae angen ystyried y rhannau a chwaraewyd gan y ddau arall a enwyd eisoes, oblegid petaent wedi ymyrryd mewn ffordd wahanol, neu hyd yn oed wedi peidio ymyrryd o gwbwl, mae'n eithaf posib na fyddid wedi gorfod dioddef y diweddglo trist.

Mater teuluol yn unig oedd afiechyd Sarah Jacob i ddechrau, fel y gellid disgwyl. Yng nghwrs amser lledaenodd i'r gymdogaeth, ac yng Ngorffennaf, 1868, daeth i sylw'r wlad pan gyfeiriwyd at y ferch mewn dau newyddiadur Cymraeg, *Cronicl Cymru* (Bangor) a'r *Dydd* (Dolgellau). Yn Ionawr, 1869, bu sôn amdani yn *Y Tyst Cymreig*, ac yn fuan wedyn dechreuodd *Y Gwladgarwr* gyhoeddi adroddiadau. Ond *Seren Cymru* oedd y mwyaf hael gyda'i newyddion, ac yn hwnnw hawliodd gohebydd yn galw ei hyn yn Myrddin Ddu (Herbert Jones oedd ei enw iawn) o Landysul, ei fod mewn sefyllfa freintiedig trwy gael galw yn y tŷ i weld Sarah Jacob, a chael newyddion amdani gan ei thad.

Nid darllenwyr y *Seren* yn gyffredinol oedd yr unig rai i fwynhau'r hanes; yn ôl Myrddin Ddu 'roedd Sarah hefyd yn cael pleser wrth weld ei henw yn y papur ac yn dymuno iddo ddiolch i bawb am feddwl amdani.

Barn Myrddin Ddu oedd fod sefyllfa'r eneth uwchlaw dirnadaeth dyn. Credai fod rhyw allu goruwchnaturiol yn ei chynnal 'ac yn gohirio ysgariad enaid a chorff oddiwrth eu gilydd'. Gwahoddodd 'unrhyw anghredadun i alw i weld mor anolrheinadwy yw ei ffyrdd Ef'. Barnai'r Parchg. John Davies, Llandysul, gweinidog gyda'r Bedyddwyr a oedd yn byw yn 7 Stryd Lincoln, Llandysul yn 1871, y mae'n debyg, mai 'ymweliad uniongyrchol oddi wrth yr Arglwydd' oedd yno, ac i J. Richards, Caerfyrddin, 'rhyfeddod mwyaf yr oes' oedd Sarah Jacob.

Detholiad yn unig o'r math o sylwadau a wnaed gan ymwelwyr yw'r rheiny.

Cyfyngwyd y sylw i'r Wasg Gymraeg i ddechrau ond yn gynnar yn y flwyddyn 1869 ymledodd hanes yr ymprydio dros wledydd Prydain a draw dros y dŵr i'r Unol Daleithiau. Sbardunwyd y diddordeb gan lythyr arbennig yn rhifyn 19 Chwefror 1869 o un o bapurau Saesneg tref Caerfyrddin, *The Welshman*. Awdur y llythyr hwnnw oedd y Parchg. Evan Jones, a'r amcan oedd tynnu sylw at Sarah Jacob, trwy ddweud yn bendant nad oedd y ferch wedi cymryd y gronyn lleiaf o unrhyw fath o fwyd ers un mis ar bymtheg. Fe gymerai, meddai, rai dafnau o ddŵr ar ddechrau'r cyfnod hwnnw ond dim o gwbl wedyn.

Cydnabu'r ficer nad oedd y farn feddygol yn derbyn bod y fath beth yn bosibl ond, meddai, 'roedd y cymdogion i gyd yn unfryd unfarn fod yr hyn a ddywedwyd yn wir, a dyna erbyn hynny, meddai, oedd ei farn yntau hefyd! 'Roedd dweud peth felly gan ŵr a gawsai, mewn cymhariaeth â'r rhelyw o'i blwyfolion, ei ddogn o addysg dda yn beth digon syfrdanol ynddo'i hun, ond ar ben hynny 'roedd Evan Jones yn ddigon sicr o'i bethau i orffen ei lythyr trwy herio meddygon i edrych i mewn i'r achos hynod. Fe estynnid, meddai, bob croeso gan dad y ferch i unrhyw berson parchus a ddymunai olrhain y sefyllfa.

Bu geiriau'r ficer fel mêl ar fysedd golygyddion papurau Llundain, oblegid gerbron y siniciaid yn eu plith wele was yr eglwys a oedd yn credu mewn gwyrthiau mewn gwirionedd, ac oherwydd nerth ei argyhoeddiad yn barod i herio'r farn feddygol uniongred ynglŷn â'r gallu i fyw er yn newynu.

Nid oedd honiadau am wyrthiau, wrth gwrs, yn debyg o fod yn hollol ddieithr i'r ficer yn rhinwedd ei waith, ac nid oedd ond ychydig dros ddeng mlynedd wedi mynd heibio er pan welsai Bernadette Soubirou y Forwyn Fendigaid yn Lourdes. Yr oedd cyfran o boblogaeth gwlad a oedd ei hun yn hyddysg mewn llenyddiaeth Feiblaidd, ac a oedd wedi profi gwewyr diwygiad crefyddol mor ddiweddar ag 1859, yn debyg o fod yn barod i groesawu'r posibilrwydd y gellid cyflawni gwyrth ryw dro ym mherfeddion cefn gwlad Cymru ac onid oedd y ficer yn gweinidogaethu yn eu plith?

Ac os gellir credu'r adroddiad mewn rhifyn o'r *Welshman* yn ystod haf, 1868, 'roedd y Mormoniaid wedi bod yn brysur yn yr ardal yn dal allan y gallent iachau cleifion a chyflawni gwyrthiau, ac wedi denu nifer o Annibynwyr blaenllaw i ymddiddori yn eu hachos. Un o ddiaconiaid capel yr Annibynwyr ym Mhencader oedd Evan Jacob. A oedd ef, a rhai o'i gyd-ddiaconiaid, tybed, ymhlith yr Annibynwyr a oedd wedi cael eu swyno gan neges y Mormoniaid? Yn ôl arbenigwr ar hanes y Mormoniaid yng Nghymru nid peth dieithr oedd gweld eglwyswyr yn ymddiddori mewn Mormoniaeth ychwaith. Tybed a oedd ficer Llanfihangel-ar-Arth, yn ddistaw bach, yn eu plith?

Fel aelodau gyda'r Annibynwyr fe fyddai'n rhesymol i ddisgwyl mai troi at eu gweinidog a wnâi teulu Llethr-neuadd yn nyddiau argyfwng, ond y cwbwl a wyddys yw mai am wasanaeth ficer y plwyf y galwyd yn Nhachwedd, 1867. Ar gais y ferch, Sarah, y bu hynny yn ôl llythyr i *Seren Cymru* gan feddyg y teulu yn nechrau mis Mawrth, 1869.

Daeth Sarah Jacob i adnabod y ficer trwy fod yn ddisgybl

yn yr Ysgol Genedlaethol—ysgol yr eglwys—yn Llanfihangel-ar-Arth. Ni wyddys i ba raddau yr oedd Evan Jacob ei hun yn fodlon i'r person alw ond y mae'n bosibl bod y tad wedi gorfod ildio i lais neu leisiau cryfach na'i lais ei hun. Nid yw'n glir a oedd y dyn mewn gwirionedd yn feistr corn ar ei gartref ei hun.

Mae'r adroddiadau yn *Seren Cymru* yn dangos fod gan Sarah Jacob, er mor ieuanc, ddiddordeb dwfn mewn crefydd, ac yr oedd galw'r ficer hwyrach yn adlewyrchu teimlad a oedd ganddi hi mai ef oedd yn ei deall orau. Serch hynny, y mae'n bosib awgrymu esboniad arall paham na alwyd ar weinidog.

Yn ôl 'Hanes Eglwysi Annibynnol Cymru' (Thomas a Jones) fe ddaeth gweinidogaeth y Parchg. John Owen ym Mhencader i ben tuag 1868 ar ôl tair blynedd ar hugain. Ymfudodd i'r Unol Daleithiau ac yno y bu farw. Anghytundeb o ryw fath a roes derfyn ar ei wasanaeth ond ni wyddys beth oedd yr achos. Yn ôl un hanes a welwyd bu dadleuon diwinyddol, yn arbennig o blaid ac yn erbyn Calfiniaeth, yn corddi'r dyfroedd ym Mhencader ryw dair blynedd wedi ymadawiad John Owen, ond tybed a oedd honiadau teulu Jacob, a'r gefnogaeth a gawsant gan eu cydaelodau a'r diaconiaid, wrth wraidd yr anniddigrwydd hefyd?

Ni ddylid anwybyddu'r posibilrwydd ychwanegol mai gan Hannah Jacob, mewn gwirionedd, yr oedd y llais cryfaf yn y cartref. Mae'n fater o bwys oblegid, er cysylltiad agos Evan Jacob (a hithau yn ôl yr hanes) ag achos yr Annibynwyr, bedyddiwyd mab iddynt, David, yn eglwys y plwyf yn Awst, 1868. Ef oedd y cyntaf, ond nid o bell ffordd yr olaf, o blant Llethr-neuadd i gael bedydd yn yr eglwys. Mae'r penderfyniad ynglŷn â'r bedydd yn awgrymu bod y ficer wedi cael ei draed yn ddiogel o dan fwrdd yr Annibynwyr yn Llethr-neuadd o fewn ychydig fisoedd i'w ymweliad cyntaf. O safbwynt pwy oedd â'r awdurdod cryfaf yn y cartref rhaid ystyried, hefyd, adroddiad i'r perwyl fod Evan Jacob yn dal i gael ei gyfri'n un o bileri'r achos ym Mhencader flwyddyn wedi bedydd ei fab yn yr eglwys, a dwy flynedd ar ôl dechreuad ympryd ei ferch. Y mae posibilrwydd cryf nad oedd Evan Jacob mewn llwyr gytgord â'i wraig a'i ferch ar faterion crefyddol.

Amau gallu'r ferch i fyw heb ymborth oedd ymateb y ficer i ddechrau a rhybuddiodd y rhieni, meddai, rhag honni pethau disynnwyr oblegid wrth wneud hynny gallent gael eu cosbi. Ond newidiodd ei feddwl. Sut a pha bryd y digwyddodd y droedigaeth ryfeddol honno ni wyddon oblegid ni holwyd ef ynghylch y peth. 'Roedd ganddo, y mae'n glir, barch mawr tuag at y rhieni a buasai o dan bwysau cynyddol oherwydd cysondeb eu honiadau a'r gred yn eu geirwiredd ymhlith y cymdogion, i dderbyn beth a ddywedent wrtho.

Ac yntau'n galw'n gyson yn Llethr-neuadd oni fyddai'r ficer wedi manteisio ar y cyfle i drafod y sefyllfa gyda Sarah Jacob ei hun allan o glyw ei rhieni ac wedi'i chlywed yn dweud nad oedd yn bwyta? Er ei hoed—bu farw cyn cyrraedd ei harddegau—mae'n ymddangos mai Sarah oedd y cymeriad cryfaf yn ffermdy Llethr-neuadd. Gellir synhwyro o'r holl ohebiaeth a'r adroddiadau yn y wasg, yn enwedig y wasg Gymraeg, ei bod hi yn medru troi ei rhieni o gwmpas ei bys bach, ac yn argyhoeddi lluoedd o ymwelwyr bod ganddi ddoniau anghyffredin. Wfftiwyd at y sefyllfa gan y wasg Saesneg, gan enwi Sarah braidd yn ddirmygus fel 'The Welsh Fasting Girl', ond 'roedd y wasg Gymraeg o bosib yn nes o lawer at y marc wrth gyfeirio ati fel 'Yr Eneth Hynod'. Tybed a oedd ynddi ddefnydd actores o fri? Yn y pulpudau y gwelid prif actorion Cymry yn y ganrif ddiwethaf nid ar lwyfannau theatrau! Llwyfan Sarah Jacob oedd ei gwely.

Serch hynny, er yr holl ddylanwadau, prin fod y cyfan yn ddigon i berswadio'r ficer i gefnu ar ei farn agoriadol heb ymgysylltu ag eraill, a rhaid edrych i gyfeiriad arall, i ystyried y rhan chwaraewyd gan feddyg y teulu yn natblygiad yr hanes.

Ei enw oedd Dr. Henry Harries Davies, o Landysul, pentref tua phum milltir o Lethr-neuadd. Fe alwyd ef i weld

Sarah pan darawyd hi'n wael yn Chwefror, 1867, a bu'n ei thrin am chwech wythnos. Yn ystod y cyfnod hwnnw cafodd y ferch ryw fath o ffitiau, bu'n anymwybodol am fis ac edrychai fel sgerbwd. Rhoddodd y meddyg gyfarwyddiadau ynglŷn â'i bwydo, cyfaddefodd wrth y tad nad oedd ganddo amcan beth oedd yn bod arni ac ni wyddai sut i'w gwella. Aeth mor bell â dweud wrth Evan Jacob mai gan y 'Doctor Mawr' yn unig yr oedd y feddyginiaeth ac fe adawodd hynny argraff ddofn iawn ar feddwl y tad.

Yn Ebrill, 1867, yn ôl datganiad gwirfoddol gan Evan Jacob gerbron y trengholiad, galwyd meddyg arall, Dr. Hopkins, i weld Sarah yn lle Dr. Davies. Honnodd Jacob iddo glywed Hopkins yn dweud nad oedd gwella i fod oherwydd bod y claf yn dioddef o lid yr ymennydd. (Pan dynnwyd ei sylw at y datganiad hwnnw ysgrifennodd y meddyg i'r wasg i wadu iddo ddweud y fath beth)

Galwodd Dr. Davies drachefn a bu'n ei thrin am bythefnos. Yn ystod y cyfnod hwnnw dechreuodd Sarah fwyta ychydig, ac wrth ei gweld yn gwella rhoddodd y gorau i'w ymweliadau gan deimlo, meddai, nad oedd gan feddygaeth ddim arall i'w gynnig iddi. Ni ofynwyd iddo'n ddiweddarach beth yn union oedd yn ei feddwl wrth ddweud y fath beth.

Rhwng diwedd mis Mai, 1867, a dechrau Mawrth, 1869, os medrwn gredu'r meddyg, ni bu unwaith yn Llethr-neuadd, ond y mae'n glir nad oedd yn y tywyllwch oblegid câi adroddiadau achlysurol gan Evan Jacob, yn dweud wrtho na chymerai ei ferch ond y nesaf peth i ddim i fwyta. Yn y cyswllt hwn onid yw'n debygol fod y tad wedi dweud wrtho hefyd, o fis Hydref, 1867, ymlaen, bod Sarah wedi rhoi'r gorau i fwyta yn gyfangwbl?

Un arall a fyddai wedi ymgysylltu ag ef yn ddiau oedd y ficer, oblegid mae'n anodd credu y byddai hwnnw heb wneud. Onid oedd y meddyg a'r ficer yn debyg o fod yn adnabod ei gilydd yn dda a'r ddau yn byw mor agos? Bu'r ficer yn gurad yn Llandysul am dros ddwy flynedd cyn cael ei ddyrchafu i Lanfihangel yn 1860 ond ni wyddys a oedd Dr. Davies yno yr adeg honno.?

Nid oedd pob meddyg, hwyrach, yn derbyn yn hollol ddigwestiwn y farn feddygol uniongred nad oedd modd cadw corff ac enaid ynghŷd am amser hir heb ymborth ac y mae'n debyg bod Dr. Davies yn un ohonynt. Yn y llythyr a anfonodd y meddyg at *Seren Cymru* yn nechrau Mawrth, 1869, fe soniodd am gleifion y gwyddai ef yn dda amdanynt yn medru byw ar friwsion, ond beth sy'n drawiadol ar ddiwedd y llythyr yw'r geiriau 'nad oedd dim yn amhosibl i Greawdwr a Chynhaliwr dynolryw'! Onid arwydd bod y meddyg yn meddwl am bosibiliadau eraill yw'r geiriau hynny?

Dyn ieuanc oedd y Dr. Davies. Pan alwyd ef i weld Sarah Jacob am y tro cyntaf rhyw 29 mlwydd oedd ei oed. 'Roedd felly heb gael y cyfle i fagu llawer o brofiad a bu'n neilltuol o fyrbwyll yn damcaniaethu ar ôl dod ar draws achos anghyffredin.

'Roedd y doctor a'r ficer yn siŵr o fod yn trafod y sefyllfa gyda'i gilydd, a'r argyhoeddiad yn cryfhau fod rhywbeth hollol anghyffredin, hyd yn oed gwyrthiol, yn digwydd yn Llethr- neuadd. Tros enw Evan Jones, hwyrach, anfonwyd y llythyr tyngedfennol at *The Welshman* yng nghanol mis bach, 1869, ond 'roedd y Dr. H. H. Davies cystal a bod yn gyd-awdur, fel y mae cynnwys ei lythyr ei hun at y *Seren* bythefnos yn ddiweddarach yn awgrymu.

Ar 11 Mawrth ymatebodd Dr. Pearson Hughes o Lanym-ddyfri i'r her yn llythyr y ficer trwy alw yn y ffermdy i archwilio'r ferch. Clywodd gan ei mam, yr unig riant a oedd yn bresennol, fod ei merch yn dewach ac yn drymach nag yr oedd ar ddechrau'i hympryd ond 'roedd ei chorff yn farw i lawr ei hochr chwith ac nid oedd yn medru codi o'r gwely. Barnodd Dr. Hughes (a welodd fara menyn a photel yn hanner llawn o ryw hylif ar y gwely pan gyrhaeddodd) wrth ei harchwilio nad oedd dim i'w rhwystro rhag symud ac yr oedd cyflwr iachus ei chorff yn awgrymu nad oedd Sarah yn gaeth i'r gwely o gwbl. Yn ôl yr arwyddion, meddai, nid oedd ronyn o wirionedd yn honiadau'r fam.

Mae'n glir bod agwedd y meddyg, y ffordd y bu'n trin Sarah wrth ei harchwilio, a'i farn ddi-flewyn-ar-dafod, wedi cynhyrfu Hannah Jacob yn ddirfawr a dylanwadodd ar ei gŵr i ddwyn achos yn ei erbyn yn llys yr ynadon er nad oedd y tad yn dyst i'r digwyddiad. Onid yw hynny'n awgrym nad Evan Jacob oedd yn gwisgo'r trowser yn Llethr-neuadd? Gorfododd y fainc Hannah Jacob, wrth gwrs, i gymryd lle ei gŵr ond taflwyd yr achos allan. Cyfeirir drachefn at yr achos arbennig hwn.

Canlyniad arall i ymweliad y meddyg o Lanymddyfri, yn ôl y ficer, fu i Evan Jacob alw i'w weld i holi am y posibilrwydd o gael rhywrai i'r ffermdy i wylio ei ferch am gyfnod er mwyn profi nad oedd unrhyw fath o gafflo'n digwydd yno. Ac yntau wedi cyhoeddi yn ei lythyr i'r wasg mai'r gwir oedd yn cael ei lefaru gan y teulu fe fyddai Evan Jones (a'r meddyg teuluol) yn llawn mor awyddus i weld Dr. Hughes yn gorfod llyncu ei eiriau.

Ar 15 Mawrth, 1869, pedwar diwrnod ar ôl archwiliad y Dr. Hughes, eisteddodd carfan o wŷr blaenllaw'r ardal yn ysgoldy Llanfihangel-ar-Arth i ystyried y ffordd orau i wylio a phrofi achos Sarah Jacob. Rhoddwyd y ficer yn y gadair. Un o'i gyd- aelodau oedd y Dr. H.H.Davies ac y mae'n glir nad oedd y meddyg wedi ystyried holl oblygiadau ei bresenoldeb ar y pwyllgor arbennig hwnnw. Gellid ystyried presenoldeb y ddau, y ficer a'r meddyg, fel arwydd clir nad oeddent yn medru gwrthod y posibilrwydd bod yr honiadau o Llethr-neuadd yn wir.

Oherwydd honiad y ficer yn ei lythyr bod y cymdogion yn derbyn geirwiredd y rhieni byddai gwybod pwy, ar wahân iddo ef a'r meddyg teulu, ymhlith y rhai a oedd yn bresennol yn y cyfarfod, oedd yn bleidiol i'w safbwynt, a phwy oedd yn eu herbyn. Erbyn hyn, wrth gwrs, ar wahân i un dyn, John Jones, penteulu Plas Maesycrugiau, nid oes modd dweud. Chwaraeodd hwnnw ran allweddol er lles y rhieni ar ôl iddynt gael eu rhyddhau o'r carchar, digon i

158

argyhoeddi rhywun nad oeddent yn ei farn ef yn euog o gyflawni dyn-laddiad.

Penderfynodd y pwyllgor ddewis saith o ddynion (heb nodi cymwysterau neilltuol o arbennig ar gyfer gorchwyl o'r fath) i wylio'r ferch ddydd a nos am bythefnos o 22 Mawrth hyd 5 Ebrill. Galwyd cyfarfod cyhoeddus yn nhafarn Eagle yn Llanfihangel ar 7 Ebrill i glywed adroddiadau'r gwylwyr ac y mae'n glir na fedrai'r un ohonynt gynnig tystiolaeth fod rhywun yn helpu Sarah Jacob i gael bwyd. Dylid nodi, serch hynny, bod un o'r gwylwyr wedi cael ei wahardd ar ôl dwy noson oherwydd iddo gael ei ddal yn cysgu, a therfynwyd gwasanaeth un arall ar ôl un tro o wylio oherwydd ei fod yn gymydog. 'Roedd hwnnw'n esgus rhyfedd iawn, ac yn gwneud i rywun ddyfalu bod rheswm arall heb gael ei ddatguddio, ond mae'r rhestr o ddiffygion yn cyflwyno un neges clir iawn, sef, na chymerwyd digon o ofal gyda'r trefniadau. Gan un yn unig o'r gwylwyr y cafwyd rhagor nag ychydig o sylwadau arwynebol a hwnnw oedd Thomas Davies, Llwynfedw, 72 mlwydd oed.

Oherwydd ei oed cyfyngwyd ei wylio ef i oriau dydd ond yr oedd, fel y gwylwyr eraill, yn bendant na welodd unrhyw dystiolaeth bod y ferch yn cael ei bwydo. Ond, serch hynny, y mae'n glir bod gan Davies ei amheuon. 'Roedd gwely'r rhieni, meddai, yn agos iawn at wely'r ferch, gyda'i phen tua'u traed. Bob yn eilddydd newidiwyd y gwely ac yr oedd y cynfasau yn wlyb drwyddynt. Sylwodd y rhieni ar ei ymateb gan ei fod yn rhyfeddu wrth weld hynny a dywedwyd wrtho, cyn iddo gael cyfle i ofyn, mai ar ôl i'r gwylwyr ddod y dechreuodd Sarah basio dŵr. Sylwodd yntau hefyd na châi'r ferch anhawster i grafu ei phen er y dywedid na fedrai droi dalennau llyfr! 'Roedd Davies o'r dechrau wedi bod yn ddrwgdybus ond gan na welodd brawf â'i lygaid ei hun bod Sarah yn cael ei bwydo teimlai o dan orfodaeth i gladdu ei amheuon. Hyd yn oed ar ôl dweud hynny ni fedrai atal ei hun rhag nodi'r posibilrwydd fod rhywun yn ei helpu i gael bwyd. Aeth ymhellach. Os oedd rhywun, meddai, yn gwybod unrhyw gyfrinach, un o'i chwiorydd oedd honno. Bob tro yr oedd hi allan o'r ystafell galwai Sarah amdani.

Peth trawiadol arall yn natganiad Thomas Davies oedd ei deimlad fod y meddyg teulu ei hun yn credu yng ngallu'r ferch i fyw heb fwyd. Ac yn y cyswllt hwn dylid ystyried yr hyn a ddywedodd J. Richards, Caerfyrddin, yn ei lythyr yn rhifyn 2 Ebrill 1869 o *Seren Cymru*, yn disgrifio ei ymweliad —a ddigwyddodd cyn i'r gwylio ddechrau ar 22 Mawrth— ac yn cynnwys y sylw bod y meddyg yn 'cymryd rhan flaenllaw i ddangos doniau Sarah i wŷr dieithr'. Nid Sarah Jacob oedd yr unig un i fwynhau'r heulwen!

Mae pwynt arall o bwys ynglŷn â'r pythefnos hwnnw o wylio. Dau a fu'n cymryd eu tro yn gyson, ac a gyfaddefasant ar y diwedd na welsant unrhyw arwydd bod y ferch wedi cael bwyd, oedd Daniel Harries Davies a James Harries Davies. Pa fath o argraff gafodd eu tystiolaeth nhw ar Dr. Davies? Ef oedd wedi'u dewis. 'Roeddent yn neiod iddo!

Mae'n glir bod y cyfnod hwnnw o wylio wedi cael argraff ddofn ar y ficer. Bu'n dilyn y datblygiadau'n gyson oblegid cyn bod y gwylio ar ben 'roedd wedi anfon llythyr arall at y wasg, y tro hwn at y *Cambria Daily Leader*, papur dyddiol Abertawe. Yn rhifyn 2 Ebrill 1869 estynnodd wahoddiad arall i feddygon ddod i wylio Sarah Jacob, a dim ond dyn a oedd wedi cael ei argyhoeddi'n llwyr fyddai wedi gwneud hynny.

Pythefnos yn ddiweddarach, yn rhifyn 17 Ebrill o'r un papur, ymddangosodd trydydd llythyr Evan Jones, o dan y pennawd 'Achos Od Llanfihangel-ar-Arth'. Mae'n glir yn hwnnw nad oedd y ficer yn hoffi'r disgrifiad ohono gan olygydd y *Lancet* (cylchgrawn meddygon) fel person Cymraeg a oedd y tu hwnt o hygoelus, a cheisiodd amddiffyn ei safbwynt.

Fel ymwelydd cyson â'r ffermdy, meddai, cafodd gyfle i nodi'r digwyddiadau'n ofalus, a gwnaed argraff fawr arno gan gysondeb geiriau'r rhieni. Ar wahân i hynny bu nifer o gyd-ddigwyddiadau eraill hollol agored, nad oedd yn barod, meddai, i fanylu yn eu cylch, yn cryfhau ei argyhoeddiad mai'r gwir a lefarid.

Achos hollol ryfeddol oedd hwn, yn ôl Evan Jones. Ar y dechrau yr oedd pob un o'r dynion a fu'n gwylio Sarah Jacob yn ddiweddar yn amheuwyr. Cyn iddynt gychwyn ar eu gwaith rhoddwyd amlinelliad o'r farn feddygol iddynt gan y Dr. H.H. Davies, Llandysul, ac y mae'n ddiddorol fel y pwysleisiodd hwnnw y duedd i dwyllo a oedd mor nodweddiadol o'r math o salwch y tybid fod Sarah Jacob yn dioddef wrtho.

Gwyddai Evan Jones fod meddygon yn wfftio at y peth ond, meddai, (ac y mae'r geiriau hyn yn werth eu rhoi yn eu Saesneg gwreiddiol)

'Medical science is universally acknowledged to be the most uncertain and immature of all sciences. It is the sad lot of most of us to know this to be a fact.'

Mae'n debyg fod gan y Dr. H.H. Davies lawer o gydymdeimlad â geiriau'r ficer. O wybod sut yr oedd y ddau yn ymateb 'roedd rhywun ymhlith teulu Llethr-neuadd yn sicr o deimlo nad oedd dim drwg mewn parhau i lwyfannu'r ddrama.

'Roedd y cyhoeddusrwydd wedi ennyn chwilfrydedd a dechreuodd pobol o bell ac agos dyrru i'r ffermdy. Gwisgwyd Sarah Jacob yn atyniadol, fel priodferch meddai rhai, i dderbyn ymwelwyr, a derbyniodd arian ac anrhegion ganddynt. Ym mis Mai, 1869, 'roedd o 35 i 40 yn galw'n gyson bob dydd, ond wrth ystyried y gofal a gymerwyd i gyflwyno'r gwrthrych nid yw'n syndod bod ymwelwyr sinigaidd wedi teimlo mai sioe i ddenu'r hygoelus oedd o'u blaen yn Llethr-neuadd.

Mae'n debyg bod rhai o'r rheiny yn dweud yn blaen wrth y rhieni mai twyll oedd y cwbwl ac y mae'n glir fod hynny wedi gwylltio Evan Jacob oblegid yn rhifyn 4 Mehefin 1869 o *Seren Cymru* cyhoeddodd Myrddin Ddu fod y tad yn barod i dalu can punt i bwy bynnag fyddai'n medru profi twyll. 'Roedd can punt yr oes honno yn swm sylweddol iawn ond ni wyddys am neb a wnaeth gais i'w hawlio.

Dôi amrywiol feddygon i'w gweld hefyd, ambell un yn ceisio'i harchwilio'n fanwl, eraill yn fodlon derbyn y cyfyngiadau a osodwyd i lawr. Un felly oedd y Dr. Lewis o Gaerfyrddin a fu yn y ffermdy ar 7 Ebrill 1869 ac a ysgrifennodd adroddiad i'r *British Medical Journal*. Tystiodd na chafodd, ym mhresenoldeb y fam, dynnu dillad y gwely yn ôl o gwbwl na theimlo ochr chwith corff y ferch. Fel pob un arall sylwodd ei bod mewn cyflwr corfforol da. Methai'r meddygon a derbyn y medrai fod cystal ei graen heb dderbyn ymborth.

Yna, yn ystod mis Awst, 1869, fe archwiliwyd Sarah gan y Dr. Robert Fowler, meddyg o Lundain a chanddo gryn brofiad, ac ar 7 Medi fe gyhoeddwyd llythyr ganddo yn y *'Times'* yn adrodd yr hanes yn fanwl. Cafodd Fowler wybod, meddai, gan y fam nad oedd y ferch wedi cael ymborth o unrhyw fath am bron dwy flynedd ac 'roedd yn rhy wan i godi o'r gwely, dioddefai o ryw fath o barlys ar ochr chwith ei chorff ac ni fedrai lyncu.

Cafodd Fowler fod ei hysgyfaint a'i chalon yn hollol iach. Yr oedd sŵn yn ei chylla, yr hyn a brofai iddo fod yno ddefnydd hylifol ac aer. Yr oedd curiadau ei chalon yn hollol naturiol, rhwng 80 a 90 y funud. Yn ystod ei archwiliad cafodd y ferch yr hyn a alwai ei mam yn llewyg, ond nid aeth y gwrid o'i bochau. Yr oedd ei llygaid ynghau, ond wrth godi'r caeadau sylwodd y meddyg y symudai'r gannwyll yn ôl ac ymlaen. Nid oedd yno arwyddion llewyg yn ei farn ef oblegid mewn llewyg byddai'r wyneb yn llwyd-wyn, y llygaid yn sefydlog, ynghyd ag arwyddion eraill gwahanol i'r rhai a arddangosid. Wrth archwilio ei dwylo gwelwyd pob arwydd o iechyd perffaith ac nid oedd unrhyw wendid corfforol yn ei rhwystro rhag codi a cherdded.

Credai Fowler fod Sarah Jacob yn medru ymprydio, a hynny am gyfnodau hir, ond 'roedd cyflwr ei chorff yn brawf digonol nad oedd hynny'n digwydd. Mewn geiriau eraill 'roedd y meddyg o'r farn bod y ferch yn cael ymborth. Golygai hynny bod twyll yn digwydd ac yr oedd yn hawdd drwgdybio'r rhieni, meddai, oherwydd y gofal a gymerwyd ganddynt megis i bortreadu Sarah fel atyniad mewn arddangosfa, a'r modd y derbynnid anrhegion ac arian gan gannoedd o ymwelwyr.

Ond ar ôl ystyried yr holl bosibiliadau fe gynigiwyd esboniad arall gan Fowler. Yn ôl ei brofiad helaeth, meddai, 'roedd dyfeisgarwch merched ieuainc yn dioddef o fathau arbennig o hysteria yn ddibendraw, ac yr oedd tuedd gref i dwyllo yn ddwfn yng nghymeriad Sarah. Hi, felly, oedd yn camarwain ei rhieni, ac yr oedd yn well gan y ddeuddyn hygoelus gredu fod rhywbeth gwyrthiol yn digwydd nag ystyried bod y ferch yn eu twyllo. Dim ond gan y 'Doctor Mawr' yn ôl Evan Jacob, yr oedd y gallu i wella ei ferch—ac onid gan Dr. Davies y meddyg teulu y cafwyd y syniad yna ddwy flynedd yn gynharach? Pan awgrymodd Fowler bod Sarah yn cael ei symud i ysbyty er mwyn ei bwydo, holodd Evan Jacob ym mha fodd y gallent wneud hynny heb wneud twll ynddi! Fe gredai ef, y mae'n glir, na fedrai Sarah lyncu, arwydd nad oedd ef yn ei ddiniweidrwydd yn deall beth oedd yn mynd ymlaen.

Ar ôl dod i'r penderfyniad hwnnw ni fedrai Fowler weld yn glir sut y câi Sarah Jacob afael ar fwyd, ond 'roedd eisoes wedi ateb y cwestiwn hwnnw wrth farnu nad oedd dim i'w rhwystro rhag gadael y gwely ar ei liwt ei hun. Ond sylwodd bod digon o le yn y gwely ei hun, heb sôn am y dodrefn oedd o'i gwmpas, i guddio bwydydd.

Gydag ymddangosiad llythyr Fowler fe dorrodd yr argae yn y wasg Saesneg, ac un a deimlodd y peth i'r byw oedd John Griffiths, 'Gohebydd' LLundain i'r newyddiadur o Ddinbych, *Baner ac Amserau Cymru*. 'Roedd Myrddin Ddu, gohebydd *Seren Cymru*, wedi bod yn bwydo'r *Faner* hefyd â newyddion am Sarah Jacob, ac yn niwedd Ebrill, 1869, galwodd 'Gohebydd' yn Llethr-neuadd lle gwelodd y fam a'r ferch a siaradodd gyda llawer o gymdogion. Gadawodd gyda'r teimlad, meddai, fod y stori yn un wir.

Ond gorfodwyd 'Gohebydd' i adolygu ei ymateb yn ddifrifol pan welodd beth oedd gan Fowler i'w ddweud.

Casâi y sylw miniog a'r beirniadu llym ar hygoeledd cenedl y Cymry yn y wasg Lundeinig, a phenderfynodd wneud rhywbeth yn ei gylch. Os oedd twyll yn digwydd 'roedd angen mynd at ei wraidd a'r unig ffordd i wneud hynny oedd trwy drefnu gwyliadwraeth drylwyr gan bobl y gellid dibynnu ar eu proffesiynoldeb. Sicrhaodd addewid o gydweithrediad gan feddygon o Ysbyty Guy yn Llundain ac wrth deithio trwy Bencader galwodd yn Llethr-neuadd a'r ficerdy i amlinellu ei gynllun. Addawyd pob cymorth iddo.

Galwyd cyfarfod cyhoeddus yn nhafarn Eagle, Llanfihangel-ar- Arth, ar 30 Tachwedd 1869, gyda 30—40 yn bresennol, yn cynnwys Evan a Hannah Jacob. Etholwyd y ficer i'r gadair fel yn y cyfarfodydd blaenorol. Cyhoeddwyd y dôi pedair o nyrsus o Ysbyty Guy yn Llundain i wylio'r ferch ddydd a nos am bythefnos. Enwebwyd panel o bump o feddygon i oruchwylio'r trefniadau ac i fod wrth law petai'r gwylwyr yn dymuno ymgynghori â hwynt. Ymhlith y pump yr oedd y Dr. D.H. Davies, sy'n brawf unwaith eto nad oedd ef yn gweld dim o'i le yn ei gysylltiad â'r achos. Arwyddodd Evan Jacob gytundeb yn cyflwyno ei ferch i ofal y nyrsus a'r meddygon am bythefnos heb ymyrraeth ganddo ef. 'Roedd y cytundeb hwn yn un pwysig, yn enwedig wrth gofio sut lwyddwyd i osod y bai ar ysgwyddau Evan Jacob!

Lledaenodd y newyddion am y prawf a oedd wedi cael ei drefnu fel tân gwyllt, a chymaint oedd y chwilfrydedd denwyd tyrfaoedd i ymgasglu yng ngorsafoedd rheilffordd Caerfyrddin a Phencader i weld y nyrsus yn cyrraedd ar 9 Rhagfyr 1869, yn union fel petaent yn disgwyl y frenhines.

Yn Llethr-neuadd archwiliwyd Sarah Jacob gan y pwyllgor meddygol a dwy o'r nyrsus a gwelwyd merch hynod o iach ei golwg a digon o gnawd ar ei hesgyrn. Nid oedd ar ei chorff unrhyw olwg o'r briwiau gwely y disgwylid eu gweld ar un a fu yn y gwely cyhyd heb symud. Yn ôl y Dr. H.H. Davies dyna'r tro cyntaf iddo weld y claf heb ddilledyn arni. Ac yntau wedi bod yn ei thrin yn 1867 ac yn sicr yn cael gwybod beth oedd ei hanes o dro i dro wedyn y mae'n syndod nad oedd wedi'i harchwilio'n fanwl cyn hynny. Archwiliwyd y dodrefn yn yr ystafell a'r gwely yn ofalus ac ni welwyd unrhyw arwyddion o fwyd yn unman, ond nodwyd bod ôl iwrin ar y gwely cyn newid y cynfasau. 'Roedd gan hwnnw ei arwyddocâd ei hun, wrth gwrs.

Hysbyswyd y gwylwyr mai eu gwaith oedd gweld a roddid bwyd i Sarah. Nid oeddent i gynnig dim, ond gallent roi bwyd pe gofynnai'r ferch amdano. Cychwynnodd y gwylio heb wastraffu rhagor o amser ar y diwrnod y cyrhaeddodd y nyrsus (Rhagfyr 9).

Yn ystod y dyddiau cyntaf 'roedd cyflwr Sarah yn foddhaol eithr erbyn 15 Rhagfyr gwelwyd arwyddion o newid ynddi, ond yn ôl un o'r meddygon nid oedd mewn perygl. Yn ystod y diwrnod nesaf galwodd y Dr. H.H. Davies i'w gweld a'i chael yn wannach o lawer. Bu'n ddigon pryderus yn ei chylch i sôn am roddi'r gorau i'r gwylio ond dywedodd bod Evan Jacob wedi gwrthod ystyried hynny. A'r diwrnod canlynol, 17 Rhagfyr, a'r ferch mewn mwy o wendid fe wrthododd Evan Jacob unwaith eto gynnig dim ei hun iddi ond am y tro cyntaf ildiodd ddigon i ganiatau i'r Dr. Davies ei bwydo.

'Roedd wedi bod yn agored i'r meddyg benderfynu hynny o'r cychwyn cyntaf, wrth gwrs, oherwydd y cytundeb a lofnodwyd gan y tad ac y mae'n od fel y tueddodd i ddibynnu ar Evan Jacob yn hytrach nag ymarfer y cyfrifoldeb a oedd ar ei ysgwyddau ei hun. Mae'n ymddangos yn debygol mai'r Dr.H.H.Davies ei hun, ar wahân i'r tad, oedd y credwr cryfaf yng ngallu Sarah Jacob i ymprydio heb ymborth a'i fod yn methu gwerthfawrogi'r dirywiad cyflym yn ei chyflwr a oedd yn digwydd o flaen ei lygaid.

Erbyn 17 Rhagfyr, wrth gwrs, 'roedd yn rhy hwyr i wneud dim, ac am ychydig wedi tri o'r gloch yn y p'nawn a phawb, yn enwedig y nyrsus a oedd wedi bod yn gwylio a'r meddygon a fu'n eu goruchwylio, yn gwybod nad oedd Sarah Jacob wedi cael bwyd am wyth niwrnod, bu farw'r ferch yn ddeuddeng mlwydd oed.

Am ddau o'r gloch y diwrnod canlynol cyfarfu'r pwyllgor

i glywed adroddiad y gwylwyr a phasiwyd pleidlais o ddiolch i'r nyrsus am eu gwasanaeth! 'Roeddent yn sicr yn haeddu pleidlais o gydymdeimlad os nad ymddiheuriad am eu gorfodi i wynebu'r fath brofiad, oblegid i fod yn deg â'r nyrsus rhaid ystyried y ddisgyblaeth lem a oedd ynghlwm â'u galwedigaeth a'r ufudd-dod i orchmynion meddygon a ddisgwylid ganddynt, ond pleidlais o ddiolch ...?

Agorwyd y trengholiad ar 21 Rhagfyr yn nhafarn Travellers Rest, New Inn, gan y Crwner yn eistedd gyda Rheithgor. Yn ôl yr adroddiad am yr archwiliad ar gorff Sarah Jacob ni welwyd unrhyw arwydd o afiechyd ond nodwyd bod y coluddion yn cynnwys tua hanner pwys o weddillion bwyd a barnai'r archwilwyr fod y cyfryw, yn ôl ei olwg, yno ers rhyw bythefnos. Yn y cyswllt hwn 'roedd adroddiad y nyrsus wedi crybwyll yn gynnar yn ystod y gwylio bod coban y ferch wedi bod yn wlyb drwyddi dair gwaith, a hynny gan iwrin, ac fe amheuid bod Sarah wedi yfed yn llechwraidd o botel dŵr poeth ac o botel persawr yn ystod yr un cyfnod. Peth arall a ddatguddiwyd gan yr archwiliad ar ôl ei marwolaeth, (ac na welwyd pan archwiliwyd Sarah 'yn drwyadl' gan y meddygon cyn dechrau'r ympryd) oedd pant yn ei chesail ar yr ochr chwith a oedd yn ddigon mawr i guddio potel fach. Achos ei marwolaeth oedd diffyg ymborth ym marn yr archwilwyr.

Ystyriwyd yr achos gan y crwner a rheithgor. Manteisiodd y crwner ar y cyfle i roi tragwyddol heol i'w ragfarnau. 'Roedd y gweddillion bwyd yng nghorff Sarah Jacob yn arwydd clir, meddai, mai ffug oedd yr honiadau ynglŷn â'i hymprydio. Ni welai fai o gwbl ar y meddygon oblegid twyllwyd hwynt gan y tad, a'i gyfrifoldeb ef yn unig oedd bod ei ferch wedi llwgu i farwolaeth. Ni roddwyd dim ystyriaeth i arwyddocâd y datganiad a arwyddwyd gan Evan Jacob cyn i'r gwylio ddechrau yn ildio ei ferch yn llwyr i ofal y nyrsus a'r meddygon am bythefnos.

Canlyniad y trengholiad oedd i'r rheithgor, o dan arweiniad y crwner, farnu mai Evan Jacob oedd yr unig ddrwgweithredwr, ac yn euog o ddyn-laddiad.

Pan gyhoeddwyd hynny clywyd collfarnu o bob cyfeiriad. Yn eu tro galwyd i gyfrif y meddygon, y nyrsus, y pwyllgor, awdurdodau Ysbyty Guy, y rhieni, hyd yn oed Sarah Jacob ei hun, ac awgrymwyd ymchwiliad trylwyr i'r holl achos gan y Swyddfa Gartref. Ond y cam nesaf y penderfynwyd arno oedd yr un arferol a chyflwynwyd y rheithfarn i ystyriaeth swyddogion cyfreithiol y Goron.

'Roedd y pwyllgor a wnaeth y trefniadau ar gyfer y gwylio gan y nyrsus eisoes wedi dechrau pryderu am y posibilrwydd y gallent wynebu achos o gynllwynio ac y mae'n ymddangos fod hynny wedi bod yn bosibilrwydd. Er mawr ryddhad iddynt y deallodd y gwŷr hynny nad oeddent am gael eu galw i gyfrif, ond mae'n glir bod gwŷr y Goron o'r farn na fu'r trengholiad yn ddigon trylwyr.

Penderfynodd y Goron wysio'r pum meddyg (yn cynnwys Dr. H.H. Davies) a gytunodd i oruchwylio'r gwylio gan y nyrsus, ynghyd â'r tad a'r fam, i ymddangos o flaen Llys Ynadon Llanfihangel-ar-Arth i ateb cyhuddiad mewn achos traddodi o ladd Sarah Jacob yn anghyfreithlon.

Agorwyd y gwrandawiad ar 28 Chwefror 1870. Ar y fainc yr oedd y Cyrnol W.P.Lewes, Llysnewydd; E.C.L. Fitzwilliams, Adpar; A.H. Jones, Pen-yr-Allt. Amddiffynnwyd Evan a Hannah Jacob gan Lewis Bishop, cyfreithiwr o Landeilo. Ymddengys i hwnnw fethu gwneud ei waith cartref oherwydd yr oedd yn bosib iddo herio hawl dau o'r ynadon i ystyried yr achos. Ychydig llai na blwyddyn ynghynt 'roedd Fitzwilliams a Lewes wedi ystyried yr achos a gariwyd ymlaen gan Evan Jacob yn erbyn y meddyg o Lanymddyfri, y Dr. Pearson Hughes, yn ei gyhuddo o ymosod yn gas ar Sarah Jacob wrth ei harchwilio yn nechrau Mawrth, 1869. Taflwyd yr achos allan gan yr ynadon a bu Fitzwilliams, a honnodd iddo dderbyn peth hyfforddiant meddygol ei hun, yn doethinebu'n gyhoeddus, gan ddangos yn o glir beth yr oedd o'n feddwl o 'ympryd' y ferch. Mae'n debyg bod rhagfarn Fitzwilliams wedi gwreiddio mor ddwfn fel nad oedd modd iddo gynnal gwrandawiad teg, ac yr oedd cysylltiad Lewes a'r achos hwnnw yn awgrymu ei anghymwyster yntau hefyd. Petai swyddogion cyfreithiol y Goron yn gwybod am yr achos hwnnw tybed a fyddent wedi bod yn fodlon i'r ddau ynad gael ystyried yr achos traddodi?

Mae cefndir Fitzwilliams, gyda llaw, yn ddiddorol. Cyn newid ei gyfenw (o Hall) bu'n ŵr blaenllaw iawn yn ystod Terfysgoedd Rebeca. Anfonai adroddiadau cyson at y Swyddfa Gartref ynglŷn â'r sefyllfa ond 'roedd ei ym- ddygiad ef ei hun mewn achosion eraill wedi codi amheuon am ei wir gymhellion a chredai rhai mai ef hwyrach oedd y llaw gudd y tu ôl i'r mudiad.

Yn y gwrandawiad atebolrwydd y meddygon a gafodd brif sylw'r fainc. 'Roedd gan y pump gyfreithwyr i'w hamddiffyn yn y llys, ond nid oedd llawer o'u hangen oblegid yr oedd yn amlwg iawn bod cadeirydd y fainc, E.C.L.Fitzwilliams, yn elyniaethus iawn i'r syniad o orfodi'r meddygon i wynebu cyhuddiadau. Trwy fwyafrif o ddau yn erbyn un y penderfynodd y Fainc nad oedd y meddygon i ymddangos o flaen y Frawdlys. Ni wyddys yn union pa un o'r tri ynad oedd yn anghytuno ond gellir bod yn sicr mai Fitzwilliams oedd y prif lais o blaid rhyddhau'r meddygon ac y mae'n dra thebyg mai Lewes oedd ei gefnogwr. Mae'n glir na roddwyd dim amser i ystyried y posibilrwydd y gellid canfod tystiolaeth o blaid Evan a Hannah Jacob. Hwynt-hwy oedd y bychod dihangol yn yr achos arbennig hwn ac nid oedd gan eu cyfreithiwr obaith i ymladd drostynt, gan mor gadarn oedd rhagfarn cadeirydd yr ynadon. Y rhieni, felly, oedd yr unig rai a yrwyd i sefyll y prawf terfynol yn y Frawdlys yng Nghaerfyrddin.

Cynhaliwyd hwnnw yng nghanol mis Gorffennaf, 1870. Yno cafwyd Evan a Hannah Jacob yn euog o ddyn-laddiad ond argymhellodd y rheithgor i'r barnwr ddangos trugaredd i'r wraig am ei bod, meddent, o dan fawd ei gŵr. Nid oedd hwnnw, y mae'n glir, yn teimlo bod pethau mor syml a hynny. O'r ddau, meddai'r barnwr, 'roedd trosedd y fam yn fwy anodd i'w amddiffyn, eithr ar ôl dweud hynny penderfynodd ddyfarnu yn unol ag argymhelliad y rheithgor gan ddedfrydu'r tad i flwyddyn o garchar a'r fam i chwe mis. A oedd y barnwr, tybed, yn ddistaw bach o'r farn nad y rhieni yn unig a ddylasai fod o'i flaen? Wrth feddwl, 'roedd blwyddyn o garchar yn ddedfryd ysgafn dros ben mewn achos o ddynladdiad mor gyhoeddus gyda'i holl oblygiadau. Tybed a wyddai'r barnwr, hefyd, fod Hannah Jacob yn feichiog ar y pryd ac yn disgwyl genedigaeth plentyn ymhen tua saith mis? Wrth ei dedfrydu i chwe mis o garchar a wnaeth y barnwr ei orau i sicrhau na aned y plentyn nesaf y tu fewn i furiau carchar Abertawe.

Ychydig iawn sydd ar gael i ddweud am yr awyrgylch yng Nghaerfyrddin adeg y gwrandawiad yn y Frawdlys. Mae nodiadau 'Gohebydd' yn *Baner ac Amserau Cymru*, felly, yn werthfawr. Yr achos, meddai, oedd testun pob sgwrs am yr wythnos. Ym mhob ffenestr bron yng Nghaerfyrddin gwelwyd llun o ffermdy Llethrneuadd ar gerdyn pris chwe cheiniog. Dyna'r gorau yr oedd y rhai a oedd am wneud ceiniog trwy werth lluniau ar gorn yr achos wedi llwyddo i'w wneud oherwydd 'roedd rhieni Sarah Jacob wedi gwrthod caniatau i ffotograffwyr dynnu llun o'u merch.

Beirniadai 'Gohebydd' un, Andrews o Gaerfyrddin, am iddo wrthod talu ugain punt am gael tynnu llun gan honni buasai hwnnw wedi gwneud llond côl o arian pe buasai wedi cytuno, ond mae'n amheus a gafodd 'Gohebydd' yr hanes yn iawn. Dros flwyddyn cyn hynny 'roedd gan Myrddin Ddu nodyn yn *Seren Cymru* yn dweud mai John Evans o Landysul oedd y cyntaf i geisio'r hawl i dynnu llun Sarah. Digwyddodd hynny yn Chwefror, 1869, ond gwrthododd y teulu gan ddweud ar yr un pryd mai ef yn unig a fyddai'n cael y caniatâd pe digwyddent newid eu meddyliau. Bu ffotograffydd o Gaerfyrddin yno wedyn ond gwrthodwyd hwnnw hefyd oherwydd yr addewid a roddwyd i John Evans. Yna, tua mis Mai, 1869, bu Andrews, ffotograffydd yn cynrychioli un o bapurau Abertawe, yn Llethrneuadd. Aeth i mewn i'r tŷ yn ddiseremoni gan fwriadu tynnu llun heb ganiatâd ond rhwystrwyd ef mewn pryd a dywedwyd wrtho na châi dynnu llun o'r ferch petai'n talu ugain punt. Ond mae'n debyg mai Andrews a dynnodd y llun o'r tŷ ac fe wnaeth peth elw ar hwnnw.

Diolch a wnâi 'Gohebydd' nad oedd dim llun o'r ferch wedi cael ei dynnu i bobol fedru gwneud elw ar ei gorn, ond ni bu hynny'n rwystr i entrepreneuriaid y dydd oblegid o gwmpas Caerfyrddin 'roedd dynion sioe yn arddangos modelau cŵyr o Sarah Jacob ac yn gwahodd yr hygoelus i dalu arian am gael eu gweld. Yn ôl sylw yn *Y Dywysogaeth* doedd dim tebygrwydd rhwng yr un o'r delwau cŵyr â'r eneth ond 'roedd digon o ddynion penfeddal yn barod i gredu fel arall.

Trwy garchariad y rhieni, felly, y daethpwyd ag achos a oedd wedi ennill penawdau breision am dros flwyddyn ym mhrif newyddiaduron Prydain a'r Unol Daleithiau i ben, ond erys llawer o ddirgelwch ynglŷn ag ef ac nid yw amser wedi disbyddu'r chwilfrydedd. O dro i dro fe welir cyfeiriadau ato yn y wasg ac ar y cyfryngau. Gwyddys am gyfresi o erthyglau mewn papurau newydd, a chwarter canrif yn ôl cyhoeddwyd cyfrol yn cynnig golwg newydd ar yr hanes. Bu dwy ddrama, y naill yn Saesneg a'r llall yn Gymraeg yn ymdrin ag ef, a seiliwyd nofel Gymraeg arno. Pum mlynedd yn ôl cyfeiriwyd at ympryd Sarah Jacob mewn cyfrol a gyhoeddwyd yn yr Unol Daleithiau sydd yn olrhain datblygiad y salwch cyfoes Anorecsia Nerfosa. Yn 1993, wedyn, sicrhaodd y Llyfrgell Genedlaethol becyn o ddogfennau yn ymwneud ag amddiffyniad Evan a Hannah Jacob, er na thaflant unrhyw oleuni newydd ar yr achos.

Mae gobaith y gellir rywbryd ddarganfod dogfennau yn yr Archifau Cyhoeddus yn Llundain a fydd yn datguddio ymateb Swyddogion Cyfreithiol y Goron i ganlyniadau'r trengholiad yn Travellers Rest ac ysgol Pencader. Buasai'n dra diddorol cael gweld eu sylwadau, eu gobeithion y byddai'r achos traddodi gerbron yr ynadon yn llwyddo i olrhain y dystiolaeth yn fwy gwrthrychol na'r trengholiad, a'u hymateb i'r penderfyniad nad oedd gan y meddygon achos i'w ateb. Hyd yn oed os na ddarganfyddir y dogfennau hynny mae un peth yn hollol glir, sef na heriwyd penderfyniad yr ynadon o gwbl gan Swyddogion Cyfreithiol y Goron. Mae'r ffaith na wnaethant yn dweud llawer am eu golwg hwy ar yr achos.

Y cwestiwn mawr, wrth gwrs, yw a oedd hi'n iawn i orfodi'r rhieni i wynebu achos o ddynladdiad o gwbwl, oblegid petai'r gwylio tyngedfennol olaf heb gael ei drefnu mae'n wirioneddol debyg na fyddai Sarah Jacob wedi marw o newyn! Mae'n wir yr honnid bod Evan Jacob wedi gwrthod rhoi dim ymborth i'w ferch tan y funud olaf ond paham y trafferthodd y meddygon i ofyn iddo o gwbwl am ganiatâd i roi bwyd iddi gan fod datganiad yn cyflwyno ei ferch i'w gofal am gyfnod y gwylio wedi'i arwyddo ganddo ac yn eu meddiant.

'Roedd y meddygon yn gweld y ferch yn gwanhau, ac 'roedd yr awdurdod ganddynt i'w diogelu. Hyd ddiwedd y 14 diwrnod cyfrifoldeb y panel meddygon oedd terfynu'r gwylio ond llwyddwyd i daflu'r holl fai ar y rhieni. Datguddiodd y *British Medical Journal*, rhwng y trengholiad a'r achos traddodi, fod llythyr wedi cael ei anfon at y panel meddygon bob dydd o'r ympryd i'w rhybuddio am y peryglon a'u siarsio i ddiogelu bywyd y ferch ar bob cyfrif. Ni soniwyd dim am y rhybuddion hynny yn yr achos gerbron yr ynadon. Petai amddiffyniad Evan a Hannah Jacob wedi tynnu sylw'r llys atynt beth, tybed, fyddai wedi digwydd?

Petai ynadon Mân-lys Llanfihangel-ar-Arth wedi ildio i ymdrech y Goron i orfodi'r meddygon i sefyll wrth ochr Evan a Hannah Jacob yn y prawf yn y Frawdlys mae'n bosibl mai hwy ac nid y rhieni fyddai wedi cael eu carcharu am ddyn-laddiad. Pwy a ŵyr? Ni wyddys chwaith a fyddid wedi mynnu, wedyn, fod y rhieni yn wynebu achos o dwyll.

Serch hynny, mae ambell i bwynt arall yn werth ei ystyried, un yn arbennig, sef ymateb pedwar o'r meddygon a fu'n archwilio Sarah Jacob o bryd i'w gilydd.

Y cyntaf ohonynt, yn rhinwedd ei safle fel meddyg y teulu, yw Dr. H.H.Davies, oblegid cafodd hwnnw gyfle gwell na'r un meddyg arall i arolygu'r sefyllfa am bron dair blynedd.

Bu'n trin Sarah Jacob droeon yn 1867 ond ni welodd ddim arwydd o hysteria. Rhoddodd y gorau i'w ymweliadau â'i chartref, meddai, wrth weld y ferch yn gwella ond 'roedd ei gyfaddefiad wrth ei harchwilio ar ddechrau Rhagfyr, 1869, sef mai hwnnw oedd y tro cyntaf iddo weld ei chorff yn noeth, bron yn anhygoel ac yntau wedi bod yn ei thrin ac yn sicr o fod yn gwybod am dros ddwy flynedd beth oedd yn cael ei ddweud amdani.

Gwelodd yr ail, Dr. Pearson Hughes, Llanymddyfri, y ferch yn ystod mis Mawrth, 1869. Trwy ei harchwilio gwrthododd bob honiad gan y fam fod Sarah yn dioddef o'r parlys ar hyd un ochr a'i bod yn methu symud o'r gwely nac agor ei cheg; yr oedd cyflwr ei chorff yn gyffredinol yn brawf pendant iddo ei bod yn derbyn ymborth yn rheolaidd. Gwelodd y meddyg arwyddion o hysteria ond twyll oedd y cwbl yn ei farn ef. Gan mai'r fam yn unig, ar wahân, wrth gwrs, i'r ferch, a welodd ef y mae'n glir pwy y buasai ef yn eu beio.

Y trydydd i'w gweld, ym mis Awst, 1869, oedd y Dr. Robert Fowler. Daeth yntau i'r un penderfyniad â'r Dr. Hughes ynglŷn â'i gwendid honedig, ond aeth ymhellach trwy awgrymu bod Sarah Jacob yn dioddef o fath arbennig o hysteria a'i galluogai i gymryd arni ei bod yn dioddef gwahanol fathau o anhwylderau. Oherwydd hynny tueddai Fowler i gredu bod y ferch yn twyllo ei rhieni.

Y pedwerydd y rhoddir sylw iddo yw'r Dr. John Morgan Hopkins. Ef, mewn gwirionedd, a ddylsai fod yn ail yn y rhestr arbennig hwn ond mae rheswm da dros ei roi yn y lle y mae. Ni ddaeth ei enw ef i'r golwg tan y trengholiad ar ddiwedd Rhagfyr, 1869. Yn ystod y gwrandawiad hwnnw fe wnaeth Evan Jacob ddatganiad gwirfoddol ac ynddo datguddiodd bod y Dr. Hopkins wedi cael ei alw i weld ei ferch yn Ebrill, 1867, a'i fod wedi dweud wrtho pe buasai wedi cael ei alw'n gynharach y byddai ganddo well gobaith o'i hiachau, ond 'roedd yn rhy hwyr erbyn hynny iddo fedru gwneud dim gan ei bod yn dioddef o lid yr ymennydd. Yn ôl

Evan Jacob gadawodd y Dr. Hopkins ddwy bilsen i Sarah Jacob gymryd ond ni fedrai eu llyncu am ei bod yn rhy sâl.

Ar ôl darllen hanes y trengholiad ysgrifennodd y Dr. John Morgan Hopkins i'r wasg i ddweud mai ef oedd y meddyg a fu'n archwilio Sarah Jacob yn Ebrill, 1867. Gwadodd iddo ddweud fod y ferch ar ei gwely angau. Yn hytrach, ni chredai, meddai, fod arni unrhyw ddolur cryf ac anorchfygol. 'Roedd y tafod yn lân, curiadau'r galon yn isel ond yn gywir ac iachus. Wrth symud o gwmpas yr ystafell sylwodd fod llygaid y ferch yn ei ddilyn yn ymchwilgar ac y mae'n glir fod y meddyg yn credu mai anhwylder ffugymddangosiadol oedd o'i flaen. Awgrymodd hefyd fod y rhieni wedi gwneud eu gorau i bwysleisio anhwylderau eu merch ac y mae'n dra eglur fod y meddyg wedi colli ei amynedd braidd. Tybed a oedd Hopkins yn meddwl eu bod yn orawyddus i glywed ganddo fod Sarah'n wirioneddol wael? Mae'n anodd gwybod beth i feddwl ond os oedd y meddyg yn dweud y gwir fe fu Evan Jacob yn euog o gamarwain y llys. Ni wyddys beth fyddai ei ymateb i gyhuddiad o'r fath oblegid ni wnaed unrhyw ymdrech i olrhain y gwir.

'Roedd y meddyg cyntaf, felly, wedi llwyddo rywfodd i gyflyru'i hun i dderbyn bod gwyrth o ryw fath yn digwydd yn Llethr-neuadd a'r tri arall wedi penderfynu nad oedd dim llawer yn bod ar y ferch. Golygai hynny, felly, fod rhywun yn ceisio taflu llwch i lygaid eraill a'u bod wedi llwyddo i raddau helaeth iawn. Wrth wneud hynny cafwyd cymorth amhrisiadwy gan ficer a meddyg teulu hygoelus.

Gan na thrafferthodd yr awdurdodau i olrhain y sefyllfa yn drwyadl yn union ar ôl marwolaeth Sarah Jacob, gorchwyl cwbl amhosibl erbyn hyn yw ceisio penderfynu ymhle i osod y bai, er hwyrach y dylid am ennyd ystyried sylw'r Dr. Fowler bod Sarah Jacob yn twyllo ei rhieni.

Ni ymhelaethodd lawer ar y pwynt arbennig hwnnw ond mae'n anodd meddwl sut y medrai'r ferch sicrhau bwyd a diod iddi'i hun mewn ffermdy bach yn llawn o'i thylwyth, gyda'i rhieni yn cysgu yn yr un ystafell â hi, a gwas yn byw i mewn yn y tŷ, am dros ddwy flynedd heb gael ei dal gan rywun. Mae'n debycach fod rhywun yn ei helpu, ond pwy yw'r cwestiwn mawr? Petai'r rhieni, y brodyr a'r chwiorydd, a'r gwas wedi cael eu holi mewn da bryd mae'n bosib y gellid fod wedi darganfod y gwir.

Os helpwyd hi gan un o'i chwiorydd, dyweder, oni wyddai'r fam faint o fwyd oedd yn y tŷ? Ac os helpwyd hi gan ei rhieni, onid oedd y fam, a oedd wastad yn y tŷ, yn debycach o gael y cyfle i wneud hynny na'r tad gan y byddai hwnnw allan wrth ei waith drwy'r rhan fwyaf o'r dydd? Y cwestiwn mwyaf dyrys, y mae'n debyg, yw sut y medrai'r ddau, os oeddent yn gwybod nad oedd yr eneth wedi bod yn ymprydio'n iawn, oddef y dirywiad yn ei chyflwr oherwydd atal ymborth iddi yn ystod y gwylio gan y nyrsus heb golli eu rheswm? Wrth ystyried hynny rhaid cofio, hefyd, mai am bobl yn byw yn agos at y pridd yr ydys yn sôn, nid am uchelwyr yn eu parlyrau na wyddent ddim am fagu plant nac anifeiliaid oherwydd iddynt gyflogi eraill i wneud y gwaith hwnnw drostynt.

Mae ffordd arall o edrych ar bethau hefyd. Petai'r rhieni wedi bod yn twyllo pawb trwy fwydo'r ferch oni fyddent yn gwybod bod angen bwyd arni ar ôl ychydig o ddyddiau yn ystod yr ympryd olaf? Gellid ystyried y ffaith fod y ddau wedi dal allan bron hyd y diwedd yn arwydd clir nad oeddent yn gwybod fod Sarah naill a'i'n llwyddo rhywfodd i fwydo ei hun neu'n cael help gan rywun arall.

Sonnir am rai o'r posibiliadau hyn er mwyn dangos cymaint o le sydd i ddyfalu, ond gellir awgrymu fod Cymru, trwy farwolaeth Sarah Jacob, wedi colli merch yn meddu'r gallu i lenwi theatrau di-rif. Ychydig o chwarae bach diniwed ar ei rhan hi i ddechrau, hwyrach, a roes gychwyn i'w drama olaf fawr.

Barn pob un sydd wedi bod yn ystyried yr hanes yw fod y rhieni wedi cael colledion enbyd, wedi gwerthu popeth a oedd ganddynt er mwyn talu am eu hamddiffyn, ac wedi gorfod byw mewn cywilydd am weddill eu bywydau. Gellir derbyn fod cost yr amddiffyniad wedi bod yn uchel ond mae'r gwir am y gweddill yn dra gwahanol.

Mae'n glir o'r hyn a ddigwyddodd wedyn nad oedd y ddedfryd yn ddigon pendant i argyhoeddi pawb fod yr achos y gorfodwyd Evan a Hannah Jacob i'w wynebu yn un cyfiawn. Pa esboniad rhesymol arall sydd i'r ffaith bod y teulu wedi cael eu derbyn yn ôl gan y gymdogaeth pan ryddhawyd y rhieni o'r carchar, a hynny gyda bendith prif dirfeddianwyr yr ardal, teulu Plas Maesycrugiau? Cawsant gartref ganddynt ym mhentref New Inn, a 30 erw o dir i amaethu. Buont yno am tua deng mlynedd cyn symud i fferm arall (Croesmaen) yn y plwyf.

'Roedd John Jones, penteulu Maesycrugiau, yn aelod o'r pwyllgor a drefnodd y gwylio cyntaf yn mis Mawrth, 1869, ac y mae'n debyg bod ganddo gydymdeimlad mawr â dioddefiant y teulu. Ond hwyrach bod pwysau o gyfeiriad arall ar ei ysgwyddau. Ni wyddon pa bryd y dechreuodd y garwriaeth ond yn 1875 bu priodas rhwng un o ferched John Jones a Dr. H.H. Davies!

Ymhlith cymdogion teulu Jacob yn New Inn yr oedd rhai gwŷr a oedd wedi bod yn gysylltiedig â'r digwyddiadau. Fel, er enghraifft, David Phillips, Pantglas, aelod arall o'r pwyllgor a drefnodd y gwylio cyntaf. 'Roedd ef, gyda thri pentrefwr arall—Thomas Jones, Blossom Lodge; Evan Jones, gof; Evan Evans, Glandwr— ymhlith aelodau'r rheithgor a basiodd reithfarn yn y trengholiad mai Evan Jacob oedd yn gyfrifol am farwolaeth ei ferch. Pa mor ddedwydd, tybed, fu bywyd pentref New Inn pan ymgartrefodd teulu Jacob yno?

Mae hanes yr achos yn llawn o droeon diddorol, dim un ohonynt yn fwy diddorol na'r datblygiad nesaf. 'Roedd gan deulu Plas Maesycrugiau dair merch. Gwelwyd eisoes bod un wedi priodi y Dr. H.H. Davies. Fe briododd un arall Syr Richard Mansel. Gŵr cyntaf y drydedd ferch oedd William James Morgan, argraffydd a pherchennog un o bapurau wythnosol Caerfyrddin, *The Welshman*. Diweddodd y briodas mewn ysgariad, digwyddiad anghyffredin iawn yn yr oes honno, ond ailbriododd Emily Annie yn 1882—gydag

Evan, brawd Sarah Jacob. Yr oedd John Jones yn ei fedd pan briodwyd hwynt ond 'roedd mam y ferch yn fyw ac fe gawsant gartrefu yn y New Inn Cottage, tŷ mwyaf pentref New Inn, lle bu teulu Maesycrugiau ar brydiau yn ymgartrefu eu hunain. 'Roedd meddyg teulu Jacob a brawd Sarah felly yn briod â dwy chwaer am dymor!

Beth bynnag am gamweddau teulu Jacob yn y gorffennol maddeuwyd iddynt ym mhlwyf Llanfihangel-ar-Arth. Sylweddolodd eu cymdogion, hwyrach, ar ôl cael amser i feddwl, nad oedd Evan a Hannah Jacob eu hunain wedi llwgu eu merch. Pwy bynnag a oedd yn gyfrifol am y ddrama yn Llethr-neuadd 'roedd Sarah Jacob yn derbyn digon o ymborth i'w chadw'n fyw cyn y naw diwrnod tyngedfennol. Bu rhywun yn euog o dwyll ond 'roedd byd o wahaniaeth rhwng twyll a dynladdiad.

Bu'r ficer yn Llanfihangel am bum mlynedd ar ôl marwolaeth Sarah Jacob cyn symud i blwyf Trefdraeth, Sir Benfro. Nid oes yr un gair yn ei hunangofiant i awgrymu bod Evan Jones wedi cael amser caled gan rai o'r plwyfolion yn ystod y blynyddoedd hynny, a go anodd fu cael gafael ar ragor na llond dwrn o'u disgynyddion a oedd yn barod i ddweud nad ar y rhieni ond ar y ficer (a'r meddyg teulu) oedd y prif fai yn y pen draw am yr hyn a ddigwyddodd yn Llethr-neuadd. Petai Evan Jones a Henry Harries Davies heb fod mor hygoelus onid yw'n debygol y buasai'r canlyniadau yn Llethr-neuadd yn dra gwahanol?

Mae peth arwyddocâd yn y ffaith mai yn yr eglwys, cyn i Evan Jones ymadael, y bedyddiwyd Hannah a Rachel, dwy ferch i Evan a Hannah Jacob. Os oedd gan y ficer rywfaint o gydwybod ynglŷn â'r achos 'roedd hynny'n debyg o fod yn gysur iddo ond ni ŵyr neb ond efe bwysau'r groes a garwyd ganddo. Bu ef a'r meddyg, mewn gwirionedd, yn hynod o ffodus na roddwyd y chŵyddwydr ar eu cysylltiadau â theulu Sarah Jacob. Cymylwyd y cwbwl gan brif destun y dyfalu ym mhob twll a chornel, sef y modd y llwyddwyd i fwydo'r ferch heb i neb gael ei ddal.

Petai Sarah Jacob wedi medru byw trwy'r bythefnos

dyngedfennol fe fyddai hi a'r ardal wedi cael eu hanfarwoli. Dim ond pum niwrnod arall a dywedir bod y Frenhines Victoria am fod ymhlith y cyntaf i dalu gwrogaeth i'r ferch am drechu'r meddygon a phrofi bod y mil blynyddoedd wedi gwawrio, a dynolryw ar drothwy cyfnod newydd yn ei hanes.

Buddugoliaeth i farn y drwgdybwyr oedd marwolaeth Sarah Jacob ond carcharwyd y rhieni ar gam. Nid trosedd Evan a Hannah Jacob oedd y dynladdiad! Ni phrofwyd hwynt yn euog o unrhyw fath o drosedd arall.

ATODIAD A

ACHAU TEULU PLAS MAESYCRUGIAU

Thomas Thomas = Sarah

Yn Maesycrugiau yn 1735   Merch John Lewes, Gernos,
Cl. 27.5.1751 (Llanllwni)   Ceredigion.
                                              Cl. 15.4.1753 (Llanllwni)

Eu hunig blentyn—Margaret Thomas. Bu'n briod ddwy waith. Ei hail ŵr oedd y Parch. David Williams, Dolwlff, Ceredigion. Ni chafodd blant o'r briodas hon. Ei gŵr cyntaf oedd John Bowen.

7.8.1752
John Bowen   =   Margaret Thomas
Llanllwni
Mab ieuengaf   1723-1808
Daniel Bowen,Waunifor (a brawd Thomas Bowen
(1727-1805, yr hwn a gododd capel
Waunifor yn 1760). Bu farw 1766

Cawsant bedwar o blant—

1. Thomas. Bed. 19.4.1753. Cl. 8.5.1753.
2. Thomas. Bed. 5.4.1754.   Bu farw 1789 yn ddibriod.
3. Daniel.   Bed. 14.8.1757. Bu farw ?
4. Sarah.   Bed. 15.3.1759.   Cl. 12.2.1827.
                                          Priododd Jenkin Davies.

25.7.1792
Jenkin Davies   =   Sarah Bowen
Llanllwni
Mab David a Mary   1759-1827.
Davies,Glanrhoca, Llanddewi-brefi.
Col. 20.6.1836. 72.

Cawsant bedwar o blant.

1. David Thomas Bowen. Ganed 26.11.1792. Cl. 30.5.1848. Dibriod, ond yng nghapel yr Annibynwyr ym Mhencader 1.8.1831 bedyddiwyd Mary, merch Gwenllan Mathias a David Thomas Bowen Davies, Maesycrugiau.
2. Margaretta Bowen. Bed. 8.4.1797. Bu farw 17.10.1858. Priododd David Fryer Nicholl 17.4.1838 ond ni chafodd blant.
3. John Bowen. Bed. 3.9.1797. Cl. 22.5.1832. Dibriod, ond 'roedd yn dad i ddau o blant, Henry Jones (a fu farw yn Maesycrugiau yn 21 mlwydd oed yn 1848) ac Eliza (1829-1890). Bedyddiwyd Eliza yn Llanllwni yn 1834 (ar ôl marwolaeth ei thad) ac enw ei mam oedd Elizabeth Jones, Maesycrugiau. Mae'n bosib mai hi oedd mam Henry Jones hefyd. Fe drugarhaodd Margaretta Bowen Nicholl wrth ei nith, a magwyd hi yn y plas a gwnaed hi'n aeres Maesycrugiau. Bu ymdrech aflwyddiannus gan berthnasau i wrthwynebu ewyllys Mrs. Nicholl. Fe briododd Eliza gyda John Jones o Landdewibrefi, brawd y Parch. Samuel Jones, ficer Llangynnwr.
4. Sarah. Bed. 30.1.1799. Cl. 6.2.1800.

John Jones = Eliza Jones
Bu farw 28.6.1877. 63.   Bu farw 8.1.1890. 61

Cawsant dair merch

1. Emily Annie. 1846-1892. Bu'n briod ddwywaith. Ei gŵr cyntaf oedd William James Morgan, perchennog The Welshman, papur newydd wythnosol yng Nghaerfyrddin. Gwnaeth ei chartref ym Mhlas Blaenblodau am gyfnod. Cawsant dri o blant.
   a. Hugh Thomas, 1868—1893. Dibriod
   b. Frank. Bed. 29.7.1873. Priododd 8.4.1890 gyda Louisa Wood, athrawes breifat Courtenay Cecil Mansel, oedd lawer yn hŷn nag ef.
   c. Llewellyn. 1877- ?

Terfynwyd y briodas trwy ysgariad, digwyddiad prin iawn yn y cyfnod hwnnw.

Ail ŵr Emily Annie oedd Evan Saunders Jacob, brawd Sarah Jacob. Priodwyd hwynt yn 1882 ac fe gawsant un ferch, Eliza Hannah Rosy a fedyddiwyd 31.8.1883 yn eglwys Llanfihangel-ar- Arth. Buont yn byw ym Mhlas Blaenblodau a'r Cottage (Gwastod Abbott), New Inn. Claddwyd Emily Annie Jacob yn Llanllwni ar 22.12.1892. 'Roedd yn 46 mlwydd oed.

2. Elizabeth Rosie. Fe'i bedyddiwyd yn Llanllwni 14.12.1861 ond fe'i ganed tuag 1850. Ar 9.4.1875 yn Llanllwni fe briododd y Dr. Henry Harries Davies, Llandysul, gŵr gweddw. Ef oedd meddyg teulu Sarah Jacob. Terfynwyd y briodas hon trwy ysgariad, yr ail yn y teulu yn 1894.

3. Maud Sarah Margaretta Bowen. Bed. 14.12.1861. Ar 4.9.1878, a hithau hwyrach heb gyrraedd 17 oed, fe briododd Syr Richard Mansel.

4.9.1878

Richard Mansel   =   Maud Sarah Margaretta
Bowen Jones
Llanllwni

Mab Syr Courtenay   Bed.14.12.1861.
Mansel   Cl. 16.9.1885

Cawsant fab,

Courtenay Cecil Mansel   =   Mary Philippa Agnes Germaine
Bed. 22.3.1880.

ac fe gawsant beth bynnag 11 o blant—

Germaine
Marian   Bed. Llanllwni 17.10.1910
Kathleen
Claire

John Phillip Ferdinand.	Bed. 19.10.1910
Elizabeth	Bed. 7.12.1912
Ursula Mary	Bed. 25.12.1912
Margaretta Cecile	Bed. 14.1.1915
Rauf	Bed. 10.8.1916
Juliet	Bed. 11.8.1918
Regnier Ranulf Dabridge Court	Bed. 10.6.1920

Yn 1940 fe briododd Syr John P.F. Mansel a Hannah Rees, merch Ben. Rees, Cwmhwplyn, Pencader, ac fe gawsant un mab, Philip. Bu farw Syr John Mansel yn 1947.

Llun 20 Plas Blaenblodau, c.1910

ATODIAD B

ACHAU TEULU PERTH-Y-BERLLAN

David Alexander   =   Mary
Bu farw 1708 ac fe'i   Bu farw 1740 ac fe'i
claddwyd yn Llanllwni.   claddwyd yn Llanllwni.
'Roedd ganddo bedwar brawd—   Erbyn hynny Saunders
William, John, Morgan a   oedd ei chyfenw.
Howell Alexander.

Eu plant—

John	Dim gwybodaeth. Wedi marw cyn 1740.
Rees	Gweler isod.
Evan	Yn fyw yn 1740 yn Llanybydder. Yn ôl ewyllys ei chwaer, Gwenllian (1777) ei blant oedd Thomas Evan Saunders, David E.S. Martha E.S., a Rice Evan Saunders.
Gwenllian	Bryn, Llanllwni. Hunodd 1779, 86. Gadawodd Bryn i Rice Evan Saunders. Priodwyd Rice Saunders a Lettice Bowen yn Llanllwni, 11.1.1788.
Mary	Yn fyw 1777. Priododd David Morgan, a'u plant oedd William, Gwenllian a Catherine.
Margaret	Yn fyw 1740.

Rees Saunders   =   Martha
Ef a brynodd
Perth-y-berllan, yn 1735, ac
o'r amser honno ymlaen, am
dros ganrif a hanner, y bu'r
teulu yn gysylltiedig â'r lle.
Bu farw 1762/3 yn Llanybydder.
Yn ôl ei ewyllys cawsant naw o blant ond ni wyddys yn sicr enwau dim ond dau, Stephen a Benjamin, ysgutorion yr ewyllys.

Llun 21. Perth-y-berllan—y tŷ fel y mae'n debyg yr ail-adeiladwyd ef tua diwedd y ddeunawfed ganrif.

Llun 22. Carreg yng nghanol mur un o hen adeiladau Perth-y-berllan sydd hwyrach yn cofnodi priodas Rees a Maria Saunders yn 1737 neu'r amser y cymerwyd meddiant o'r lle ar ôl ei brynu yn 1735.

| Stephen | Yn 1746 priododd Elizabeth Lewis, gweddw. Bu hi farw yn 68 mlwydd oed yn 1782. 'Roedd ef ym Mherth-y-berllan yn 1764 a 1771. |
| Benjamin | Yn fyw yn 1810. |

Mae'n debyg mai plant Rees a Maria Saunders oedd—

Elizabeth	Ym Mherth-y-berllan yn 1774.
Thomas	Gweler isod.
John	Ym Mherth-y-berllan yn 1762.

5.9.1762

Thomas Saunders   =   Margaret Jones

1729-1816   Llan.-ar-Arth   1739-1829

Treuliodd ran o'i oes
yn deiliwr yn Llundain.

Eu plant

Anne	Dim gwybodaeth.
Frances	Bedyddiwyd 3.5.1772 yn St. Martins-in-the-Fields, Westminster, Llundain. Bu farw'n ddibriod yn 1854. Claddwyd yn Llanllwni.
Margaret	Bedyddiwyd 25.3.1778 yn St. Martins-in-the-Fields, Westminster, Llundain. Priododd William Allen, Carew, Penfro.
David Hughes	Bedyddiwyd 20.3.1783 yn St, Martins-in-the-Fields, Westminster, Llundain. Offeiriad yn yr eglwys.
George	Gweler isod—

                              20.11.1817
        George Saunders   =   Mary
                          Llan.-ar-Arth
Ganed yn Llundain.   Merch Thomas Rees,
Bedyddiwyd yn St.   Siop New Inn. 1797-1882
Martins-in-the-Fields,
Westminster, 6.1.1786.
Bu farw 1875.

Eu plant—

Margaretta   Bu farw'n dair wythnos oed yn 1818.
Elizabeth   1820-1891. Dibriod. Y Saunders olaf i fyw ym
              Mherth-y-berllan.
Thomas Rhys   Ganed 1822. Pregethwr gyda'r Methodistiaid
              Calfinaidd. Gadawodd Perth-y-berllan yn
              1873 a symudodd i Lanelli. Ordeiniwyd ef yn
              weinidog yn 1889. Bu farw 2.9.1904 yn Myrtle
              Villa, Llwynhendy, Llanelli. Enw ei wraig—
              Emma. Dim plant o'r briodas ond yr oedd yn
              dad i fab, David White Saunders, a aned yn
              1851 i Ann White, a oedd yn goginwraig yn ei
              gartref.

    Gwaith anodd oedd olrhain achau'r teulu hwn yn y
ddeunawfed ganrif. Tybir mai Bedyddwyr oedd llawer
ohonynt, ac y mae hen gofrestri capeli'r Bedyddwyr yn
Llanllwni a Llanybydder wedi cael eu colli.

ATODIAD C

ACHAU TEULU REES, Siop NEW INN.

15.12.1755
John Rees = Mary Price,
Cynwyl Gayo

Mab William ac Elizabeth	merch Henry Price,
Rees, Llanllawddog.	Cynwyl Gayo
Bed. 16.11.1731 yn	Cl. 30.12.1807,
Llanllawddog.	Llan.-ar-Arth
Cl. 11.8.1797 yn	
Llan.-ar-Arth	

Gwyddys am wyth o blant, pump ohonynt fu farw yn ieuainc. Y tri a dyfodd i'w llawn oed oedd—

Sarah (Bed.22.3.1765) a briododd y Parch. Edward Hughes, ficer Dinbych-y-pysgod yn 1786. Rhoddwyd Gellifelen iddi yn anrheg priodas.

Mary (Bed.17.3.1771) a briododd David, mab Morgan Lewis, masnachwr, Caerfyrddin, a fu'n bartner a'i thad yn prynu a gwerthu coed, yn 1792.

Thomas (1762-1825), yr hwn a etifeddodd y siop yn New Inn a llawer o ffermydd, yn cynnwys Blodeuen, Pantglas a'r Cae Uchaf.

28.7.1789
Thomas Rees = Elizabeth, merch James ac
Meidrim

Cl. 10..8.1825. 63	Esther Morris o Feidrim.
Llan.-ar-Arth	'Roedd hi'n medru olrhain
	ei hachau yn ôl at Griffith
	Lloyd, Gwern- macwydd,
	Llan.-ar-Arth, a'i fab, John
	Lloyd a hunodd yn 1671.

Buont yn byw yn Powell Castle, Llanfihangel-ar-Arth, nes i John Rees ymddeol a symud i Gaerfyrddin. Bu ganddynt chwech o blant:

Mary. Claddwyd 19.5.1791 yn ieuanc iawn.

John. Ganed 22.2.1792. Masnachwr yng Nghaerfyrddin a chanddo gyfrannau mewn llongau o'r porthladd hwnnw. Yn 1821 priododd Rachel Bowen o Waunifor. Bu farw 30.3.1840. 'Roedd ganddo un mab, John, a fu farw 17.11.1846.

Thomas. Bedyddiwyd 2.5.1795 a bu farw yn ddibriod yn 1829.

Bedyddiwyd yr ail ferch 30.8.1797 a rhoddwyd iddi yr un enw, Mary, a'r ferch gyntaf. Priodwyd hi a George Saunders, Perth-y- berllan, 20.11.1817 a bu farw 16.6.1882.

William, y trydydd mab, a fedyddiwyd 1.10.1799. Ar 2.11.1830 fe briododd Rachel Phillips, merch y Pelican, Cynwyl Elfed, morwyn ei fam, ac fe gawsant bedwar o blant—Richard (bu farw'n ddibriod yn 1852), Rosanna (priododd Moses Arthur Rees), Rachel (priododd Thomas Jones o Bencader) a Rebecca Rhosanna (a fu farw'n blentyn). Ar un adeg buont yn byw yn Llethr-neuadd, Llanfihangel-ar-Arth. Bu farw William Rees 18.8.1877 yn Cwmtwrch, Llanegwad.

Lydia. Bedyddiwyd 14.9.1801. Claddwyd 30.11.1810.

Josiah. Ganed yn 1814. Bu'n rheithor Llangrannog. Priododd Mary Price o Dalyllychau yn 1842 ac fe gawsant dri o blant ond buont farw o flaen eu rhieni. Josiah Rees a etifeddodd Blodeuen, Pantglas a'r Cae Uchaf, New Inn, ar farwolaeth ei fam yn 1835, ond ar ei farwolaeth ef (18..7.1881.67), gan fod ei blant wedi marw o'i flaen, ac yn ôl rheolau Arglwyddiaeth

Talyllychau, y nesaf gyda'r hawl i etifeddu oedd trwy linach ei frawd, William. ŵyr hwnnw, Thomas Rees Jones, mab ei ferch, Rachel, a'i phriod, Thomas Jones, Llety Cam, Llandyfaelog, (ond yn wreiddiol o Bencader) oedd y gŵr ffodus, ac ar ei ôl ef daeth Balfour Rees Jones.

LLYFRYDDIAETH

A. Ffynonellau Gwreiddiol. Heb gael eu cyhoeddi.
Yr Archifdy Cyhoeddus, Chancery Lane, Llundain
E 317/Carmarthenshire/18.
Arolwg Seneddol (1650), Arglwyddiaeth Talyllychau.

Llyfrgell Genedlaethol Cymru.
Adysgrifau'r Esgob, Plwyfi Llanfihangel-ar-Arth, Llanllwni, Llanfihangel Rhos-y-corn, Llanllawddog, Llanegwad, Cynwyl Gaeo, Llanybydder.
Archifau'r Eglwys yng Nghymru.
Archifau'r Methodistiaid Calfinaidd.
British Records Association—B.R.A. 1935—10, 11, 14, 19, 22, 48.
British Records Association—B.R.A. 1955 (898) 36, 58, 84, 189, 197, 206, 213, 217, 219, 261, 295, 330, 337, 375, 387.
Bronwydd II
Cilgwyn I—64, 95, 97, 106-8, 139, 143, 145, 187, 195, 203-209, 233, 293, 301-2. Cilgwyn II—1-14.
Cwmgwili—81.
Cwrt Mawr—393, 681-2, 960, 975, 1003, 1498, 1512.
Eaton, Evans & Williams—3770, 3792.
Edwinsford 2767-2846, 3238.
Ewyllysiau Esgobaeth Tyddewi—Plwyfi Llanfihangel-ar-Arth a Llanllwni.
G.E.Owen—1181-1231, 1864-1875, 2024, 3471, 12837, 13156, 13200-13257, 13267-8, 13296-13332, 13350-1, 13844, 13941-4, 14085-14243, 20250- 20284, 25883-25894, 25942-3, 26495-6.
Llanfihangel-ar-Arth—Cofnodion Plwyf, Llyfrau Trethi.
Llys Newydd—3, 42, 45, 54, 77.
Llys y Sesiwn Fawr, Wales 4
Map y Degwm, Plwyf Llanfihangel-ar-Arth
Map y Degwm, Plwyf Llanfihangel Rhos-y-corn
Map y Degwm, Plwyf Llandysul
Map y Degwm, Plwyf Llangeler
Map y Degwm, Plwyf Llanllwni

Map y Degwm, Plwyf Llanpumsaint
Map y Degwm, Plwyf Llansawel
Map y Degwm, Plwyf Llanwenog
Morgan Richardson I—729, 740, 785-8, 854-5, 1110-2, 1118.
Morgan Richardson II—1983, 2005.
Thomas (Saundersfoot)—1, 2 ,5, 8, 12-19, 22-25, 28-30, 32-33, 35-38, 52, 54-57, 59, 65, 79, 81-82, 92, 99, 107.

Llawysgrifau NLW
10555B—Hanes Plwyf LLanfihangel-ar-Arth.
10556E—Diwydiannau Plwyf Llanfihangel-ar-Arth.
12359D-12361D- Llyfrau Achau Alcwyn Evans.
22545E—22548E—Cofrestrau Arglwyddiaeth Talyllychau.

Archifdy Dyfed, Caerfyrddin
AE/1—Dyfarniad Cau Comin Mynydd Llanfihangel a Chomin Penllwydcoed, 1857.
AE/5—Dyfarniad Cau Comin Gwyddgrug, 1872.
Beckinsgale Cyf. I—18/1035, 28/1244.
CAC/ML1—Cofrestr Moduron
Cofrestri Eglwys y Plwyf, Llanfihangel-ar-Arth.
C.R.O.(M) 361A—Cofnodion Ymddiriedolaeth Ffordd Dyrpeg Brechfa, Llansawel a Llanllwni.
C.R.O.(M) 414 —Cytundeb priodas, 1696.
C.R.O.(M) 734 —Cyfrifon Stâd Maesycrugiau, 1859-1871.
Davies—Evans—1/12, 2/24
ED/BK 86—Llyfr Log Ysgol Gwernogle, 1871-
ED/BK 546/1—Llyfr Log Ysgol Genedlaethol Llanfihangel-ar-Arth
ED/BK 569—Ysgol Pencader (casgliad o ddogfennau)
ED/BK 583/1—Llyfr Log Ysgol Alltwalis, 1881—
ED/BK 606/81 —Cyfrifon Bwrdd Ysgol Plwyf Llanfihangel-ar-Arth, 1875 &c.
ED/BK 621—Ysgolion New Inn ac Alltwalis, 1880-1, Arian ar gyfer eu hadeiladu.
Museum 348—Datganiad dyddiedig 13.5.1727 Llys Arglwydd-iaeth Talyllychau.

Taliaris—58, 76, 104-105

T.T.4—Llyfr Cofnodion Bwrdd Ffyrdd Sir Gaerfyrddin, 1845-1873

T.T. B/3/2—Deddf Ffordd Dyrpeg Llandeilo-yr-ynys, 1784.

T.T.39—Llyfr Cofnodion Ymddiriedolaeth Ffyrdd Tyrpeg Glannau Teifi.

Llyfrgell Caerdydd
Richard Fenton. Teithiau yng Nghymru, 1804-1813
Llawysgrif M.S. 2/325A Taith yng Nghymru, 1827.

Ysgol New Inn, trwy garedigrwydd y Brifathrawes, Mrs. Carys Evans
Llyfr Log Ysgol New Inn, 1881-1898.

Swyddfa Archifau Ty'r Arglwyddi, Llundain.
28 Geo. III c. 109—Deddf Ffordd Dyrpeg Caerfyrddin—Llanbedr-Pont-Steffan, 1788.

49 Geo. III c. CXLVI—Deddf Ffyrdd Tyrpeg Caerfyrddin—Llanbedr-Pont-Steffan a Glannau Teifi, 1809.

49 Geo. III c. LXXXVII—Deddf Ffyrdd Tyrpeg Brechfa, Llansawel a Llanllwni, 1809.

16-17 Vict. c. 120 —Deddf Cae Comin Mynydd Llanfihangel a Chomin Penllwydcoed, 1853.

31 Vict. Cap. XXXI —Deddf Cae Comin Gwyddgrug, 1868.

Ffynonellau Gwreiddiol Cyhoeddiedig
Annual Reports of the Commissioners of the Woods, Forests and Land Revenues of the Crown, 1829-1907.

Report of the Commissioners enquiring into the State of Education in Wales, 1847.

Davies, Walter, General View of the Agriculture and Domestic Economy of Wales, 1810.

An Inventory of the Ancient Monuments in Wales & Mon., Vol. V, County of Carmarthen, London, 1917.

Hassall, Charles—General View of the Agriculture of the County of Carmarthen, London, 1794.

Lloyd, Thomas & the Rev. Mr.Turner—General View of the Agriculture of the County of Cardigan, London, 1794.
Population Censuses 1841-1891.

Newyddiaduron a Chylchgronnau
Cymraeg
Yr Amserau
Baner Cymru
Baner ac Amserau Cymru
Y Byd Cymreig
Y Cofiadur
Y Cyfaill Eglwysig
Cylchgrawn Cymdeithas Hanes y Methodistiaid Calfinaidd
Y Drysorfa
Y Dywysogaeth
Y Geninen, Ion. 1903.
Y Goleuad
Golud yr Oes, 1864.
Y Gwladgarwr
Yr Haul, Mawrth, 1874, 1887-8.
Seren Cymru
Y Tyst
Yr Ymofynydd, Tach. 1924.

Saesneg
Cambria Daily Leader
Cambrian, 1804-1812
Carmarthen Journal
Carmarthenshire Antiquary
Carmarthenshire Historian
Journal of the Welsh Bibliographical Society, Vol. XI, (1973-4)
The Times
The Welshman

Traethodau Prifysgol
Lewis, A.H.T., The Development and Administration of

Roads in Carmarthenshire, 1763-1860. M.A., Swansea, 1968.

Roberts, Edwin, The Development of Public Transport Services in Wales. M.Sc., Aberystwyth, 1960.

Walters, Gwynfryn: The Tourist and Guidebook Literature of Wales, 1770-1870. M.Sc., Aberystwyth, 1967.

Mant-White, E.D., Seiadau Methodistaidd De-orllewin Cymru, 1737- 1750. Ph.D., Aberystwyth, 1991.

Ffynonellau Eraill, Cyhoeddiedig

Almanac Thomas Jones, Caerludd, 1692, a 'Mwythig, 1711.

Almanac John Prys, 1752-1760 (Amwythig)

Almanac Mathew William, 1771-1808 (Aberhonddu)

Almanac John Harris, 1791-1800 (Caerfyrddin)

Archer, M.Scott: The Welsh Post Towns Before 1840 (Chichester, 1970)

Barber, J.T. : A Tour through South Wales & Mon., 1803. (London, 1803)

Brumberg, J.J.: Fasting Girls. The Emergence of Anorexia Nervosa as a Modern Disease (Harvard Univ. 1988.)

Colt Hoare, Richard: Journeys through Wales & Mon., 1793-1810   (Gloucester, 1983)

Colyer, Richard J.: The Welsh Cattle Drovers (Cardiff, 1976)

Colyer, Richard J.: Trackways in Wales (Ashbourne, 1984)

Cule, John: Wreath on the Crown. The Story of Sarah Jacob, the Welsh Fasting Girl (Llandysul, 1967)

Davies, Aneirin T.: Crwydro Sir Gâr (Llandybie, 1955).

Davies, Bryn: Hanes Eglwys Annibynol Gwyddgrug (Pencader, 1940)

Davies, David: Reminiscences of My Country and People (London, 1925)

Davies, D.R. & Z.S.Cledlyn: Hanes Plwyf Llanwenog, Aberystwyth, 1939.

Davies, W.J.: Hanes Plwyf Llandysul (Llandysul, 1896)

Elias, T. : Y Porthmyn Cymreig (Llanrwst, 1987)

Ellis, T.I.: Crwydro Ceredigion (Llandybie, 1953).

Ellison, Robert: A Tour through Wales in a Series of Letters, 1823 (Ditchling Common, 1936)

Evans, D.Silvan: Gwaith y Parchedig Evan Evans (Ieuan Brydydd Hir (Caernarfon, 1876)

Evans, HenryTobit: Rebecca and her Daughters (Cardiff, (1910)

Evans, Michael C.S.: Forgotten Roads of Carmarthenshire, 1. Alltwalis Hill to Llanfihangel-ar-Arth and Llandysul (Carmarthenshire Antiquary, XIX (1983)

Evans, Michael C.S.: Cwmdwyfran Forge, 1699-1839 (Carmarthenshire Antiquary, 1975)

Fowler, Robert: A Complete History of the Case of the Welsh Fasting Girl (Sarah Jacob) (London, 1871)

Furnival, Judy: The Starving of Sarah (Drama, Torch Theatre, Milford, 1980)

Godwin, F. & Toulon, S.: The Drovers' Roads of Wales (London, 1977)

Green, F. : Early Banks in West Wales, yn West Wales Historical Records, VI (1916)

Hughes, P.G.: Wales and the Drovers (London, 1943)

Jenkins, R.T. a : Y Bywgraffiadur Cymreig hyd 1940

Lloyd, J.E. (gol.) (Llundain, 1970)

Jones, Daniel E.: Hanes Plwyf Llangeler a Phenboyr (Llandysul, 1899)

Jones, D.J.V.: Rebecca's Children (Oxford, 1989)

Jones, Evan: Adgofion am Ddeugain Mlynedd o'm Gweinidogaeth (Caerfyrddin, 1894)

Jones, Francis: Boundaries of the Lordship of Talley yn Bulletin of the Board of Celtic Studies, XXIV (IV) (May, 1972)

Jones, Francis: Customs of the Lordship or Manor of Talley yn Bulletin of the Board of Celtic Studies, XXV (1973)

Jones, Francis: Historic Carmarthenshire Houses and their Families (Carmarthen, 1987)

Jones, Ieuan G. & Williams, David: The Religious Census of 1851 (Cardiff, 1976.

Kitchin, T.: Map of Carmarthen, 1754.

Kitchin, T.: Kitchin's Post-Chaise Companion through England and Wales (London, 1767)

Lewis, Samuel: Topographical Dictionary of Wales (London, 1833)

Lewis, T.H.: Y Mormoniaid yng Nghymru (Caerdydd, 1956)

Lloyd,J.E. (Gol) : A History of Carmarthenshire (2 vols.) (Cardiff, 1935 & 1939)

Mogg,E.: Paterson's Roads, 16th ed. (London, 1822)

Morris, James: Hanes Methodistiaeth Sir Gaerfyrddin (Dolgellau, 1911)

Mountfield, David: The Coaching Age (London, 1976)

Ogilvy & Morgan: The Traveller's Pocket Book (London, 1732 & 1777)

Owen, Edward: A Contribution to the History of the Praemontstratensian Abbey of Talley, yn Archaeologia Cambrensis, 1893-4.

Owen, G.D. : Ysgolion a Cholegau'r Annibynwyr (Abertawe, 1939)

Parry, Gwenlyn: Sal (drama) (Gomer, 1982)

Parry, O. : The financing of the Welsh Cattle Trade in the 18th Century yn Bulletin of the Board of Celtic Studies, VIII (1935)

Price, D. Long : Talley Abbey yn Archaeologia Cambrensis, Vol. X, No. XXXIX (1979)

Price, Fred S.: History of Llansawel (Swansea, 1898) Pigot's Directory, 1822.

Rees, E: Libri Walliae, Catalog o Lyfrau Cymraeg a Llyfrau a Argraffwyd yng Nghymru, 1546-1820 (Aberystwyth, 1987).

Rees, M.: Cofiant y Parch. Thomas Phillips, Neuaddlwyd (Llanelli, 1845)

Richards, Melville: The Carmarthenshire Possessions of Talyllychau Abbey yn Barnes, T. ac Yates, N.— Carmarthenshire Studies (Carmarthen, 1974)

Richards, Thomas: Religious Developments in Wales(1654-1662) (London, 1923)

Roberts, Gomer M.: Hanes Methodistiaeth Galfinaidd Cymru, Cyf. II (Abertawe, 1978)

Roberts, W.H.: The Welsh Fasting Girl (Pencader, 1904)

Robinson, H.: The British Post Office. A History. (Connecticut, 1970)

Skeel, Caroline: The Cattle Trade between England and Wales in the 15th to the 18th Century (Transactions of the Royal Historical Society, 9 (1926)

Thomas, D.Brinley(gol.): Dwy Ran o Stori'r Ganrif. Eglwys Gwyddgrug, 1890-1990 (Gomer 1990)

Thomas, J. & Rees, T.: Hanes Eglwysi Annibynol Cymru, Cyf. III (Lerpwl, 1873)

Thomas, Joshua: Hanes y Bedyddwyr ymhlith y Cymry (Caerfyrddin, 1788)

Wilkinson, W.M.: On the possibility of long-continued abstinence from food and the Welsh Fasting Girl (London, 1870)

Williams, David: The Rebecca Riots (2nd ed., Cardiff, 1986)

Williams, Emrys: The Carmarthenshire Butter Trade, (The Carmarthenshire Antiquary, Cyf.XX (1984))

Williams, Herbert: Stage Coaches in Wales (Barry, 1977)

Williams, Thomas John: Hanes Bywyd y Parch. John Evans, Llwynffortun (Llanelli, 1848)

Williams, W. Nantlais: O Gopa Bryn Nebo (Gomer, 1967)

MYNEGAI